启笛

蔷
薇
香
回
首

人生得意在长安

诗说大唐

辛晓娟 著

北京大学出版社
PEKING UNIVERSITY PRESS

自 序

这本书原本是我在央视《百家讲坛》节目的讲稿，节目播出后，又经过大半年的整理、补充，最终成书。回想我刚开始收到节目邀请时，心情可以用"喜出望外"四个字来形容。作为一名年轻的副教授，能够收到《百家讲坛》栏目的邀请，感到荣幸的同时也感到责任重大。和《百家讲坛》责编魏老师商量后，最终将选题定为"诗说中国史"系列中的"诗说唐朝"。这时候，我的心情又是忐忑的。毕竟一直以来，我从事的都是古代文学研究，而在历史领域，最多算是一个爱好者。如何能够同时驾驭"诗"与"史"，找到二者的结合之处，成为我要解决的一个难题。

于我而言，历史是理性的，专注于宏大叙事；而诗歌是感性的，侧重于个体感受。如果能找到某种契机，以感性剖析理性，将历史的宏大与文学的浪漫结合起来，或许能展现出更加全面、更加生动也更富诗情的时代画卷。想明白了这一点后，我欣然接受了这个挑战，并重新思考，如何在这一系列讲座中找到属于我自己的角度，构建文学与历史的关系。

我最终决定，从唐诗中挑选出部分名篇。它们将成为我手中的剑，切开历史宝山的巍峨与厚重，展露出其中蕴含的细腻光泽。

　　我相信诗歌有这样的力量，因为它连接着整个民族的情感与记忆。

　　中国诗歌拥有延续数千年、从未中断的历史，这是举世无双的宝贵财富。放眼世界，很难找到一个民族，从三岁孩童到耄耋老者大部分都能诵诗、解诗。唐诗又是古典诗歌中的巅峰。唐诗名篇，几乎同最早的日常词汇一起融入了我们的语言。中国人无论走到哪里，诗歌的基因始终沉淀于血脉。客居他乡时，会不自觉地念诵"床前明月光"；游山玩水时，会不由自主地想到"空山新雨后"；举杯庆贺时，心有默契地祝福"更上一层楼"；抚育幼儿时，不厌其烦地讲"粒粒皆辛苦"。可以说，唐诗就是植根国人心中的文化密码，随时会重新唤起我们对文化的认同。同时，它也是连接古今的纽带，一行行或绚烂或朴实的文字后，折射出的是一个时代最真实细微的面貌。

　　如果说，铭刻于青史上的，是时代最恢宏不朽的篇章，它在天地间奏响黄钟大吕之声，告谕后人，一个王朝是如何崛起、如何衰落。那么书写在诗卷中的，便是人们最真实细微的情感，它在俗世中吟唱出悠长歌谣，诉说着古人是如何生活、如何思考。那一个个或意气风发或失意落魄的诗人，因何坐看云起，又因何把酒对月；因何春风得意，又因何涕下沾巾。

　　这正是我们在回顾一个时代时，不可或缺的角度。以诗说史，便是沟通感性与理性，历史与当下。

自 序

本书选出了二十一首唐诗,按照不同主题,讲述隋唐历史。其中既包括王朝建立、安史之乱、永贞革新等重大历史事件;也包括唐太宗、武则天、封常清等著名的历史人物;同时涉及各种专门史,如以长安建立为重点的城市发展史、以长安物价为切口的经济史、以科举活动为代表的制度史、以著名诗人命运沉浮为线索的文学史。

本书出版时,增加了新标题"人生得意在长安"。我想,这句话中的长安是一个意象,它不只代表着那座巍峨繁华的帝国之都,也代表了我们对兼收并蓄、海纳百川的唐文化的向往。我心安处即吾乡,心之所向,便是长安。而所谓"得意",也并非指一切顺风顺水,更多是一种人生态度。在生活沉浮中,寻找一份自适与自得。

最后,想和读者分享我解读诗歌时的一点经验。在理解章句文法之外,我尽力去理解诗人,以及他的时代,尝试回到他创作的情景中,体会他的喜怒悲欢。我更愿意和诗人交朋友,再将这些朋友们,介绍给大家。正如我愿通过这本书,带领大家回到那座笙歌入云、九族争聚的都城,与李、杜、王、孟相聚于席间,推杯换盏。

他们的吟哦,定能穿越千年的时光,将力量与智慧传递给我们。让奔波于风尘的我们能得到慰藉,重整旗鼓,砥砺前行。

目录

路上 ✕ 宦旅

人归落雁后　　薛道衡《人日思归》/ 3

念天地之悠悠　　陈子昂《登幽州台歌》/ 18

长安大道连狭斜　　卢照邻《长安古意》/ 34

一日看尽长安花　　孟郊《登科后》/ 52

火树银花游洛阳　　苏味道《正月十五夜》/ 68

十年磨剑侠客行　　贾岛《剑客》/ 83

前度刘郎今又来　　刘禹锡《再游玄都观》/ 99

宴聚 ✕ 友朋

盛世长安八仙图　　杜甫《饮中八仙歌》/ 117

天生我材必有用　　李白《将进酒》/ 133

舌尖上的田园梦　　孟浩然《过故人庄》/ 149

与君同传万岁名　　杜甫《梦李白二首》其二 / 164

| 佳时 ✕ 节庆 | 长安水边多丽人　杜甫《丽人行》/ 183 |
| | 天街小雨润如酥　韩愈《早春呈水部张十八员外》/ 200 |

边塞 ✕ 宫廷	边关绝唱凉州词　王之涣《凉州词》/ 219
	大漠明月踏清秋　李贺《马诗》/ 234
	龙池跃龙龙已飞　沈佺期《龙池篇》/ 250
	九天阊阖开宫殿　王维《和贾舍人早朝大明宫之作》/ 266
	塞下长歌雪满弓　卢纶《塞下曲》其三 / 281

历史 ✕ 声名	卷土重来未可知　杜牧《题乌江亭》/ 299
	光焰万丈长　韩愈《调张籍》/ 316
	汉家大将西出师　岑参《走马川行奉送封大夫出师西征》/ 330

路上 × 宦旅

人归落雁后　薛道衡《人日思归》

> 入春才七日，离家已二年。
> 人归落雁后，思发在花前。
>
> ——薛道衡《人日思归》

1. 北朝才子薛道衡

我们先来看看这首诗的题目——人日思归。就是在人日的时候，思念自己的家乡。所谓人日，就是农历正月初七。有这么一个传说，传说女娲创世，先造出鸡狗猪羊牛马后，于第七天造出了人，所以，初七就被称为人日。那我们回到这首诗的第一句，"入春才七日，离家已二年"，这是说，入春之后，今天才第七天，但距离我离开家已经是两年了。一个才字，一个已字，就说明了诗人的思家心切，数着日子，盼着回家。

接下来我们看后两句：

> 人归落雁后，思发在花前。

这句诗是说，在这个春天到来之前，他就盘算着回乡了，念头比花开得还要早；可是现在新的一个春天已到来，眼看着春草已绿，春花已开，成队的鸿雁从头顶掠过、飞回北方，诗人却无法归去，所以说"人归落雁后"。

这首五言绝句，只有短短二十个字，而且平白如话，小孩子都能看懂，似乎没有必要专门去讲。但这只是字面上的，其实这首诗，包含了很大的信息量。

首先，薛道衡是什么人？

薛道衡，我们打开字典、文学史，有的说他是北朝著名的文学家，有的说他是隋代著名文学家，说法好像有点不一样，这是因为，薛道衡历经了三个朝代。他先是在北齐当官，后来又到北周，最后才入了隋，我们都知道，南北朝是一个乱世，薛道衡不仅能全性命于乱世，还一直颇受重用，任凭朝代更替一直屹立不倒，可以说是一个颇为传奇的人物。

那么薛道衡到底有什么本事呢？

首先，他文采好，会写文章。十三岁那一年，他就写过一篇《国侨赞》，辞藻华美，头头是道，时人称为奇才。因为他有文学才能，就被召入了文林馆，在里边担任了很多年的秘书工作。

其次，薛道衡还很擅长搞外交。在北齐时期，他当过"主客郎"。主客郎，近似于今天的外交部官员，负责接待其他国家的来使。因此他非常了解各地的文化，有使前来，无论北方的，南方的；还是汉族的，少数民族的……他都能与之谈笑风生。在南北朝乱世中，薛道衡能长盛不衰，主要就靠这两把刷子：一把是给皇帝当秘书，一把是替朝廷搞外交。

我们再回头看他写的这首诗。薛道衡感慨"离家已二年"，离开家去干什么呢？当然是重操旧业，发挥特长，去当外交使者去了。

这时，已经进入隋朝了，具体说，是隋文帝开皇五年的春天。开皇四年，薛道衡奉隋文帝杨坚之命，出使南方的陈朝。

这时候，华夏大地的版图，只剩下隋和陈两个政权，隔江对峙。换句话说，距离隋文帝统一南北只有一步之遥，这时候派遣薛道衡去陈朝，可不是两国日常互使那么简单，目的是全面了解陈朝的情况，为日后灭掉陈朝打下基础。

薛道衡的主要任务，就是尽可能详细地搜集情报，所以也没有那么快回去，就在陈朝的首都建康住了下来，一直到第二年的立春。建康就是今天的南京，到了立春时，已经是鲜花盛开了，而来南方过冬的大雁，也开始动身返回北方。薛道衡看到这样的景象，不禁触景生情，写下了这首《人日思归》。

这首诗篇幅不大，分量不小，引起了南方文坛的一次不大不小的震动。薛道衡，那是北方来的使者，又是大才子，一举一动都很受关注。这首诗刚写出来，立即就流传开了，引起了南方人纷纷来围观，想知道这位北方诗坛大佬到底水平如何。

按照《隋唐嘉话》的记载，很多南方文人刚听到头两句的时候，面露鄙夷之色。"入春才七日，离家已二年"，就这？这算什么话？连个典故也没有，也算诗？有些人就议论说，谁谓此房解作诗？谁说这个乡巴佬懂写诗的？和咱们南朝文采风流差远了。刚议论得热烈，就听人说，后边还有两句"人归落雁后，思发在花前"，这一下不得了了，全场再次哗然，不过这次呢，是佩服的哗然，大家纷纷说，哎呀，这北方佬有两把刷子，盛名之下，故无虚士。

那么这里就有个问题。这首诗好在哪里？能让目高于顶的南方士人改换看法？

这首诗好在特别符合绝句的艺术特点。写绝句有这样一个诀窍：前两句搭台，后两句唱戏。一般而言，前两句要写得平一点，积蓄力量，后两句则如奇峰突起，羽箭离弦，把这个力量释放出去。比如贺知章《咏柳》，头两句"碧玉妆成一树高，万条垂下绿丝绦"，光看这两句，让人感到平平无奇。但下一句则提了一个问题"不知细叶谁裁出"，大家想想，这一问初看上去，好像是没有道理的：柳叶当然是从柳枝上长出来的，又怎么会是剪裁出来的呢？那么既然不以理来问，也就不能用道理来回答，否则就是科学家的思维，而不是艺术家的思维了。它呼唤着一个看似无理但感性而巧妙的回答："二月春风似剪刀。"原来啊，是二月春风，是大自然的妙手，剪裁出了这漫天春色。有了这一问一答，你再回头去看前两句，就再不觉得平庸了。

《人日思归》这首诗，也是把握了这个诀窍。但时间比《咏柳》早得多，可以说影响深远，后世文人受这类诗的启发，还发展出一法，叫作"巧补"法。诗开头有意给人造成一种平淡无奇甚至是大失所望的感觉，下两句却以出人意料的飞来之笔，一扫之前的平庸。这就是巧补法。一个极致的例子就是唐伯虎的诗，据说唐伯虎给一位老太太祝寿，吟了一首诗，第一句劈空而来"这个女人不是人"，把老太太差点气死，众宾客个个大惊失色。就在气氛紧张的时候，唐伯虎接上第二句："九天仙女下凡尘。"老太太转怒为喜，满堂笑逐颜开。可是不等大家笑完，唐伯虎的第三句又说"养个儿子会做贼"，把刚缓和过来的气氛又弄紧张了。这时，唐伯虎不紧不慢地来了第四句："偷得蟠桃供母亲。"大家哄堂大笑，佩服唐伯虎的才华。

这个传说不一定是真的，但说明了一件事。这种"前两句搭台，后两句唱戏"的写法，是绝句的一个诀窍。《人日思归》能得到南方士人的认可，不光因为诗歌本身写得不错，也因为薛道衡纯熟地掌握了这个诀窍，让江左文人们不得不佩服。

2. 出使江南

说回这首《人日思归》，这首小诗除了艺术上精彩以外，有没有别的意义呢？当然有，而且还是重要的政治意义。

这时候，长达近三百年的南北对峙已接近尾声，所谓分久必合，重新归于统一已经是大势所趋，但毕竟有数百年隔阂，双方之间有许多差异，都是统一的障碍，需要克服。

其中非常重要的一点，就是文化上的差异。南方王朝直接继承了东晋"衣冠南渡"以来的士族精英。而北朝文化主体，则是主动汉化的鲜卑人政权和留在北方的汉族士族混合而成。他们深受胡风影响，崇尚军功，颇有重武轻文的思想。

南方重文，北方崇武，经过三百年的发展，造成了南北文化不平衡。南方对北方有碾压式的优势。其中差距最大的，就是文学。我们说起南朝文学，那是洋洋洒洒，写上一本书也写不完；而说起北朝文学，似乎就短短几句话，一首《敕勒歌》，一篇《木兰辞》。

这个说法是不是太夸张了？我说了不算，请出一个同时期的大文学家庾信来做评价。这个庾信不是一般人，是诗圣杜甫的文化偶像，杜甫曾夸奖"庾信文章老更成，凌云健笔意纵横"。和薛道衡类似，庾信也是出使他国，只是路线相反，是从南朝出使北朝。这一去，就不幸被爱才心切的北方人给扣留下了，在北朝生活了整整二十八年。等好不容易回到南方时，旁边的人就请他评价一下北朝文坛。庾信就说，这北边啊，唯有温子升配得上和我说上几句，薛道衡、卢思道稍微懂点写文章，其他的都是驴鸣犬吠，聒耳而已。

这个故事至少说明了两点。第一，南方文人对北方文人，那是相当不屑。庾信这样一个江左风流的名士，评价北朝人写诗，居然用了"驴鸣犬吠"这种词汇，可见在北朝这些年，被北方人写的文章烦到了什么程度。如鲠在喉，不吐不快。第二，薛道衡的文学水平还是可以的。你看，庾信一共提到了三个人,薛道衡就位列其中。可见不愧是北朝文学领袖。

庚信这个说法到底客观不客观呢?只能说部分客观。北方文学长时间不如南方,这是事实。然而庚信这番话,也稍稍说早了一点,没看到后来的趋势。随着政治经济优势的扩大,北朝文学正在飞速地进步。而南朝文学,却随着人才凋零,逐渐走向衰落。

薛道衡出使的时候,双方文化力量对比,已经悄然改变了。假如把文化阵地也看作一个战场的话,我们盘点一下薛道衡在出使时双方的实力。南方文学的中流砥柱庚信已经在开皇元年去世了,陈朝陈后主以及一些宫廷文人,仍然是爱好文学的,但这时的作品,大多是《玉树后庭花》一类靡靡之音。北朝文学正处于极大发展之中,除了一些从南方招揽过来的人才外,还孕育出薛道衡这样的本土人才,形成了自己的文学风格。

再看一遍《人日思归》这首小诗,看是不是这样。"入春才七日,离家已二年。人归落雁后,思发在花前。"又直抒胸臆,又留有余韵,引人回味。可见以薛道衡为代表的北朝作家,早不是庚信鄙视的那个样子了。一方面,他们虚心向南方文学学习,讲究诗歌意境。另一方面,又避免了过分雕琢的毛病,最终形成了清新大气的风格。

难怪三百年来一直"谜之自信"的江左才子们,一看到这首诗,顿时心悦诚服了。

知道了历史背景，我们再想一想，薛道衡在出使第二年写这首诗，完全是为了抒发个人思乡之情吗？当然不止于此，从某种意义而言，这也是让南方士人了解北方的文化水平，彰显国家软实力：我们北方，早不是你们认为的文化沙漠了，我们也会写诗，水平不比你们南方差。这就是在文化战场打出了一张好牌，为北方赢了一局。

在这场品诗会后，薛道衡的确也在南方打开局面了。《隋书》说，薛道衡每次写了诗，"南人无不吟诵"。薛道衡带着重要情报以及南方人的赞美，回到了北方。这时，北方隋朝已经秣马厉兵，准备统一南北；而南方陈朝，依旧骄奢淫逸，距离亡国之祸，也只有四年的光景了。

3. 南北归一

薛道衡回到隋朝后，立即上书朝廷，认为统一的时机已经成熟，可以出兵伐陈了。隋文帝同意了他的看法，派他入晋王杨广（也就是后来的隋炀帝）幕府，跟随一起伐陈。

薛道衡凭什么做出这样的判断呢？一方面，他在出使期间，看到了陈朝的腐败，根本无力抵抗兵强马壮的隋军。这是军事上的机不可失。另一方面，在陈朝暂居的一年多里，他也充分感受到，南北方文化经过了漫长的融合，已经有超越分歧的"共性"，而这和政治军事上的征伐一样重要，是四年后天下一统、南北归一的前提。

南北间的"共性"是怎么形成的呢？要说清这一点，就得追溯到北魏时期开始的少数民族的"汉化"过程。少数民族的首领，逐渐接受了儒家文化以及南方的生活方式，他们把自己的胡姓改为汉姓，比如把拓跋氏改为元氏，贺兰氏改为刘氏，等等；还开始仿效汉人士族的生活方式，穿汉服，说汉话，甚至学起了清谈。尤其对于南方的文学人才，几代北朝君主都给予充分重视。只要想来北方的，不管是出使来的，还是有罪逃亡来的，都好好招待，给你个大官当；要是想回去呢？那不行，来了就不让走，强行扣下——这就是北朝人的耿直。之前提到的南朝著名文人庾信，就是被强行扣留在了关中。这些人才的到来，极大提高了北朝文学的水平，最终孕育出了薛道衡这样的本土北方文人。

到了隋代，不仅文人，连宗室显贵也能舞文弄墨。隋代权臣、越国公杨素，本为关陇武将，但其作品"吐音近北"却"摛藻师南"，能用江东华丽的辞藻，抒发河朔刚健之气。甚至隋炀帝杨广本人，也是一个文学家。杨广最擅长的，就是模仿南朝诗人写诗。比如他的名作"流波将月去，潮水带星来"（《春江花月夜》二首其一），放到齐梁宫廷文学里边，根本无法分辨，真正学到了南朝文学的精髓。

隋炀帝对南方文学的热情，正是南北文化融合、文化共识发展到极致的一个表现。还是王子那会，隋炀帝就当了九年的扬州总管。除了游玩享乐，他还做了一件事，把那些滞留在江南的文人都招揽到王府，让他们为自己编书。我们都知道，王府里边的学士，绝不仅仅是吟诗作对这么简单，不仅是诗人，还是幕僚，是智囊，未来还可能成为自己的行政班子。果然，杨广登基后，这些文人也算有了从龙之功，都给召到宫禁里，加以重用。

那么，这些江南文人名士，为什么踊跃追随杨广呢？原因很多，其中一条就是，没有别的出路。他们多数是陈朝的旧臣，隋建立后，他们就是亡国之臣。关陇贵族在朝中占据了主要位置，南方贵族日子自然不太好过了——不仅政治上受歧视，文学上也不复当年风光。隋建立初期，也需要文学之臣，然而主流欣赏的是薛道衡那种清新大气的文风。南方那种过于雕琢的靡靡之音早就过气了，不只是过气，简直是犯了大忌讳。《资治通鉴》记载，当时有一个名叫司马幼之的刺史，上了一篇文表，隋文帝一看风格挺特别，骈四俪六，文采飞扬，立即下令，把这个人给抓起来，交给相关部门治罪。罪名是文表华艳。我们说文字狱，往往是因为内容犯了忌讳，很少说是因为文字华丽的。可在隋刚统一的时候，华丽还真是一种罪。江南文人们，一生都在学习这种华丽文风，到这个时候，可以说空有一身屠龙术，无用武之地，就别提多委屈了，而这种委屈，让还在当王子的杨广看到了机会。

杨广后来做了不少祸国殃民的事，但年轻时可以说颇有作为。史书记载他"美姿仪，少聪慧"，一表人才，打小就聪明，知道审时度势。他知道，自己不是太子，传统的关陇集团多半不会支持他。为了抗衡父兄，就要拉拢被冷落的江南士族，补充自己的实力。这个计划落实到文化上，就是有意倾向江南。

除了招揽人才外，杨广还出了一个大招，就是当了江南女婿，他娶了一个皇后，姓萧，是梁朝的王室后裔。跟着她，隋炀帝甚至学会了吴语。上朝的时候，杨广还得讲陕西话，可两口子在家里时就爱讲吴语。《资治通鉴》记载，隋炀帝"常夜置酒仰视天文，谓萧后曰：'外间大有人图侬，然侬不失为长城公，卿不失为沈后。且共乐饮耳！'"这里的"长城公"是指陈后主陈叔宝，陈朝被灭之后，陈后主被隋文帝安排在长安，给他修建了豪华宫室，礼遇甚厚，他的皇后也跟他一起。这句话的意思是说："我知道外面许多人想取代我，但我不担心，因为我至少还有长城公这样的待遇，而你也会有他老婆的待遇，还是一起喝酒吧，不用担心。"这话当然很没志气，但我们要注意到，这里边用的人称代词，不是我，也不是朕，而是侬。侬是吴语，看来这时候隋炀帝练的吴地方言，已经练得很熟了。你说这个江南女婿，当得到不到位？

说完语言，再说回文学，杨广努力学习南朝文人写诗作文。《隋书·经籍志》载录了他的文集有五十五卷之多，数量是相当可观。何况这可是在他管理着偌大的国家，还东征西战、戎马倥偬之余写出来的，可以说是时间管理大师了。对自己的文学成就，隋炀帝是很得意的，他曾对臣下说："我当上皇帝，别人都说这不是我自己的本事，是因为父祖的功劳。"但他认为事实不是这样，"即使让我同士大夫比试才学，我还是天子"。这话有一些道理，隋炀帝的文学才华，在当时的确算得上"能打"。"寒鸦飞数点，流水绕孤村"（《野望》）是他的名句，一直到宋代，都还被文人津津乐道。如果真的如他自己所言，用诗歌才能高低来决定官职大小的话，即便当不上天子，当个三公、宰相是没有问题的。

通过之前的分析，可以得到一个结论，隋炀帝对南方文学的提倡，不仅仅是个人爱好，也是拉拢南方士人的一个策略。这么做的结果，一方面，增加了隋炀帝的政治实力，让他能夺得帝位，巩固统治；另一方面，客观上也进一步加速了南北文化的融合。南北方士人，白天同朝为官，谈论军国大事；下班之后一起吟诗作对，一起编纂大部头类书，其乐融融。这就是在隋炀帝的倡导下，以薛道衡为代表的北方文人与南方名士们一起开创的、全新的文化局面。

4. 文质彬彬

我们回到这首诗，"人归落雁后"，薛道衡完成出使任务后，终于和大雁一起回去了，回到了心心念念的北方。几年后，他随着当时还是晋王的杨广一起，出兵伐陈。随着陈国灭亡，隋也结束了长达数百年的乱世,完成了大一统的历史使命。

关于薛道衡的结局,《隋唐嘉话》有这么一条记载,说一次朝廷聚会上,有人出题以"泥"字押韵,众大臣苦思冥想,也写不出来。这个泥字,不太好押,比如淤泥、尘泥都不太雅致,所以难写,但隋炀帝才高,一挥而就,众大臣一见之下,纷纷赞叹,为之搁笔,不写了。这个搁笔,一是服气,陛下的确写得好;二是人情,皇帝都写了,我们也就不去争锋了吧。这是人之常情,可就一个人不搁笔,谁啊,薛道衡,他不仅写了诗,还写出了"空梁落燕泥"这样的名句,拿下了这场赛诗会的冠军。隋炀帝非常不满,觉得薛道衡是故意抢自己风头,于是将他赐死。据说薛道衡临死前,炀帝还得意洋洋地问:"更能作'空梁落燕泥'否?"

这个说法流传很广,也是隋炀帝残暴的罪证之一。那它是不是真的呢?我个人觉得应该不是。历史上,隋炀帝对薛道衡颇为器重,不止一次想招揽他,为自己效力。平定陈国后,杨广坐镇扬州。而薛道衡回朝后却犯了点错误,被流放岭南。隋炀帝一看机会来了,专程派人去给薛道衡带了个话:你去岭南途中,到我的扬州待一段时间,我想法把你留下,就不用去岭南受苦了。不料薛道衡很讲原则,绕过了扬州,直接去了岭南,让杨广颇下不来台。然而,杨广并没有怪罪他,反而觉得此人耿直,能处,是个有本事的人。等杨广即位后,立即便想到了薛道衡,准备封他为秘书监。这是个正三品的官,可以说委以重任了。

我们可以看到，隋炀帝虽然有点骄傲，但不是个小肚鸡肠的人，他对薛道衡一直是欣赏而包容的。那么薛道衡最后又是为什么获罪的呢？

按正史记载，不是因为抢了皇帝的风头，而是因为政治立场有问题。薛道衡回京后不久，写了一篇《高祖文皇帝颂》。高祖文皇帝，就是隋文帝杨坚。夸奖开国皇帝、现任皇帝的老爹总没错吧？不料，隋炀帝看了后大怒，说他有《鱼藻》之义。《鱼藻》是《诗经》中的一篇，表面上歌颂周武王，其实是讥刺周幽王。我们知道，杨广得位不正，所以很忌讳这个事。他认为薛道衡是借赞美先帝讽刺自己无道，从此君臣不和。薛道衡最后也因此获罪而死。

我们回顾一下薛道衡的一生，历经三朝，可以说沟通南北、领袖文坛。外交上，他数次往返隋、陈，为统一立下大功。文学上，他著有文集七十卷，算得上隋代一大家。他的诗歌风格，典型地体现出了南北融合的特点。就"空梁落燕泥"这类句子来看，是南方文学的清丽委婉；而他写过的一些边塞诗，又悲怆宏阔，体现了北朝文风的特点。我们一开始提到的《人日思归》，也是兼南北之美，文质皆备。可以说，薛道衡的一生，见证了南北归一的过程，而他的诗歌成就，正是南北文学乃至文化融合的结晶。

薛道衡见证了南北统一的过程，却没能等到真正盛世的到来，结局可惜可叹；但他走过的道路，却是可赞可歌的。他和同时代的南北士人们，为结束分裂、实现文化上的南北融合，作出了卓越的贡献。薛道衡代表北方王朝出使南方，在南方人最擅长的诗歌领域里，写出了流传千古的名篇；而比他稍早的庾信，则从南方来到北方，带去了南方文学的精髓。南北互相促进，互相学习，从而携手进入了一个新的境界。

《隋书·文学传》中，有这样一段话："江左宫商发越，贵于清绮；河朔词义贞刚，重乎气质……若能掇彼清音，简兹累句，各去所短，合其两长，则文质斌斌（彬彬），尽善尽美矣。"这句话是说，南方文学，音调和谐，文采清丽；而北方文学重在气质，风格刚健，换句话说，南方重文，而北方重质，只有两者合一，才能达到文质彬彬的境界。为了达到这种境界，南北文人一起走过了近三百年的漫长时光。从彼此轻蔑，到互相学习；从面貌迥异，到不分彼此，这一过程，与我们华夏大地国土重圆、南北归一的过程同步。

南北文学、文化的不断交流，为唐大一统王朝做好了准备，也为文质彬彬、尽善尽美的唐代诗歌奠定基础。一个兼容南北、涵盖四方的文学盛世，已呼之欲出。

念天地之悠悠　陈子昂《登幽州台歌》

前不见古人，后不见来者。

念天地之悠悠，独怆然而涕下！

——陈子昂《登幽州台歌》

1. 何谓幽州台？

先来看一下诗歌题目——登幽州台歌，顾名思义是诗人登上幽州台时创作的一首诗歌。而这个幽州台是个什么地方呢？幽州台，又名黄金台，是战国时期燕国国君燕昭王建造的一座高台，雄踞在华北平原上，居高临下，可以俯瞰苍茫原野。那么燕昭王为什么要建这样一座台呢？是军事守备用还是欣赏风景用呢？都不是，它的用途是招纳贤才，因此这座台又称招贤台。

关于台的修造还有一段故事。

燕国曾被强大的齐国打败，燕昭王即位后，励精图治，招揽人才，放出消息，让人们都来投奔燕国。但六国人才都采取观望态度，一是因为燕国是小国，前途没有那么光明；二是还没看到君主的诚意，谁知道是不是忽悠大家呢？过了很久，也没有什么真正的治国之才来报到，这下可把燕昭王郁闷坏了。

这时有一个叫郭隗的谋士说:"大王不急,我有办法。"燕昭王赶忙请教。郭隗没有直接说,吊了吊燕昭王的胃口,又讲了一个故事:某个国君喜欢马,愿意出千两黄金去买千里马,然而寻访了三年都没买到。这时,国君身边有个侍从请缨,愿带上一千两黄金寻找千里马。国王同意了。三个月后,侍从回来了,带来一件大宝贝:一匹马的骨头。说,大王你看,这是我花五百两黄金给你买的千里马。国王看到是又惊又气:"我喜欢马,那是喜欢活马,我又不做标本,拿马骨头来干嘛?买亏了也就算了,传扬出去,全天下都知道我是个冤大头,这可怎么办?"侍从说:"大王莫急,这五百两黄金,我保你买不了吃亏买不了上当。我就是要让天下人都知道,大王是真爱马啊,连死马的骨头,都舍得花五百两黄金买,更不要说活马了。"果然,不到一年,就有人送来了好几匹千里马。这就是千金买骨的故事。

郭隗的关子卖完了,可燕昭王还是很迷惑,说:"郭爱卿,你讲得很好,但我眼下急需要的不是马,是人才啊,这两者有什么关系吗?"

说到这,郭隗也就不装了,赶紧回禀:"有关系,有大关系。我,就好比是那副骨头架子啊,而人才呢,就好比是千里马。大王要招揽人才,首先要从招纳我郭隗开始。当天下人看到,我这样才疏学浅的人都能被国君重用,那些比我本事更强的人,必然会闻风而来。"你看,郭隗不知别的才能怎么样,至少是个语言大师，营销高手，这一番话说出来，把燕昭王说得是激动不已，马上照办。

于是燕昭王尊郭隗为师，建造了这座黄金台，表达自己招揽人才的决心。没多久，天下人才就都跑到燕国去了。这里边有几个赫赫有名的人物，比如和管仲齐名的魏国军事家乐毅、齐国的阴阳家邹衍、赵国的游说家剧辛，等等。弱小的燕国也就逐步强大起来了。这就是幽州台的来历。这个背景和我们了解这首《登幽州台歌》的主旨有很大的关系。至于有什么关系，我也和郭隗一样卖个关子，一会再说。

我们再来说一下题目中的这个歌字，它代表了诗歌的体裁。歌是一种上古时候就有的体裁，比律诗、绝句要早得多。它有两个特点，一是语言简单直白，不需要对仗、典故，平白如话；二是情感往往特别充沛。《毛诗序》说，"言之不足，故嗟叹之，嗟叹之不足故咏歌之"，就是说，情感太激烈的时候，用语言已经无法表达了，便只能歌唱出来。项羽《垓下歌》、刘邦《大风歌》都是如此，因为生命中遇到不可承受之重，无心字斟句酌，只能用最简单、最直白的语言唱出，而这往往也是最动人的。《登幽州台歌》就采用了这样一种体裁。

说过了题目，我们来看这首《登幽州台歌》的内容。前不见古人：黄金台仍然伫立，但昔日的明君贤臣俱往矣，再无踪影。后不见来者：放眼望去，暮色苍茫，再无他人，只有诗人孤独地登临这座千年古台。想到天地悠悠，时间无穷，他禁不住悲从中来，泪洒长空。

这首诗很短，语意也不复杂，之所以成为流传千古的名篇，是因为写出了人在宇宙中的孤独感。四方上下曰宇，往古来今曰宙。也就是说，无尽广袤的空间是宇，无限悠长的时光是宙。那么这首诗，短短四句，就把大家带入到了古往今来、上下四方的宇宙中去。在这样一个无限的时空中，人是何等渺小。当想到这一点，每一个人都会感到悲怆与孤独。这些情感，此刻仿佛都集中在幽州台上，集中在陈子昂胸中，化为最质朴、最沉郁的四句短歌，在天地间唱出了惊雷之声。

黄周星在《唐诗快》中曾有过这样的评价："胸中自有万古，眼底更无一人。古今诗人多矣，从未有道及此者。此二十二字，真可泣鬼。"惊天地而泣鬼神，正是这首诗取得的艺术效果。

读者朋友们也许会好奇，写这首诗时陈子昂才三十几岁，为何能写出这样独特的作品呢？其中一个原因，就是他有着其他诗人不具备的、独特的人生体会。他把这些体会融入了诗歌中，短短四句，写尽了自己的人生，写尽了自己的情感。下一节，我们就随着这首诗，走近陈子昂这个传奇诗人。

2. 陈子昂是个怎样的人?

写出了《登幽州台歌》的陈子昂,到底是一个怎样的人?大家翻看任何一本文学史,里边都会写:陈子昂字伯玉,梓州射洪县(今四川射洪市)人,等等。这些基本史实就不重复了。我想用一个关键词,来描述陈子昂这个人,那就是"反差感"。他的人生有三大反差:身份上的反差,境遇上的反差以及外貌上的反差。接下来我们一一分析。

首先是身份上的反差,陈子昂具备贵公子与文人的双重身份。他曾经写过一首自传性质的诗歌,里边说:"本为贵公子,平生实爱才。感时思报国,拔剑起蒿莱。"(《感遇》其三十五)说自己本是贵公子,因为感受到时代机遇、国家召唤,因此拔剑而起。这几句诗,代表性地写出了陈子昂身份的转变。

根据史书记载,作为贵公子的陈子昂,少年时任侠使气。他和侠客一样,生活豪阔、任性而为。要知道,在初盛唐时期,能够任侠的都不是普通人,往往都得是有钱人家的子弟。因为穷文富武,你当读书人,一支笔一卷书就够了,如果这都买不起,还可以用芦苇秆在沙地上写字,也能成才。但要当侠客可不容易。你得买剑吧?宝剑值千金。你得买马吧?百金买骏马。此外马身上"金络脑""金䥽头",少侠手中的"黄金鞭"可妥妥都是银子。

看到这里，我们就会好奇，陈子昂到底来自啥家庭？的确不是普通家庭，陈家世世代代都是当地的豪族。他自称"本为贵公子"，一点都不夸张。父亲陈元敬，是当地的大名人。有一年家乡闹饥荒，他自掏腰包，拿出粮食接济乡民，一天散万钟之粟，而且不求回报，正是妥妥的侠义风范，于是远近的人，都跑过来归附陈家。不仅如此，陈元敬还爱好广泛，一边读书隐居，一边求仙修道，可以说是一位亦狂亦侠亦温文的人。放今天，妥妥小说男主配置。出生在这样的家庭，陈子昂任侠使气也就不足为奇了。

实际上，他的整个少年时代，是在牵鹰走马中度过。一直到十七八岁，都还没有正经读过书。还有传言说，他这个时候，还因为和别人比试剑法，失手伤人，曾被有司问罪，好在家里势力大、底子厚，想办法把他捞了出来。

看到这里，我们会忍不住好奇，这样的公子哥，怎么开始发奋读书的呢？这还要从一次"误入"说起。有一次，陈公子和一帮赌徒一起闲逛，无意间闯入了当地的乡学。里边传来朗朗读书声，这一下，陈公子仿佛听到了血脉深处的召唤，大诗人的基因动了。从此立下志向，要好好读书，把之前耽误的时光都补回来。他回去后，就把身边那群门客帮闲都遣散了，闭门读书，仅仅几年间，经史子集无所不晓。文章尤其写得好，当时人拿他比作西汉时期著名文学家司马相如、扬雄。至此，陈子昂顺利完成了"浪子回头"的转变，身份从少侠到读书人，这个反差足够大了吧？

其次是境遇上的反差。

陈子昂二十一岁时进入长安，准备参加科举考试。和其他两袖清风的穷书生不一样，陈子昂此去，带着仆从、带着巨款。一来就住到了当时的高档社区，宣阳坊。我们想象一下，蜀中贵公子、大才子来考试了，华服名马，前呼后拥，是多么引人注目。然而期待越高，失望越重，他的科举考试不太顺利，两次都没有考中。陈子昂心情抑郁，也就可想而知了。这期间发生了"子昂摔琴"的故事。

长安城的东市上，有人卖胡琴，要价百万。当时长安城的有钱人，都过来看热闹，可不要说买了，甚至没有人认出这个琴的来历。这时，陈子昂从人群中出来，对随从们说，我买了，拿一千缗来。一缗是一千钱，千缗就是十万钱。旁边的人惊呆了，就问，这么多钱，买这个干嘛？陈子昂回答，我擅长弹这个。这一下旁边的人好奇了，就问能不能听听你弹琴呢？陈子昂卖关子，这琴，不能在这弹，这地方不好。我住在宣阳坊某栋某号。明天我要举行一场宴会，奉上珍馐美酒，邀请京城的名流，等大家吃好喝好了，我再弹这张琴。这么一宣传，整个长安都轰动了。第二天来了百余人，里边有真想听琴的，也有打秋风蹭饭的，有来看名流搞社交的。总之高朋满座，盛大非常。等大家吃得差不多了，陈子昂抱着琴，走到众人面前，然后发话："我是蜀人，曾经写过不少诗文，但在京城里边，漂泊几年，也没有能闻名于世。而弹琴这种事呢，不过是雕虫小技，怎么值得我用心呢？"说罢把琴拿起来，狠狠摔在地上。然后，把桌子上早已准备好的诗文卷轴分给在场的人。等散会之后呢，整个京城都知道有陈子昂这号人物了。

这个故事流传很广，有人还把它当成自我营销的典型案例来效法学习。可这个故事不一定是真的。第一，这则材料出现于约两百年后的记载里，而同时代的人没提到。比如陈子昂好朋友卢藏用给他写过传记，里边记录了陈子昂不少事，唯独没提到摔琴。这是一个疑点。第二个疑点是，这琴太贵了，要价百万钱，按照当时的物价，大约可购米约一万斗，实在是天文数字。因此，这个记载的真实性有待考量。

那么为何这个故事流传极广，成为陈子昂的标签呢？主要是因为它太符合陈子昂当时的境遇了。一个贵公子，赫赫扬扬、一掷千金；一个大才子，怀才不遇、愤世嫉俗。看似反差巨大的两种境遇，集中在一个人身上，这不就是陈子昂的经历吗？因此不管这张琴是不是太贵，描述有没有夸张，这个故事是很符合陈子昂当时的境遇的，因此得以广泛流传。

最后，来看一下陈子昂外貌上的反差。根据记载，陈子昂父亲陈元敬"瑰伟倜傥"，是个美男子。虎父无犬子，陈子昂当然也继承了几分父亲的风采，"奇杰过人、姿状岳立"，就是说身形挺拔，像山岳一样，气势过人。大家立即脑补出少侠的样子了吧？可并不是，就在同一篇材料里边，又说他"貌寝"，就是其貌不扬。很多朋友都疑惑了，又杰出又平庸，这人到底怎么长的，这么矛盾呀？我们再看一下其他材料，就能得到答案。《新唐书》本传里边说，他"貌柔野，少威仪"；《唐才子传》里边说他"貌柔雅"，其实都是儒雅质朴的意思。总而言之，就是一个有点腼腆、温柔的邻家少年。大家听到这里，或许有一点失望，但在我看来，这就是陈子昂的特点，一个柔弱少年行豪侠之事，才更了不起。不说话的时候平平无奇，一旦开口谈论国家大事，慷慨激昂、气势惊人。这样岂不是让人更印象深刻？用今天的话说，就是打破了刻板印象的"反差萌"。

那么，这些"反差"与陈子昂的文学创作有没有关系呢？当然有。在陈子昂的诗歌中，常常见到一种独特的气质。文弱书生气的同时，又有着仗剑游侠的孤勇之气。豪阔公子气的同时，又有失意才子的不平之气。这在初唐文坛上是很特别的。我们一开始讲到的《登幽州台歌》也是如此。"前不见古人，后不见来者"，这是文人经常感慨的人生有限，宇宙无穷，"逝者如斯夫"。但加上"念天地之悠悠，独怆然而涕下"又有一种豪侠般的孤勇。既是书生，又是侠少；既享受过人间的声色繁华，又感受过怀才不遇的悲凉。因此，当陈子昂站在幽州台上，纵情高歌时，仿佛将天地万物的苍凉都拢括诗中，具备了泣鬼神的力量。

总结一下，陈子昂的反差人生，造就了他不同寻常的气质，为《登幽州台歌》这篇惊世之作的诞生，做好了主观准备。而下面，我们从历史事件入手，分析时代背景如何与陈子昂气质结合，最终催生出《登幽州台歌》。

3.《登幽州台歌》的诞生

陈子昂第三次参加科举考试时，终于进士及第。这一年，国家发生了一件大事：唐高宗李治在洛阳病逝。武则天和大臣商议要把高宗归葬乾陵。这时候，展现陈子昂才能的机会到了。他上书劝谏，认为洛阳就是宝地，可以安置高宗灵柩，不必迁回关中。

武则天看了这篇谏书做了一个矛盾的反应。一方面，没有采纳陈子昂的建议，还是让高宗归葬乾陵。另一方面，武则天觉得此人意见虽然不可用，但文章本身写得真好，于是提拔他当了麟台正字，不久后又升迁为右拾遗——这是一个谏官，职责就是给统治者提意见，指出其行为的得失。

陈子昂这个谏官当得还真不错。

举个例子，武则天曾经考虑过，开凿四川境内的雅州道，以攻击羌族。陈子昂上《谏雅州讨生羌书》，力陈七不可，最终让武则天取消了这次行动。武则天在政治上可是个强人，能采纳陈子昂的意见，绝不仅仅因为这篇奏疏文采好、三观正，更因为陈子昂曾在蜀地生活多年，切实了解当地的地理民情，能分析利弊，切中肯綮。可以看出，与李白、杜甫那样的纯诗人不一样，陈子昂在政治上的确有超越常人的远见与洞察力。

　　武则天也看到了陈子昂的才能，常召见他议论政事，"数召见问政事，论亦详切，顾奏闻辄罢"，讨论的时候也挺详细的，但说完了也就算了，很少采纳。为什么这样呢？一个主要原因是两人政治立场不太一样，陈子昂受儒家道德影响比较深，提的意见都是轻徭薄赋、与民休息之类的，武则天不感兴趣；另一个原因和他的性格有关，史书记载，他性格急躁，说话耿直，容易得罪人，拿我们今天的话说，有点江湖气，和官场不和。因此很难得到重用。

　　我们回顾一下陈子昂的官场经历，可以看出两点。第一，陈子昂有报国之心。任拾遗这几年，他兢兢业业，从各方面为朝廷考虑，希望能解决矛盾，让国家长治久安。第二，陈子昂的确有治国之才能，他的奏疏政论，有四五篇收入了《资治通鉴》，是唐代诗人中罕见的。明代思想家王夫之《读通鉴论》认为，陈子昂非但"文士之选"，而且是"大臣之材"。

　　这样一个身怀治国之才的贵公子、侠少年，收起了手中的宝剑，放弃了豪阔的生活，不远万里来到长安，难道是为了做个小官、赚点俸禄吗？当然不是，他唯一的愿望，便是报效国家。可那时的社会现实却不允许他这样。那时候，已是武周后期，七十岁的女皇渐渐怠于朝政，身边的各权力集团争斗不断，罗织罪名、构陷忠良。陈子昂身为朝廷近臣，将这一切看在眼中，却无能为力，痛苦可想而知。

不久后，陈子昂受"逆党"牵连，蒙冤入狱。在监狱里待了一年多以后，又被赦免，官复原职。出狱后，陈子昂陷入了深深思索。他在想，自己那些治国的韬略，看来终究是无用的，那么如何才能实现自己报国的理想呢？

就在这时，命运给他指了一条新的道路。北方契丹叛乱，攻陷了营州。营州不是一般的地方，而是唐王朝东北的屏障。武则天派自己的侄子、建安王武攸宜率军征讨。

得知这个消息，陈子昂立刻上奏《谢免罪表》，请求随军出征"效一卒之力，答再生之施"。这篇《谢免罪表》并不长，我们却可以从中读出一种"虽千万人吾往矣"的孤忠与孤勇。

在我们看来，陈子昂是有退路的。仕途走不通，他可以选择回乡归隐，继续做家财万贯的贵公子。可陈子昂没有这样做。因为他既是儒生，也是侠客。儒家说"忠君报国"；侠客说"为知己者死"，两种信念同时在支撑着他，让他不能、也不肯退却。于是他想到了少年时的诺言"感时思报国，拔剑起蒿莱"。他想，自己这柄宝剑，是时候指向敌人了。哪怕马革裹尸，醉卧沙场，也胜过在长安官场中消磨自己的一身侠骨——这便是陈子昂的孤勇。

不久后，陈子昂如愿以偿，加入了北征的军队，担任武攸宜的参谋。可惜武攸宜是个纨绔子弟，对军事韬略完全不通。次年三月，大军行进到渔阳，武攸宜听说前军全军覆没，吓得脸色惨变，束手无策。陈子昂主动请缨，请求遣万人作前驱以击敌。武攸宜根本不采纳他的意见，还鄙视地说："你一介书生，跑出来指挥我做事？"陈子昂没有放弃，仍不断为武攸宜出谋划策，结果武攸宜恼羞成怒，把他贬为军曹。

陈子昂满腔豪情错付，万分愤懑，又无人能够倾诉。他在大军驻扎地孤独徘徊，走着走着，就走到了幽州台这个地方。

当时已经是傍晚，霜风吹面、寒意侵袭。陈子昂独立高台，仿佛看到了燕赵大地上的往事。

千年前，燕昭王在这座高台上招纳贤才。励精图治的君主，意气风发的臣子，在此台上君臣遇合，一起搅动风云、建立功业。那是何等激动人心的景象。然而晚风吹过，眼前幻影消散，他依旧是独自站在危台上。幻想中的明主贤臣已烟消云散，不可追寻——这就是前不见古人；故乡远在万里，前途茫茫，没有人能理解他——这就是后不见来者。寥廓天地，只剩他一个人，与残阳孤台相伴。他想到了自己一路走来的坎坷；想到了当时动荡的政局；也想到了和自己一样有千里马之才却报国无门的仁人志士。这一切忧虑、不平、愤懑，最终化作铺天盖地的孤独感，化为这一首《登幽州台歌》。

我们常说，"国家不幸诗家幸"，又说"赋到沧桑句便工"。坎坷的个人命运与动荡的社会现实结合，让陈子昂原本藏于胸中的孤勇不平之气喷薄而出，最终凝结成这二十二字的千古名篇。

4. 开辟天地,"唐之诗祖"

《登幽州台歌》之所以千古流传,一方面,是因为它是诗人情感的凝结,因而格外感人;另一方面,也与这首诗独特的体制有关。

这首诗不是律诗也不是绝句,而是短歌,因此体制比较自由。陈子昂也最大限度发挥了这种自由。句式上参差错落,不拘一格。结构上奇崛突兀,起的时候,劈空而来,略过了登楼的原因、过程,直接从"前不见古人"开始;结尾处也不追求韵味悠长,而是戛然而止。这种句式、结构,在初唐诗坛上,可以说别具一格,让人眼前一亮。

陈子昂为什么不选用常见的律诗绝句,而要选择如此别致的体制呢?这和陈子昂的文学主张有关。陈子昂是一个坚决的复古派。这个复古,并不是要开文学史的倒车,恢复到更古老、落后的创作方法去,而是用以建安诗歌为代表的经典范本,来规正当时过于浮华的诗歌风气。与其说是复古,不如说是以复古为旗帜的一场创新。

我们之前讲隋代文学的时候,提到以薛道衡为代表的隋代文学家将北方刚健之风引入诗坛,使得诗歌风气得以从六朝文学的浮华突围出来,这是一个整体趋势。而当唐建立之后,发展到武后时期,这种刚健自然之风,又陷入了一个小低谷。上官仪、沈佺期、宋之问等人主导了文坛。他们以齐梁诗风为模板，写了很多粉饰太平的作品。从好的方面来说，为对仗音律的进一步完善作出了贡献；就弊的方面而言，又让本已突围的诗歌风气回归于浮华，裹足不前。

陈子昂对此忧心忡忡，于是在给朋友的信件里说："文章道弊，五百年矣。汉魏风骨，晋宋莫传。"（《与东方左史虬修竹篇》）文学衰落已经有五百年了。汉魏诗文中的风骨，到了两晋、刘宋时期，就已经看不到了。而齐梁就更加等而下之。如今大家模仿齐梁诗歌，比拼辞藻，忽略了比兴寄托，这是值得忧虑的。这番话直指文坛弊端，振聋发聩，激起了很大反响。

陈子昂还用创作实践，践行了自己的理念。就以《登幽州台歌》为例，此诗质朴天然，气势沉雄，真正继承了汉魏诗歌的风骨。可以这样说，这短短二十二字的短诗，就像是侠客手中的宝剑，斩破诗坛浮华绮靡之风，为唐诗的国度开疆辟土。也因此，后人将陈子昂称为"唐之诗祖"。杜甫说陈子昂"名与日月悬"（《陈拾遗故宅》），韩愈说"国朝盛文章，子昂始高蹈"（《荐士》），正是看到了陈子昂对于盛唐文学的引领之功。

说到这里，大家一定很关心陈子昂的结局。写完这首《登幽州台歌》后不久，陈子昂就因父亲老迈而辞官回乡，又遭受了地方官员的勒索迫害，年仅四十一岁，冤死狱中。正如他当初在诗中感慨的那样，天地无穷，人生却是脆弱和短暂的。总结他的一生，政治上的他孤独寂寞，孑孓独行，无人能够理解。然而，在诗歌的国度里，陈子昂并不孤独，他的文学理念，得风气之先；他的诗歌事业，后继有人。

不久后，另一白衣仗剑的少年，沿着陈子昂同样的道路，离开蜀中，走向长安。这个少年，接过复古诗学的大旗，一路高歌，直到登上诗歌巅峰，他就是李白。

每当想到这里，我就忍不住重读一遍《登幽州台歌》。也忍不住想，当初陈子昂没有看见的来者，是否就此出现了呢？以李白为代表的盛唐诗人们，沿着陈子昂开辟的道路，继续驰骋，最终将诗歌推向至善至美的境界。

如果能看到这一幕，陈子昂或许会再度涕下。

这一次，或许是喜极而泣。

长安大道连狭斜　卢照邻《长安古意》

长安大道连狭斜,青牛白马七香车。
玉辇纵横过主第,金鞭络绎向侯家。
龙衔宝盖承朝日,凤吐流苏带晚霞。
百丈游丝争绕树,一群娇鸟共啼花。
游蜂戏蝶千门侧,碧树银台万种色。
复道交窗作合欢,双阙连甍垂凤翼。
梁家画阁天中起,汉帝金茎云外直。
楼前相望不相知,陌上相逢讵相识。
借问吹箫向紫烟,曾经学舞度芳年。
得成比目何辞死,愿作鸳鸯不羡仙。
比目鸳鸯真可羡,双去双来君不见。
生憎帐额绣孤鸾,好取门帘帖双燕。
双燕双飞绕画梁,罗帏翠被郁金香。
片片行云著蝉鬓,纤纤初月上鸦黄。
鸦黄粉白车中出,含娇含态情非一。
妖童宝马铁连钱,娼妇盘龙金屈膝。
御史府中乌夜啼,廷尉门前雀欲栖。
隐隐朱城临玉道,遥遥翠幰没金堤。

挟弹飞鹰杜陵北,探丸借客渭桥西。
俱邀侠客芙蓉剑,共宿娼家桃李蹊。
娼家日暮紫罗裙,清歌一啭口氛氲。
北堂夜夜人如月,南陌朝朝骑似云。
南陌北堂连北里,五剧三条控三市。
弱柳青槐拂地垂,佳气红尘暗天起。
汉代金吾千骑来,翡翠屠苏鹦鹉杯。
罗襦宝带为君解,燕歌赵舞为君开。
别有豪华称将相,转日回天不相让。
意气由来排灌夫,专权判不容萧相。
专权意气本豪雄,青虬紫燕坐春风。
自言歌舞长千载,自谓骄奢凌五公。
节物风光不相待,桑田碧海须臾改。
昔时金阶白玉堂,即今惟见青松在。
寂寂寥寥扬子居,年年岁岁一床书。
独有南山桂花发,飞来飞去袭人裾。

——卢照邻《长安古意》

《长安古意》是唐代诗人卢照邻创作的一首长诗。卢照邻,是初唐四杰之一,这首诗既是他的代表作,也是整个初唐诗歌的集大成之作,诗中借古写今,展现了当时长安社会生活的恢宏画卷。

这首诗太长了，我们分为三段，节选着来讲。这一类长诗格律和结构比较自由，可以换韵，具有一个专门的名字——歌行体，《长安古意》就是这样一首七言歌行。它的特点是篇幅较长，用词也比较华丽，因此特别适合表现都城繁华，卢照邻有意选了这种体裁，来描写自己眼中的长安。

卢照邻生活的时代，长安城是一座庄严雄伟的帝国都城，不仅是中国历史之最，也是当时世界上最恢宏的城市。它的人口可能超过了百万，面积是明清北京城的 1.45 倍，是同时期拜占庭帝国君士坦丁堡的 7.29 倍。每个来到这座城市的人，都由衷地感到震撼。正如汉学家宇文所安所说："七世纪前半叶的诗人在长安面前惊叹不已，它是最伟大的城市，是当代的奇观，是大唐帝国威力的生动证明。"

我们都知道，卢照邻是幽州范阳人。在唐代，范阳还是一个边陲城市。可以想象，当卢照邻不远千里来到长安时所感受到的震撼。因此，他极尽自己的才华，写出了这样一篇鸿篇巨制，赞美长安城的雄伟繁华；同时，也给后人留下了宝贵的资料，让我们得以窥见初唐长安的全景。今天，就让我们跟随这首《长安古意》，随着卢照邻的视野，走进这座千古雄城。

1. 长安道

我们来看这首诗的头两句：

> 长安大道连狭斜，青牛白马七香车。

这里就提到了唐代长安城的标志性景观：大道连着狭斜。大道，顾名思义，就是广阔的街道，而狭斜呢，则是小巷子。大道和狭斜互相连接、交通，形成了长安城发达的交通网络。

我们先来看一下大道。唐代长安有九条南北方向的街道，十二条东西方向的街道，很多街道的名称今天依然在使用，比如朱雀大街。这个朱雀大街可不得了，是长安城的中轴线，贯通南北，气势恢宏。它的长度大约是 5 000 米，看上去并不长，然而宽度却十分惊人，宽约 150 米。这个宽度有多夸张呢？容得下 150 匹马同时行进，折合成现在的车道，得有四十多条车道。要知道，我们今天中国的第一街北京长安街最宽的地段也没有超过 120 米。

那朱雀大街是不是长安城中最宽的街道呢？还不算，太极宫南门外有一条横街，承天门横街，宽度更是达到了惊人的 441 米，是北京长安街的差不多 4 倍，堪称人类有史以来最宽的街道，简直令人叹为观止，因此有学者认为，承天门横街，与其说是街道，更可能是宫城南面的一处广场。

这么一来,长安城中最宽的街道就有两条:东西向的承天门横街和南北向的朱雀大街。它们都有一个显而易见的特点:宽。有朋友可能会好奇,那毕竟是一个农业时代,乘车骑马的人都有限,为什么要修造出比今天的长安街还要宽的街道呢?是不是有一些浪费?其实,长安城中的街道,之所以如此之宽,主要有三个原因:

第一,彰显国力。长安城分为外郭城、皇城和宫城,前者叫外城,后边两个是内城。朱雀大街是唯一一条可以进入长安内城的大道。一个外国使节来朝觐大唐天子,必须要走朱雀大街才能进入内城;外地官员刚到长安要去皇城上班,也要走朱雀大街;这是从外向内。反过来也一样,皇帝遇到大事要去南城祭天,还要从朱雀大道上走。可以说这条街,不仅是一条街,也是大唐的门面,当然要修得宽敞一些。果然,各国使节一见这大道,彻底被震撼了。回国后,面见本国君主,天花乱坠描述一番,君主们也大为向往,在自己国家也造一个缩微版。比如日本京都的南北中轴线、韩国首尔的南北大街,都是仿造唐长安朱雀大街修建的,甚至名字都一样,也叫朱雀大街,可见其心向往之,唐王朝通过这个门面,彰显国力的目的也就达到了。

第二,集会、巡游、演出的需要。很多时候,主要宫门外的大道可以充当广场功能,比如刚才提到的承天门横街,就是一座大广场。举办大型朝会、庆典,在京的官员以及外国使者都要参加，动辄几万人，没有宽阔的广场是装不下的。

第三，出于安全考虑，用来防刺客。在唐代，远程武器主要是弓箭，那时的箭射程有多远呢？按史书记载，大约是60米。我们设想一下，当重要人物出巡的时候，街道若是足够宽，走中间的仪仗队及其护卫的要员们，是不是就十分安全了呢？即便街道两边都埋伏着刺客，是最厉害的神射手，也没办法把冷箭放到街道中心的位置。所以长安城中主干道的宽度，不仅是出于城市美观的考虑，也具有安全防护的实际功能。

说过这些道路宽广外，再说一下这些道路对长安城布局的作用，我们都听说过一句诗："百千家似围棋局，十二街如种菜畦"（白居易《登观音台望城》），正是这些大道与狭斜将长安城像棋盘一样分开，形成了不同的功能区。

为了更好说明这一点，我们跟随年轻时代的卢照邻，从长安正南门——明德门进入。走在朱雀大街上，首先进入外郭城。你会看到，郭城被墙分成了很多坊，坊内就是城市居民生活区，每座坊设有坊门，早上打开、傍晚关上，管理非常严格。长安城的居民区、寺院、园林等都在这些里坊。

看过这些里坊，面前就是朱雀门了，朱雀门前也有一条横街，从西面的金光门，一直到东面的春明门。这条街后面，便是皇城所在，也就是政府办公区。

有生活经验的朋友们知道，为了方便老百姓办事，政府常开设"便民大厅"，一站式办齐。当时的长安城也类似于这样，只是那时，不仅是把很多部门的窗口放在一起，而且干脆把行政部门修在一起。这样不仅办事的人方便，各部门官员也能高效交流沟通，非常便捷。卢照邻走到皇城区，就能看到尚书省、门下省、中书省、太常寺、鸿胪寺等机构。四十多个机构放在一起，办公效率属实高。到了晚上，各部门下班回家，整个皇城几乎空无一人。这就在皇帝居住的宫城区与百官百姓居住的外郭区，形成了一道天然屏障，也有利于北面的宫城治安防御。

随着卢照邻一起穿过皇城，就到了刚才提到过的承天门横街上。横街那头，有高高的宫墙，宫墙后就是皇帝后妃居住的宫城，宫城主要由太极宫和位于东西的东宫、掖庭宫组成。其中太极宫是皇帝坐朝问道之所。到这里，就无法再进一步，卢照邻只能原路折返，回到暂住地去，将自己今日所见所感，写到诗歌中。现在大家明白，这首诗为什么要从"长安大道连狭斜"写起了吧？因为这就是卢照邻对长安城的第一印象，也是最深刻的印象。

这一句之后便是"青牛白马七香车"。这是说大道上熙来攘往，都是各色各样的交通工具。牛车马车都是寻常，还有更华丽的七香车。这是指多种香料涂饰或各种香木制成的豪华车子。此外还有大量骑马、骑驴和步行的。那有朋友就要问了，卢照邻那会车马也不少，道路状况也比较复杂，那长安城有没有什么交通规则啊？当然有，唐太宗时期，长安交通颇为混乱，经常有骑马冲撞路人的，踩翻居民东西的。宰相马周给李世民想了个办法"靠右行驶"，进城的人靠右走，出城的人靠左走。唐太宗一听觉得很靠谱，再将交通规则细化，颁布了我国最早的交通法规——《仪制令》。里边规定："道路街巷，贱避贵，少避长，轻避重，去避来。"在街道上行走的，身份低的避让身份高的，年轻的避让老年人，空车行驶的避让满载运货的，去的避让来的，这些规则都刻在桥梁、坊市大门上，宣示于众，并有官员巡查。长安城中，还有礼让行人这一条，凡是没有理由骑马冲撞行人的都要受罚，如果伤人了，量罪比打架斗殴伤人的罪行只轻一等。因为有这样完善的规则，长安城中，大道连着狭斜，四通八达、分区明确；而上面来往行走的青牛、白马、七香车，也能各得其所，井井有条地通行。

2. 市井里坊

刚才说了"长安大道连狭斜，青牛白马七香车"，我们再来看下一句"玉辇纵横过主第，金鞭络绎向侯家"。

玉辇，是对车的美称，金鞭，则是代指骑马出行的人，他们行走在长安城大街小巷，络绎不绝。而他们去的地方呢，当然也非同凡俗。

主第，就是公主的宅邸，侯家，则是公侯之家，这就涉及长安在道路外的另一个标志：住宅区。

长安住宅区分布可以概括为"东贵西富"。东边住着官员，权贵云集。西边比邻大唐西市，商人比较多，所以是"富人聚集区"，从而形成了"东贵西富"的局面。

假如咱们做个参谋，要帮卢照邻置办一套房产，该怎么选？不差钱，专买贵的，就去东面贵地里边选，那东城哪里更尊贵呢？那就是东北边。因为长安城的宫城在北面，离宫城近的，当然更加尊贵。而贵中之贵的，便是东北面靠大街的几个坊。主第、侯家云集，贵不可言。住在里边的人，当然也是翻手为云、覆手为雨的人物。

我们以宣阳坊来举个例子，这个坊位于长安城东北面，比较靠近宫城，上班也好入宫也好，都比较方便，上边是长安城的娱乐中心平康坊，右边则是商业中心东市，可以说左手CBD，右手商业街，上面酒吧一条街。如此一来，宣阳坊便成了长安的明星社区，住户更是星光灿烂。比如我们第一篇讲过的陈子昂，他曾在家里宴请名流，上演了砸琴大戏，这个地方就是宣阳坊。这从一个侧面说明，陈子昂的确不缺钱，住得起明星小区。

另一个和宣阳坊有关的名人是太平公主。她在长安有好几处住宅，虽然没有在宣阳坊的，但她的婚宴是在这里办的。因为宣阳坊本来是万年县县衙所在地。太平公主十六岁时出嫁，婚筵十分隆重，一般场地摆不下，于是便用了万年县县衙，这里宽敞。然而，太平公主的婚车实在是太大了，根本就进不去县衙的大门,为此,官吏们想把县衙的门给拆了。高宗皇帝专门下令,说这个门是前朝文物,不用拆,这才保存下来。太平公主豪华婚宴后,这里的地皮更火了。到了玄宗年间,杨贵妃的哥哥杨国忠和其他几个姊妹,都陆陆续续搬了进来,形成了一个顶级"明星小区"。

除了宣阳坊外,另有一些里坊,也是名人显贵们的青睐之地。比如宣阳坊下面一个坊,叫亲仁坊,一代名将郭子仪的宅邸就在这里。郭子仪戎马一生,屡建奇功,官居一品,获封汾阳王,死后配享太庙、陪葬皇陵,可以说位极人臣。郭子仪的王府就在亲仁坊。面积约四百亩地,占一个坊的四分之一,极为可观。郭家常住人口有三千人,同一个大门出入,竟然互相不相识,可见规模之大。此地一直到唐末均为郭子仪的后人所居住,当时长安城中有"亲仁里郭家"的称呼。这个坊还住进去过一个人,谁呢?安禄山。唐玄宗李隆基敕令给安禄山在这里修建宅邸,并声称:"但穷壮丽,不限财力。"往豪华里修,别给我省钱。这下有趣了,发动安史之乱的和平定安史之乱的,给安排到了一个小区。

有人说,卢照邻是个文人,去住这些非富即贵的地方不合适,那就可以考虑一下靠南的一些坊,比如靖安坊,中唐时期著名诗人元稹、韩愈、张籍都住在这里,可以说文化气息浓郁。韩愈在这里买房子可不容易,他二十四岁就考中了进士,到长安"上班",无奈长安房价太高,一直买不起房,只能和我们现在的北漂一样，租房子住。韩愈靠自己存钱，直到49岁才全款买了一套房子。提房那天，韩愈很激动，写了一首《示儿》诗，里边说："始我来京师，止携一束书。辛勤三十年，以有此屋庐。"拿给儿子看，告诉他，老爸我当年可是白手起家，好不容易挣了这点家底，让你在京城里有房子住，你应该好好珍惜啊。

　　回到这首诗，我们想象一下卢照邻当时所见之景。他沿着朱雀大街，向两边看去，显贵名流们的宅邸星罗棋布。而各种各样的香车宝马，穿行其间。有干谒权贵的，有去东市贩卖货物的，有去皇城上班的，大家按照次序，在大道与狭斜间穿行，这就是"玉辇纵横过主第，金鞭络绎向侯家"的景象。

3. 人与长安

　　卢照邻在诗歌结尾部分写道：

　　节物风光不相待，桑田碧海须臾改。

　　显贵宅邸，须臾之间，就会变换主人，宗楚客的大宅——就是台阶光滑到能滑倒人那一座——也是这样。等宗楚客倒台后，太平公主到宗楚客住的宅院去察看，看到那些磨文石台阶，不由得感叹地说，和宗楚客比，"我等虚生浪死！"我们这些公主王孙，都算白活一生了。也许是有了这次经历，太平公主对置办房产更感兴趣了。她在长安城的宅邸有好几处，郊区还有一座大庄园，从乐游原直通到终南山脚下，绵延四五十里，真的是大别墅。等她倒台后，家产都被查抄，清点工作都花了好几年，她名下的这些不动产也在没收之列。有的被分赐给新贵，有的改变成宗教场所，有的甚至直接荒废了。"昔时金阶白玉堂，即今惟见青松在"，描写的就是这样的社会现实。

但如果我们将这首诗的主旨，仅仅理解为批判现实，那似乎也还没有完全体会到诗人的用意，诗歌毕竟不是新闻。既要基于现实，又要有超越现实的哲思。这首诗的高明，就是将视野放到足够高的地方，揭示出历史的规律。

唐代长安在北周、隋两代故址上扩建。初唐时，很多前朝显贵的宫室别馆、园林池塘都更换了新的主人。昔年王侯宅邸、金阶玉堂，此时已只剩下青松。反过来说，当年荒僻之地，今日也可能成为新的高门大院，这就是"节物风光不相待，桑田碧海须臾改"的含义。

但无论怎么改变，前朝历史并没有真正消亡，它们以传说、故事、歌谣的形式存在，为这座城市赋予了超越时空限制的生命力。这就是宏伟建筑、宽阔街道之厚重感，是一座千年古都的灵魂。

中唐人沈亚之《异梦录》中，记载了一个梦遇"前朝美人"的传奇故事。一位名为邢凤的将帅之后，寓居长安平康里南,耗资百万买下了一栋"故豪家洞门曲房之第",午睡时候做了一个梦,一位少女,从西面走过来,举止很从容,手上还拿了一卷纸,口中轻轻吟着诗。邢凤仔细一看,少女穿得很不一样,穿古装——中唐人眼中的古装,也就是前朝的装束,什么样子呢?挽着高鬟,画着长眉,穿着大袖衫子。在中唐人眼中,就是很古早的造型了。邢凤大喜,觉得这样的类型还真没见过。就问,小姐姐,你从哪里来的,为啥到我家来?少女笑着回答说,这是我的家,你住在我的屋檐下,还问我从哪里来? 这个回答颇值玩味。这个少女,明显是前代人,在她眼中,自己仍是这座旧宅的主人,斥资百万买下此地的邢凤才是客人。客人反问自己为什么到这来,是毫无道理之事。这个故事,只是小说家言,但却体现出人们普遍的感慨,长安这座城市,风云变幻是那么突然,甚至当事人还没察觉的时候,就已物是人非。

因此,当唐代诗人行走在前朝古迹中时,难免会有"王侯第宅皆新主,文武衣冠异昔时"(杜甫《秋兴八首》其四)之叹。他们从帝王将相、妃主豪强盛极而衰的历史史实中,感到了光阴永逝、人生无常。

既然荣华富贵都如流水,那么世间什么是永恒的呢?卢照邻在诗歌的最后,给出了答案:

寂寂寥寥扬子居,年年岁岁一床书。

独有南山桂花发，飞来飞去袭人裾。

扬子，就是汉代文学家扬雄。在长安时，仕途不得意，于是闭门著书。"扬子居"，即扬雄的居所，有的诗文里边称为"扬雄宅""子云宅"。随着时代发展，这座宅子已经不仅属于扬雄，而是成了一个典故，象征着文人的清贫自守。诗人此刻提到扬雄旧居，是怀古，也是在抒发自我的志向：虽然我身在长安十丈软红中，但我心所向，并非高楼大宅，而仍是扬雄的陋室。这里没有玉阶金堂，没有画栋雕梁，却是真正的清净之地。容得下读书人的一床书籍，一片冰心。

随后，诗人将视线投向了象征隐逸的终南山。有人认为，这是将象征权力的长安与象征隐逸的南山对立起来，用权贵们骄奢淫逸衬托文人们孤高。不过我认为，诗人的本意，并不是要将南山与长安对立。诗人笔下的终南山，更像是长安城镜中的倒影。你在入世的时候，可以从镜中看到山中茅屋，提醒自己，我们来自那里。当文人归隐时，又能通过镜子，远眺心心念念的朝堂。正如当时的卢照邻，他惊叹于帝都繁华，挥洒妙笔，极力描写。但同时，他又在诗歌的末尾，将视线转向南山。这是诗人提醒自己，不被这繁华迷惑，始终在心中保持着一方净土。等权贵们声名俱灭时，扬雄等人创作的诗文，却能如南山桂花一样，始终盛开。这就是文人们一直追求的"立言不朽"。

同时这首诗中描述的宫室的兴废、人物的兴衰，也告诉我们一个道理，成由节俭败由奢。寂寥时，安贫乐道；显赫时，居安思危。唯有如此，才能长久繁华。

4. 仟花佰草与宫阙楼台

说了长安城的道路和住宅，我们再随着卢照邻的诗歌，将视线从宏观拉到局部来。我们来看一下，这座城市中的绿化景观与建筑艺术。

先看这两句：

> 游蜂戏蝶千门侧，碧树银台万种色。

这是说，在长安城各种宅邸大门旁，有绿树红花，于是蜂蝶便在花丛树荫间飞舞，加上碧绿枝叶和洁白的楼台，让人觉得眼花缭乱，五色缤纷。这说明，在唐代长安城，绿化搞得非常好。

这一点，离不开长安城完备的城市管理。关于长安大道上应该种什么树，是有明文规定的，中轴线上这条大道，两旁一律栽植槐树。根据《唐两京城坊考》记载，承天门街（从承天门到朱雀门）两边槐树成荫。因此，这条街还得到一个美称"槐街"。

而城中还有不少河道，堤岸上种着不少柳树，柳树与槐树一起，成为长安街道绿化的主要树木。这首诗在后边还有一句

"弱柳青槐拂地垂"，写的就是这样的景象。

柳树槐树以外，榆树、杨树、梧桐等也很常见，在开元年间，玄宗还让种上了一些果树，因为这样不仅美观还能得到不少实惠，平时可以欣赏，秋天搞搞采摘，属实一举两得了。

这些树是公家出钱种的，当然也要归公家管，不能随便砍伐。有专门的官员负责巡查，一旦行道树遇到虫害、风害，枯死或倒下时，要马上处理。木头不能浪费，做成木板，修桥补路，然后补植新树。费用也是公家支付。不仅行道树这样，甚至连小区里边的树也要管。比如有人翻建房屋，屋子可以拆，但如果里边栽的树木，已经成材了，那么不能砍伐，可见官方对绿化的重视，正因为如此重视，长安城中才有了"百丈游丝争绕树，一群娇鸟共啼花"的美景。

说完了绿化景观，看看城中的建筑风格。当时的帝都建筑主要有两个风格，一是宏伟，二是华丽。我们看一下诗中这两句：

复道交窗作合欢，双阙连甍垂凤翼。

复道是什么呢？又称阁道，就是古代连接各宫各殿的空中走廊。阙，是宫门前的望楼，甍，是屋脊。一双望楼连接屋脊，这些是地标性的建筑，宏伟壮观，象征了唐帝国的威严。而窗户上合欢花纹、阙楼上凤凰铜像，则是额外的装饰，表现出长安城的华丽。对于帝国首都而言，有装饰当然是好事。

我们常说壮丽，就是要既雄壮，又华丽。可一旦这种华丽被滥用，成为达官贵人、名商巨贾们展示财力的工具后，原本的华丽便成了浮华与奢华。

就在卢照邻所在的时代，武后男宠张易之曾经造过一处宅邸，花费几百万钱，用红粉装饰墙壁、文柏装饰柱子。此外，三次担任宰相的宗楚客，也在城中建造过一座大宅。用沉香涂墙，一开门就香气四溢。屋外的台阶和屋里的地面，都是用磨文石砌的，特别光滑。以至于那些穿着吉莫靴的人，一走上去就会滑倒。吉莫靴是当时很流行的一种皮靴，时尚、名贵，有点像今天的高奢定制，哪里都好就是不实用。一到宗楚客家，就得滑倒。我们也看出来了，当时长安城的豪宅装修，不仅考验人的财力，还挺考验人的脚力，没点功夫不敢踩上去。

也不仅是官员，富商们也互相攀比。《开元天宝遗事》记载，唐玄宗时期，有一个叫王元宝的商人，家里到处装饰着金银。用沉檀木作栏杆，用碔砆铺地，这个碔砆，也就是接近玉的石头。这时有读者要问了，玉石铺地，那不和宗楚客家的地板一样滑吗？人家王元宝做了一些改进，虽然室内还是玉石铺地，但在花园里呢，就不用玉石了，用什么呢？直接用钱，用铜线穿钱铺地，这下连雨天也防滑了。人们给他的宅子起了个美称：王家富窟。

可以看出来，长安城中上至皇室、下至富商，都以奢华为好尚。而《长安古意》后半部分，也正描写了长安城中权贵们竞逐奢华的风气。诗人没有直接点名是哪些权贵，而是用汉代典故以古讽今，描写了豪雄们的京城生活。这些人权力极大，并且嚣张跋扈，以为纸醉金迷的生活可以永存下去。然而，歌舞享乐真的能够千载长久吗？我们的诗人，在这首歌行的结尾，给出了答案。

一日看尽长安花 　孟郊《登科后》

昔日龌龊不足夸，今朝放荡思无涯。
春风得意马蹄疾，一日看尽长安花。

——孟郊《登科后》

这首诗，写于孟郊考中进士之时，是"科场诗"中的名篇。所谓科场诗，是指展现了科场风貌的诗歌。而孟郊则是唐代诗人中第一个大力写"科场诗"的诗人。

胡震亨曾这样评价：以时事入诗，自杜少陵始；以名场事入诗，自孟东野始。（《唐音癸签》）

孟东野，就是孟郊。这是说他的这些科场诗，保留了珍贵的史料，和老杜以时事入诗可以参看。这个评价，不可谓不高。

那么，就让我们随着这首诗，走近诗人充满磨难的一生，同时探秘，延续了一千多年的科举制度，如何深刻地影响着唐代诗坛。

1. 唐朝"复读生"的悲哀

这首诗的第一句就是"昔日龌龊不足夸"，这是说，以前的糟心事，都不值得再提了。登科是大喜事，孟郊为什么要从昔日龌龊说起呢？因为这位诗人，前半生的确很坎坷。

唐天宝十年（751），孟郊生于湖州。父亲是一名小吏，任昆山县尉，很早就去世了。母亲一手把他带大，家中十分清贫。孟郊青年时代隐居于河南嵩山，一边务农一边读书。

三十岁至四十岁这段期间，孟郊曾短暂漫游。期间可考的事迹也不多。我们能推知的是，他在为一件事做准备。那就是进士科的考试。

唐代人重视科举，其中最重视的，便是进士科。"缙绅虽位极人臣，不由进士者，终不为美"（《唐摭言》）。这是说，哪怕最后当了宰相，一人之下万人之上，如果仕途不是从进士科开始的，那终究是一个遗憾。这就造成了竞争激烈。唐代参加进士考试的，少则千余人，多则两千余人。录取的人，不过二三十个。为了提高成功机会，唐人往往很早就开始准备了，成名要趁早嘛。王维、韩愈都是还不到二十岁，就去参加考试了。陈子昂更着急，他原本在老家当侠客，发奋读书才三年，立即赶着去京城应考。

那我们的诗人孟郊呢？他第一次赴考的时候，已经四十一岁。

别人都是早做准备、早占先机。孟郊倒好，熬得头发白了、发际线也秃了，才去考试。这是为什么呢？起码有两个原因。

第一是性格原因。《新唐书·孟郊传》中说，此人"性介，少谐合"。意思是说孟郊性格孤僻，不好与人交往，也就没能在青少年时代结交人脉、积累名声。这样去考试，基本就算裸考。高中的把握不大，不如先稳一稳。

第二可能是家庭原因。孟郊是个大孝子，他的《慈母吟》是流传千古的名篇。儒家说，父母在，不远游。他可能为了要照顾母亲，没有像别的诗人一样无后顾之忧地漫游。

无论如何，孟郊起步晚了，先输一局。但起步晚也不是没希望。比如贺知章，后发制人，上来就考了状元。而我们这位孟郊怎么样呢？

不仅起步晚，出发后，也没能追上。等到他中进士时，已经四十六七了。

有朋友说，"三十老明经，五十少进士"，四十六七也还说得过去。可这五十少进士，是就一般士人而言的。唐代著名诗人们，要么像李白那样，不去考；要是认认真真考试的，大多数都比孟郊中得早。我们随手列举一下诗人登第时的年龄：王维、柳宗元二十一岁，刘禹锡二十二岁，陈子昂、李商隐二十五岁，杜牧二十六岁，都不算晚。最难受的是，和孟郊一起复习的两位好友，李观、韩愈同时及第，孟郊却落榜了。要知道，这两个人是复读生，孟郊是第一次应考；两个人都才二十几，孟郊已经四十了。看到这样的结果，孟郊怎能不黯然神伤，于是他写下了这样的诗句。

>昔为同恨客,今为独笑人。舍予在泥辙,飘迹上云津。——《赠李观》

都是一起苦读的考友,这下你俩上岸了,我还在淤泥里挣扎。这样的痛苦,的确是不堪回首。

他又写下《落第》诗,形容自己的心情"情如刀剑伤",说自己此刻的感受就像有刀剑割裂身体一般,可见是痛到了极点。

次年,孟郊再次去参加进士科考试,这一次,他又没如愿,心情比上一次还要失落,深夜写下《再下第》:

>一夕九起嗟,梦短不到家。两度长安陌,空将泪见花。

这是说自己一晚上,竟然醒了九次。辗转反侧,无法入睡。照理说,如此失意的时候,本该是最想家的时候。可诗人却说"梦短不到家"。哪里只是梦不到家啊,更是无颜见家中老母亲。

从第一次考试到最后中举,一共花了六年的时间。平心而论,这在唐代并不算太长。罗隐一生中参加考试十多次都没有考中,人送外号"十上不第"。相比而言,孟郊还算幸运的。但孟郊有孟郊的难处。一是他起步太晚,有年龄焦虑;二是家境贫寒,试错成本太高。这些都加深了孟郊落第时的痛苦。翻阅一下孟郊的诗集,《落第》《再下第》《下第东南行》《下第东归留别长安知己》……简直就是一部唐朝考试党的血泪史。

孟郊的前半生，就在屡战屡败、屡败屡战中度过，正对应了这首诗第一句："昔日龌龊不足夸。"

2. 考场之外的功夫

说完了往日的"龌龊"，再来说说从不足夸、到思无涯这几年，孟郊到底经历了什么。

孟郊四十一岁时，在故乡湖州参加府试并通过了，获得了乡贡的身份，若想再进一步取得"进士"功名，就必须参加"省试"。"省试"不是我们今天想的省一级考试。这个省，是尚书省，是全国性考试。每到十月，官方统一安排，各地举子"随物入贡"，就是与各地献上的贡品一起，从四面八方赶到长安。

> 郡国所送，群众千万。孟冬之月，集于京师。麻衣如雪，纷然满于九衢。——牛希济《荐士论》

这是说，到了十月，各地举子都汇聚京城。按照当时制度，举子要在衣袍外面加上一件白色的麻衣。麻衣士子云集通衢街道，为长安城增添了一道别致的风景。我们的诗人孟郊也在其中。只不过，年华蹉跎，当披上白衣的时候，头发也白了。因而在荣耀之余，比别人多了几分伤感。

接下来，孟郊是全力复习，准备考试吗？

不全对。备考只是举子生活的一部分。更重要的，是要争取大人物的提携。

唐代进士科考试有一个特点，考卷是不糊名的。也就是说，考官很清楚地知道，这是谁的文章。同时考官的裁断权也很大，可以决定考生去留。依据除了考场上交上来的卷子外，还有很多场外因素，比如政审。考生的风评很重要，有才无德也不行。还有平时水平一般，光靠超常发挥也不行。如此一来，贵人推荐，就起了很大作用。每次考试前，王室宗亲、社会名流，纷纷向考官推荐德才兼备的人才。这就是"公荐"。

唐代诗人因公荐而提高名气，在考场上占据先机的也不少。比如王维、白居易、杜牧。其中杜牧的经历尤其有代表性。

杜牧是文宗太和二年参加进士科的考试。那年的主考官姓崔，颇有清望。有一日正在举办宴饮，一位故人姗姗来迟。正是太学博士吴武陵。唐代的博士，不是一个学位，是教职。换算一下，那就是国家级知名教授。吴教授一入席就推荐起了杜牧，说他是能辅佐帝王的高级人才。看考官有点将信将疑，吴博士拿出了实锤——那就是《阿房宫赋》，当场朗诵了一番。之后得意洋洋地说："怎么样？这个人，值得给个状元吧？"考官满脸歉意："值得是值得，只可惜您说晚了，这一期的状元已经有人了。"吴博士没办法，只好说，第二名行吧？考官还是摇头。最后一直说到第五名，考官还在犹豫。吴教授勃然而起，这样的才华，连前五名都考不上，还有公平可言吗？

考官这才拍板，给了第五名。最后杜牧的确以第五名的成绩及第。

有朋友会说，还没考试前，名次都出来了，这也太黑暗了吧。不错，在我们今天看来，这是标准的暗箱操作。可在唐人眼里是有制度可依的，合理合法。当时的人认为，这样能起到综合考察的效果，避免一考定胜负。

除了请名人推荐外，也可以自荐。普遍做法是提前将自己的文章诗赋装裱起来，送给考官看。美其名曰，行卷。一次不够，过几天再送一次，这叫温卷。

孟郊到京城后，少不了要行卷、温卷，干谒一些名流，提高自己的名气。然而效果却不怎么理想。原因也有两个。第一就是穷。在长安这个地方，要想营销自己，打出名声，那是需要砸钱的。比如当年陈子昂来长安待考的时候，一口气砸了一张天价的胡琴，砸出了名堂。可孟郊不是一般的穷。他在诗中说，自己饿了就吃"无名蔬"，也就是野菜。晚上想读书，却"灯烛绝"，连蜡烛都买不起。甚至他有一次找朋友借车搬家，结果"借车载家具，家具少于车"（《借车》）。自己的家具，比借来的车还少。就这条件，陈子昂那种营销法，他根本玩不起。

第二是缺少人脉。有人说，没钱，人脉广也行啊。当一个社交达人，自然有人免费为你传名。这话不错。比如王维，出身华族，年少倜傥。不是在岐王宅里论诗，就是在九公主府上弹琴。可是，孟郊这个人不一样，性格孤僻，按韩愈的说法

"孤芳难寄林"（《孟生诗》），很不合群。更关键的是，他出身寒门，没有任何背景，在长安这座名利场上，自然是不得门径而入。

正如他自己所说：

> 有财有势即相识，无财无势同路人。——孟郊《伤时》

这种情况下，孟郊也只能在准备、应试、落第、再准备、再应试、再落第的困局中挣扎。

落第几年后，孟郊奉母命再次来应试。这时他已近四十六岁了。为了供养他读书、应考，家里也早已是家徒四壁。不仅他等不起，为他密密缝衣、倚门倚闾的老母亲也等不起了。若无意外，这估计是他最后一搏。

然而，命运突然眷顾了孟郊。

这位复读生、老大难，竟突然上岸了。

想到蹉跎过的岁月，想到白发苍苍的母亲，孟郊百感交集，吟出了这两句诗："昨日龌龊不足夸，今朝放荡思无涯。"

这句话说得很直白，毫不掩饰地说出了自己的喜悦。而这样的喜悦，也是一种宣示。对那些看不起自己的人，说一声："从前的我你爱理不理，现在的我你高攀不起。"

然而就是这么真诚的一句话，让很多人感到了不满。

《唐才子传》的作者就说，孟郊格局小了，中个科举就飘了，后来在官场上没出息，也就不足为奇。甚至说《登科后》

"一诗成谶",预示着他未来仕途不顺。

当我们更了解孟郊后,也许便不会这样想。他出身寒门,孤苦无依,一个人到京城打拼,受尽了人们的冷眼与轻慢。他走的每一步,都背负着母亲的厚望,背负着贫苦的伤痛,背负着迟暮的焦虑,当有一天,这些负担终于放下,看到理想的曙光,他才会毫无顾忌地唱出:今朝放荡思无涯。如此,在这一天中,又何必苛责诗人?让他"放荡"一次,尽情地走马看花吧。

3. 高中后要做什么

我们来看诗歌的后两句:

> 春风得意马蹄疾,一日看尽长安花。

这两句写的是放榜之后,诗人得知自己高中后的景象。唐代放榜日一般在二月,这时候天气已经回暖,凑巧的话,还能和上巳节凑一组小长假。这就为放榜后一系列的游宴庆祝活动提供了空间。这些活动中,又以曲江宴会、杏园探花、雁塔题名等最为知名。这些充满仪式感的活动主要有两个目的。第一是嘉奖。十年寒窗,辛苦可想而知。走马探花等一系列活动,是天子的奖赏与礼遇。让幸运者能够好好看看花团锦簇的长安,享受一下京城繁华。

更重要的第二个目的,则是让长安城好好看看他们。

对于长安百姓而言，新科进士们，就是顶流天团，是超级偶像，是人们争相欣赏的风采。有一位晚唐诗人曾这样描述当时盛况："十二街前楼阁上，卷帘谁不看神仙。"（徐夤《放榜日》）长安十二通衢大道的阁楼上，人人都卷起帘子，争相"看神仙"。有人说，用神仙来比喻进士们，是不是有点夸张？还真不算，有人甚至形容他们头上有"七尺焰光"。也就是说，到了金榜题名那一天，不管你是真的少年才俊，还是孟郊那样熬秃头了的中年，都笼罩上了偶像光环，神仙风采，羡煞旁人。

那么京城百姓们去哪里看进士们呢？除了通衢大道外，还有几个好去处。首先就是曲江，这是进士们举行庆功宴的地方。

进士庆功宴，不是一次，而是一系列活动。最开始是闻喜宴。顾名思义，这是刚刚放榜时，听到喜讯的宴会。那时候，公卿百官都会来围观。有时候皇帝嫔妃也会到场，在紫云楼上垂着帘子观看。这样一来，附近的商业、服务业、娱乐业全被带火了。商贩在这里卖奢侈品，歌女们在这里路演，连附近的亭台，都给重金租了出去，简直是一场全民庆典。

说到这，大家可能会想到一个八卦问题。这么豪华的筵席上，我们苦了大半辈子的诗人，会吃到什么呢？

其一是樱桃。新科进士发榜的时候，也正是樱桃成熟的季节。春风得意的进士们，当然要尝尝鲜。贵重的樱桃，就成为进士宴上的人气单品。有时气候不好，樱桃还没熟，又酸又涩，那也要吃，这是身份象征。怎么吃呢，用糖酪蘸着吃。

其二是红绫饼。这是一种名贵的面食，以红绫包裹，因此叫红绫饼。

宋人笔记记载，曲江宴上，唐昭宗曾御赐进士们一人一张红绫饼。吃过的人，都觉得荣耀非常。其中一人叫卢延让，这人也是个考场老大难，考了大半辈子才考上，吃过一张饼，终生难忘。此人后来到蜀中去做官，被当地人轻视。于是他回怼了一首诗："莫欺零落残牙齿，曾吃红绫饼餤来。"（卢延让《句》）别看我现在年纪老大，一口摇摇欲坠的豁牙，但就是这糟老头，可是参加过曲江宴，吃过御赐红绫饼的。

对于卢延让而言，曲江宴是一生中的高光时刻，可以吹一辈子。对于我们的诗人孟郊来说，又何尝不是呢？

不过，此刻的孟郊除了狂喜之外，也许还会感到一丝忐忑。因为在唐朝，进士及第只是取得做官的资格。之后还有一场吏部关试。这场考试，一般在进士放榜二十天左右举行。合格后，举子们的档案，就从礼部转到吏部，算是站在了官场起点。接下来就可以耐心等着走流程了。通过关试，新科进士们悬着的心，才算放了下来。这时，朝廷会专门给及第的进士们再举办一场大规模宴会，这就是关宴。关宴因设在关试之后而得名，地点设在曲江边的杏园。这是新科进士在京城的最后一次大规模聚会，此后大家就要各奔前程去了，因此关宴又被称作"离会"。

如果说闻喜宴是寒窗苦读生涯的终点，那么杏园关宴就是官场生涯的起点，所以也格外隆重。皇帝通常会出席赐宴，各级文武百官也会参加。而关宴中最重要的活动，就是"杏园探花"。

所谓探花，就是在同科进士中选择年纪较轻的二人为两街探花使或探花郎。探花郎们骑马遍游名园，采摘牡丹、芍药等名花。这一天，京城里公私园林也会开放，欢迎探花郎到来。其他人也不是干等，稍晚也会出发，加入探花的行列。最后回到杏园，清点大家的花。如果有其他进士在探花郎之前把花采回来了，探花郎就会受到惩罚。

再回头看看这首诗，就比较有趣了。诗歌头两句，写的是放榜时的场景。而最后一句"一日看尽长安花"，却涉及了杏园宴。二者中间还隔着一个关试呢。我想，这或许是孟郊有意为之，在放榜之日就已经预想到了未来杏园探花的荣耀。可见这时的孟郊，对自己的前途充满了期待。

4. "登科后"再之后

梳解了这首诗，我们回到诗歌的题目《登科后》。我想很多读者都会好奇，孟郊登科后到底如何了？是否真的平步青云，位极人臣，实现了鱼化为龙的理想？

并没有。

唐人进士及第，只是拿到了做官的资格。离正式当官，还有一段距离。孟郊最终得到官职时，已是四五年后了。是什么样的官职呢？溧阳（在今江苏省）县尉。溧阳是个小县，县尉，正九品下。说来也是巧了，和他父亲担任过的官职一样。孟郊的失望可想而知。正如韩愈《送孟东野序》中说："东野之役于江南也，有若不释然者。"多年苦读，一朝高中，最后却还回到父辈老路上，孟郊当然无法释怀。

因此，他选择一种方式表达不满。那就是：消极怠工。

溧阳不远处，便是古平陵城。此地既有山林，又有水潭，风景很不错。孟郊常骑着毛驴造访，找一棵水边大树，坐下写诗。一直到太阳西下的时候，才骑着小毛驴回城。这样一来，县尉的工作就没人干了。县令非常不满，干脆另外聘了个人，来代孟郊干活。外聘人员的薪水从哪里来呢？从孟郊工资里扣。扣得还不少，一下子分去了一半。孟郊本不富裕的家境，从此雪上加霜。

孟郊曾这样描写自己晚年生活：

> 秋至老更贫，破屋无门扉。一片月落床，四壁风入衣。——孟郊《秋怀》其四

到了秋天，我是又老又穷。破屋连个门都没有，一片月光穿过破瓦，落在床上，四处冷风，从墙缝钻进来，冷飕飕的。属实是家徒四壁。

挨了三年,孟郊辞去溧阳县尉一职。之后从朋友处谋到了一个从事水陆运的职务,收入尚可,终于可以免于冻饿了。然而,麻绳专挑细处断,厄运专找苦命人。生活刚好了一点,老母亲就与世长辞。自己的三个孩子,也接连早夭。人生最大的不幸,莫过于幼年丧父,晚年丧子。可叹我们的诗人都经历过了。孟郊看着空空荡荡的房屋,欲哭无泪,吟出"病叟无子孙,独立犹束柴"(孟郊《杏殇》其八)的悲音。我一个多病垂暮的老朽,无子无孙,像枯木一样孤独地站在这里。

我想,这一刻的孟郊心中一定充满了疑问。他出身寒门,靠自己的发奋苦读,终于鱼跃龙门。他曾经春风得意,打马长安,探花曲江。然而这一切如恍然一梦,最终又回到一间寒屋、两袖清风。他晚年的诗歌中,很少追忆登科后的情景。那个花团锦簇的暮春,樱桃宴、红绫饼,既不是可以提高身价的依仗,也不是值得追忆的过往,而像是一道伤痕,让他不愿提、不忍提。

不久后,孟郊暴病而卒,终年六十四岁。

有人说,孟郊这个人的一生,太过凄凉。做了最大的努力,却两手空空。他是被命运打败,输得一无所有。

可我不这样认为。孟郊在与命运的斗争中,并不是两手空空。相反,他始终掌握着那命运用最大的恶意也夺不走的财富。

这种财富,首先是亲情。

他的一生,都在母亲关怀与鼓励下前行。而他也时刻不忘回报自己的母亲。一到溧阳,他就将母亲接来奉养,千古名篇《游子吟》就是在这时写下的。他还有诗作《结爱》,写夫妻之情;《杏殇》写父子之情,都格外感人。他这一生,都背负着家庭的重量前行。一方面,无论走多远,始终有一根叫作亲情的线,牵绊着他。让他的步伐,不如其他诗人那么洒脱。但从另一方面看,牵绊何尝不是一种支撑;他背负的重量,又何尝不是与命运斗争时的依仗呢?

其次是友情。

孟郊性格孤僻,朋友并不多。但人生得一二知己足矣。其中一位就是韩愈。

韩愈与孟郊是在备考中结识的。两人一起参加进士考试,韩愈金榜高中,孟郊名落孙山。但两人的感情并未因此变淡,反而越来越浓。韩愈曾写诗,将自己和孟郊,比作李白与杜甫。甚至深情表白"我愿身为云,东野变为龙"(《醉留东野》),这样,他就可以四方上下逐孟郊。孟郊去世后,家徒壁立,韩愈及其他朋友出资相助,将他安葬在邙山。孟郊泉下有知,或许会在"寒"到极处的一生中,感到少有的温暖吧。

最后便是独特的文学风格。孟郊留下了五百多首诗歌,他的诗歌风格清奇僻苦,与韩愈一起,成为韩孟诗派的代表。然而也有不少人批评,说他过于寒苦,又有人说他古怪偏激,有人将他比作寒虫(苏轼《读孟郊诗二首》:何苦将两耳,听此寒虫号)。连他的朋友也调侃"酸寒孟夫子"(刘叉《答孟东野》)。和盛唐诗人相比,孟郊诚然少一些雍容高华之气。然而,孟郊诗歌的可贵之处也正在这里。他出身寒微、性格狷介,一生都在与命运无常战斗。他吟唱出的,自然不是风雅华章,而只能是孤郁不平之声。

元好问《论诗三十首》中说:

> 东野穷愁死不休,高天厚地一诗囚。

他将孟郊称为"诗囚",说他是诗歌的囚徒。但我更愿意称他为诗歌的斗士。直到最后,他仍没有向命运低头。而是在泥泞中不断跋涉、孑孑独行。他的倔强身影,就像一面旗帜,千百年来激励着寒微士子们,在追求理想的道路上,不计胜负、不问成败。

火树银花游洛阳　　苏味道《正月十五夜》

火树银花合，星桥铁锁开。

暗尘随马去，明月逐人来。

游伎皆秾李，行歌尽落梅。

金吾不禁夜，玉漏莫相催。

——苏味道《正月十五夜》

先来简单梳解一下诗意：

诗的题目是"正月十五夜"，就是今天的元宵节。到了这一天，大家看花灯、吃元宵，春节才算真的过完了，一年的忙碌正式开始。而在古代，这一天又被称为"上元节"。这首诗题目的另一个版本"上元夜"，就是这么来的。

这首诗描绘的是神龙元年上元夜神都观灯的景象，之所以成为家喻户晓的名作，是因为它描写了火树银花的繁华夜景，最极致地重现出上元节的欢乐氛围。读到这首诗，我们仿佛就走进了一千五百年前的洛阳城，随着诗人的视野，看大道上的宝马香车，听明月夜里的丝竹笙歌。

说到这里，有朋友们可能会问，上元节，在传统节日里有什么特殊性呢？为什么诗词中一提到上元，就往往和夜色、夜景联系在一起？比如这首《正月十五夜》，里边写到的火树银花的景象，也比如辛弃疾那首《青玉案·元夕》，里边说"东方夜放花千树"；仿佛上元更多是一个属于夜晚的节日。一切精彩节目，都要等夜色降临后，才渐渐开始。这里边有什么原因吗？的确有，在古人尤其是唐人心目中，上元是一个非常重要也非常特殊的节日。因为这一天，约束了大家一整年的"宵禁"制度开放了。韦述《两京新记》："正月十五日夜，敕金吾弛禁，前后各一日以看灯。"就是说在上元节的前后三天，宵禁制度松弛，大家可以整夜在城中游玩，整个京城成了一座不夜城。这样看来，这首诗描写的景象就很不一样了。它写的不是白天巍峨庄严的洛阳城，而是灯火辉煌的夜景洛阳；它表现的也不是普通的节日，而是一年中仅有的、可以纵情狂欢的节日。那么这个节日对唐人而言，意味着什么呢？在这个特殊的日子里，又发生过哪些传奇故事呢？我们跟着苏味道的这首诗，走进一幅洛阳城的夜景图卷。

1. 不禁夜

在逐句梳解这首诗之前，我们先要解释一下唐代的"宵禁制度"。

古代劳动人民"日出而作，日落而息"，为了顺应这种生活方式，也为了方便管理，官府就设立了"宵禁"制度，禁止民众夜间出门活动。根据《周礼》记载，从周代开始，就禁止夜行、晨行、半夜游荡，并安排专门的官员巡查。

到了唐代，宵禁制度已经十分完善，作为两都之一的洛阳，自然更加严格。洛阳和长安一样，实行里坊制度。里坊，类似于今天的居民小区。这些小区每天都会按时关闭坊门，而城市的大门也会按时开启关闭，不许随意出入，这就是宵禁制度。

那么有朋友会说，这多不方便。古代又没有表，哪里算得准时间，一不留神，过了时间，给关在小区大门口怎么办？其实古人也有办法，洛阳城里边，有专门的人负责通知、提醒大家，到点就赶紧回家，过时不候。

怎么提醒呢？一开始，通信基本靠吼，要派专人，沿着街道巡查，大声呼喊警示众人，效率很低。一个叫马周的官员给朝廷想了个办法，让敲街鼓来警示所有人，这样就不用大呼小叫了，当时的人都觉得很方便。这样早晚敲响街鼓的制度就固定下来，不是一声两声，而是好几百声，确保街上的人能够听到，也有时间回去。唐朝的《宫卫令》规定，每天早上五更后，就擂响几百下开门鼓。而到了傍晚时分，就擂响几百下闭门鼓。

如果几百声鼓声响完，你还没有回到自己居住的里坊，那就不太妙了。凡是在闭门鼓后开门鼓前在城里大街上无故行走的，就触犯了一个罪名——"犯夜"，会受到惩罚。《唐律疏议》明明白白地写着:"犯夜者,笞二十。"违反宵禁的人,将会被鞭挞二十下。为了免受皮肉之苦,最好还是找个没有人的地方,凑合一晚上。《太平广记》中有这样一个故事,唐玄宗天宝年间,一个士人赶路回家,突然听到闭门的街鼓声,回家来不及了。为了不被巡逻兵发现,他只能藏在桥洞下,就这样过了一晚,也着实是非常可怜了。

所以唐代的居民,无论是走亲访友,还是去东西市买东西,都必须算好自己的行程,一旦错过时间,就只能蹲桥洞了。当然,这种情况也有例外,如果是为官府送信,或是为了婚丧嫁娶,或者是生病了要买药、请医生,可以去找相关人员特批,然后行走,但仍然不得出城。

因此,白天的京城与夜间的京城,完全是两种景象。白天熙来攘往,晚上寂静无人。全唐诗中有一首《秋夜吟》;诗前有序,说了一件神奇的事——在一个秋夜,有人在长安城中,听到了一声幽怨的吟唱,唱的是两句诗:六街鼓歇行人绝,九衢茫茫空有月。这就是说,等到了街鼓声停息后,偌大的长安城仿佛空了一样,通衢大道上只有清冷的月光,就这样唱着唱着,更多的声音加入进来,此起彼伏,彼此应和,可大街上依旧空空荡荡,人影都没有,当时的人都以为是鬼唱。其实我们知道,鬼是没有的,只是这个氛围的确是鬼气森森。这就是长安城夜晚宵禁之后的气氛,而洛阳的情况差不多也是这样。

了解了这些,我们再来看这首《正月十五夜》,或许就更能理解其中蕴含的喜悦了。因为对于唐人而言，这"不禁夜"的上元节，实在是太过宝贵。这几天，坊市大门打开，京城居民皆夜出赏灯。这是官方许可的破例，京城居民们，压抑了一整年的"夜生活"需求，可以说是集中爆发。《大唐新语》："京城正月望日，盛饰灯影之会，金吾弛禁，特许夜行。贵族戚属及下隶工贾无不夜游，车马骈阗，人不得顾。王主之家，马上作乐，以相夸竞，文士皆赋诗一章，以纪其事。"正月十五这一天，上至王公贵族，下至贩夫走卒，都参与了夜游。京城熙熙攘攘，盛况空前。王侯、公主们，更让乐伎在马上奏乐，互相夸耀。而文人学士们也纷纷赋诗，纪念这一夜盛况。我们这一首《正月十五夜》也就是在这样的背景下写成的。

2. 火树银花

接下来，我们随着这首《正月十五夜》，穿越到东都洛阳，过一个唐朝的上元节。先看这首诗的第一联：火树银花合，星桥铁锁开。

火树银花，写的是洛阳城中的夜景。这一天，官方会在皇城门外放置花灯。苏味道那一夜看见的花灯具体有多高、多大，史料记载并不详细，但《朝野佥载》中记录了一条稍晚的材料，可供我们想象。那是六年后的先天二年，也是一个上元夜。官方出钱制作了一个高二十丈的灯轮。二十丈高，也就是六十多米啊，这要是写实的话，大概得有十几层楼那么高，实在是非常惊人。光高还不算，这一株灯轮上，还缠上锦绣，装饰着金银，"燃五万盏灯，竖之如花树"——上面燃烧着整整五万盏灯，就像一株灯火做的巨大花树一样，堪称当时之奇观。

不仅官方会制作灯轮，供百姓观赏；部分达官显贵也会制作私家灯树，比如《开元天宝遗事》里说，韩国夫人曾经做了一尊"百枝灯树"，高八十尺，放在高山上。等到了上元夜的时候，将之点亮，即便在百里之外，都能看见灯光——"光明夺月色也"，连月亮仿佛都失去了光华。后来杨贵妃兄妹也不甘落后，各自争奇斗艳。根据记载，他们每到上元夜，就各自拿出一千支红烛，围绕在左右，去大街上一逛，相当于是行走的发光体，走到哪里亮到哪里。

因此，那一夜的京城，仿佛要把亏欠了一整年的灯火尽情补偿。各街各坊都布满了灯烛。尤其是达官贵人、公子王孙，更是变着花样，让自己成为整个洛阳城中最"亮"的仔。偌大的洛阳，顿时化为一座不夜城。灯树错落，各色各样的灯光，从大道两旁、园林深处映射而出、灿烂夺目，仿佛是明艳的花朵，照亮了每一棵树木。我们都知道，洛阳在北方，上元夜时，春还未深，真正的鲜花还没有开放。这些灯光在恍惚中，就像盛放的鲜花，让整座城市迸发出春色，迸发出生机，这就是"火树银花"。就从这四个字，我们仿佛置身于摩肩接踵的人群，看到了一千多年前的辉煌灯火、绚烂春光。

说过了"火树银花"，我们再来说一下"合"字。合，本来是聚拢、合围的意思，这里是指四望如一，也就是说，无论从哪个角度看过去都是火树银花，整个洛阳已经是绵延无尽的灯火海洋。王维《终南山》"白云回望合"、孟浩然《过故人庄》"绿树村边合"的"合"，用意相同，措辞之妙，可能是从这里得到启发的。

我们再看"星桥铁锁开"。星桥，就是护城河上的桥，平日一旦入夜，城门关闭落锁，桥上也就再没了行人灯光，整个黑沉沉的，而到了上元夜，洛阳城各处都是灯光，类似于今天我们的"节日照明模式"，桥上面灯光点点，映照着水光，让整座桥仿佛是天河上的"星桥"。

这一天，为了方便市民看灯，坊门打开，到处任人通行。《旧唐书》："每载依旧取正月十四日、十五日、十六日开坊市门燃灯，永以为常式。"那么作为护城河上的星桥，自然也打开了铁锁。人们行走在桥上，也像行走在星河之上，一时分不清自己到底是在天上，还是在人间。

3. 烟火温情

刚才说到，诗歌首联实写上元夜景，写到火树银花、星桥铁锁，是写实而具体的，那接下来的这一联"暗尘随马去，明月逐人来",就更加灵动传神,写出了节日中人们激动喜悦的情绪。

先看"暗尘随马去"这句。

暗尘,是指道路上的尘土。由于上元夜往来车马众多,络绎不绝,因此道路上的尘埃被扬起,随着车轮马蹄而去。清代大才子纪晓岚,说这句传神就传在一个暗字,是很有见地的,因为平时夜晚行车,即便扬起尘埃也看不到,所以是暗尘。然而当此良夜,灯火辉煌,灯光与月影共同照耀在被扬起的尘埃上,就像一捧星光,追随着飞驰的宝马香车。这样的景象,亦幻亦真。让人联想到童话中的美丽世界。

接下来的"明月逐人来"也很传神。十五夜,也是月圆之夜。平时到这一晚,人们都会在院子里赏月,月亮就是人们视野的中心。用我们今天的话说,就是站在"C"位上了。可这一天不一样,人们出门都是为了观灯,而不是为了赏月,因为每个月都有十五,但能观灯的只有今天。因此,诗人在这里用了一个小小的心机,他把本来是无情之物的明月,赋予了人的情感。仿佛月亮有了自己的知觉,意识到今天被人们忽略了,于是好奇地窥探人间。然后,它立即被眼前熙熙攘攘、摩肩接踵的热闹感染了,它追随着人群,追逐着灯火,照临都城的每一寸土地。这就是"明月逐人来"。五个字看似普通,却写尽了东都上元夜的繁华,将那个灯月交辉的夜晚呈现在我们面前。

> *游伎皆秾李，行歌尽落梅。*

　　游伎，是指观灯的歌伎们。她们中一些是青楼的歌儿舞女，趁着难得的节令，出门观灯；另一些则是王公贵戚家豢养的歌舞伎，在此时此刻，她们走出高高的里坊，到街市上表演助兴。这些女子既欣赏着风景，本身也是一道风景。她们边歌边舞，唱着"落梅"等流行的曲调。有时候为了互相夸耀，还会斗歌斗舞，各逞其能。"人拥行歌路，车攒斗舞场"（沈佺期《夜游》），大概效果，和女团路演有一拼。

　　节日氛围中，很多平日的禁忌被打破了。原来等级森严、贵贱分明的城市，打开星桥铁锁，迎接所有人。人们摩肩接踵，纵情歌舞，忘记了一年的烦恼，也忘记了身份的差别。甚至帝后本人，也会受到吸引，亲自参与进来。《资治通鉴》记载："春，正月，丙寅夜，中宗与韦后微行观灯于市里。"这是说，唐中宗与韦皇后，也被人间烟花繁华吸引了，他们脱去帝后冠冕，换上微服，混迹在人群中，观赏街市上的灯火。帝后微服、与民同乐，在中国古代社会，这可不是常见的场面。这正是节日的魅力，它以喜悦与欢庆的力量，冲破了禁忌，让士农工商、高低贵贱的分别变得不那么重要。人们行走在亮如白昼的大街上，载歌载舞，将自己新一年的期盼，写在灯影中，融入歌声里，寄托给十五的明月。

　　最后，我们来看这首诗的尾联：

金吾不禁夜，玉漏莫相催。

"金吾"，又称"执金吾"，指京城里的禁卫军。唐代设左、右金吾卫，主管统率禁军。负责京城宵禁、巡夜的也是他们。玉漏，指古时的计时器，用铜壶滴漏以记时。这两句连在一起就是说，这一夜，天子特许，连夜欢庆，连平日里严格执法的金吾卫都不再限制人们的自由了，那么还有谁能阻碍这场欢庆继续下去呢？唯有一件事，那就是时间。一声声的玉漏，在提醒着大家元夜即将过去。这一刻，所有人心中都有一个共同的期盼，希望时间走得更慢一点，希望这份欢乐能永远继续。这样的情感，或许我们每一个人都曾体会过。比如小时候，每次到大年三十，一过了子夜，时间就会过得特别快，放一串鞭炮回来，电视机里传来"难忘今宵"的歌曲，里边有一句"明年春来再相邀"，听到这里，我就会特别伤感，也联想到这首诗"玉漏莫相催"。古今中外，人同此心，谁不希望今宵永在、快乐永恒呢？因此，这玉漏，这时钟，都请你走得慢点、再慢一点吧。

这首《正月十五夜》妙就妙在这里，写出了人们共同的情感。清代屈复《唐诗成法》评价这首诗："此诗人传诵已久，他作莫及者。元夜情景，包括已尽，笔致流动。天下游人，今古同情。结句遂成绝调。"

就是说，这首诗之所以流传千载，是因为它写尽了这一夜的景与情。无论隔着多久的时光，人们一旦读到这首诗，就能够感受到其中的热闹与欢喜，也感受到长夜将尽时，每个人心中的不舍。

看到这里，朋友们一定会好奇，这首诗的作者苏味道是什么样的人？当时写上元夜的诗人也不少，为何只有他真切、深刻地表达出天下人共同的情感呢？下一节，我们将为你解密，这位文坛才子却也是"模棱宰相"的苏味道。

4. "模棱宰相"苏味道

苏味道，字守真，赵州栾城人。根据《新唐书》记载，苏味道算得上是个神童，九岁的时候就能写出好文章了。等到二十来岁时，就考中了进士，后来又有从军的经历。在裴行俭幕府中担任"管记"，负责起草文书。每次写文章，都一挥而就，而且辞理精密，因此闻名于世，与李峤、崔融、杜审言合称"文章四友"。

由于苏味道文采出众，又有从军的经历，因此得到了武则天的重视，曾先后三度当上宰相，在初盛唐文人中已经算得上仕途通达了。苏味道这个人，记性特别好，阅读面也很广，熟悉台阁历来的典章制度，所以上朝言事的时候，可以不带奏章，全凭记忆，侃侃而谈。咱们今天，能够上课不看课件、演讲不带稿子、见客户不拿PPT的人又有几个呢？能做到这一点，苏味道的确是个人才。不过说起政绩，就差点意思。《旧唐书》说他"前后居相位数载，竟不能有所发明"，没做出什么像样的事来，也引起了朝廷中其他人的不满。

《资治通鉴》里记录了这么一件事，武则天当政时，曾让当时的宰相狄仁杰给自己推荐人才。狄仁杰就问，陛下要这个人来干什么事？武则天回答，我需要的不是一般的人才，而是宰相之才。狄仁杰说，如果您要的是文章写得好的人，苏味道、李峤就可以了，如果您要宰相，那还真得另选高人。大家说说，狄仁杰这是在夸苏味道还是在批评苏味道呢？当然是批评的意思多。是说他只是个耍笔杆子的，当不起辅弼大臣的责任。

那么苏味道为什么会得到这样一个评价呢？这和他的政治态度有关。前面说了，苏味道这个人对官场很熟悉，深谙为官之道，于是总结出了一套自己的从政方案，概括起来就是四个字：模棱两可。

什么是模棱呢？其实最早是摸棱。一根方形柱子，共有四棱、四面，说用手摸任何一棱，皆可同时摸到方柱的两面。你的手放在两面中间的棱上，可不是摸这一面也行，摸那一面也行么？这就是苏味道的为官之道。他曾经对别人说："处事不欲决断明白……但模棱以持两端，可矣。"这是说，处理事情的时候，不求把事办得明明白白，因为你办得明白，就有风险，万一办错了，反而会受到牵连。不如把事做得模糊一点，这样解释也可，那样理解也行。如此，便可在两派中左右骑墙，给自己留个后路。这种做法，看似聪明，其实很让当时有识之士看不起，人们给苏味道起了个外号，叫作"苏模棱"或"模棱手"。成语模棱两可，也是源出于此。

你们看，苏味道这样一个存诗不多的人，却给我们留下了两个常用成语，火树银花、模棱两可。一方面，代表了他极高的文学成就，另一方面，却可以说是他人生的污点。《旧唐书》中有这样一个评价，"苏李文学，一代之雄。有惭辅弼，称之岂同"。说论文学呢，苏味道、李峤，堪称一代之雄。可作为辅弼国家的大臣，是无法和房玄龄、杜如晦这样的宰相并提的，也就是说，作为宰相苏味道是不称职的。

有朋友可能会问，苏味道有这样的才能，能写出《正月十五夜》这样的杰作；又有这样的运气，能身居宰相之位，他为什么没有珍惜机会、做出一番事业，而选择了首鼠两端、做一个为后世讥笑的模棱手呢？

这当然是有原因的。

他生活在一个复杂的、难以一言蔽之的时代。从坏的方面来讲，官场不好混，武则天统治的前后五十多年中，共用了163个宰相，可以说换人如同走马灯一样。很多官员都先自保，再求有所作为；从好的方面来说，那个时代经济发展，疆域开拓，是"上承贞观、下启开元"的升平之世。苏味道处在这样的时代，本身就像站在柱子的棱上，随时要面对不同的两面。他最终选择了面对好的一面，将自己一身文学才能，用在对盛世景象的歌颂上。苏味道诗集中大部分作品，都是这类点缀太平之作。其中，既有发自内心的歌颂，也有一丝无奈，这就是他在文学创作上的底色。

这是当时的客观局面。那么，苏味道这个人的性格如何呢？在我看来，最适合形容他的词，还不是左右逢源的模棱手，而是天生的"老好人"。

根据《旧唐书》记载，他自小便是一个温柔软弱的人。他的弟弟苏味玄托他办事，一旦没办成，便是劈头盖脸一顿痛骂。而苏味道一点不生气，好似骂的不是他一样。从这一点我们或许可以看出，他未必真的是要首鼠两端，妄想左右逢源；而是他性格里边就有不想得罪人的一面。拿我们今天的话说，就是讨好型人格，没法拒绝别人。这个性格深处的弱点，也造成了他一生的悲剧。对比一下我们上一讲中提到的陈子昂，他和苏味道几乎同一时期，面对同样的时局，却选择了截然不同的道路。在政治风雨中，陈子昂选择直道而行，得罪权贵眉头也不皱一下，这是我们说的"孤身走暗巷"的孤勇者；而苏味道却周旋在各种人物之间，最终成了饱受嘲讽的"模棱手"。二者的对照，也给我们很多警示。

"老好人"苏味道希望在政坛上当个温和的补锅匠，因此他选择隐藏锋芒，尽量谁也不得罪。可惜他试图自保的努力还是没有成功。就在他写下"火树银花合"这一年，"神龙之变"爆发。苏味道受牵连被贬官眉州，不久后又迁为益州长史。苏味道就任的途中，因舟车劳顿，一病不起，享年五十八岁。三度为相，最后客死他乡，让人唏嘘。

而关于他的身后事，却很值得题上一笔。苏味道被贬眉州时，二儿子苏份赋闲在家，为了照顾父亲，便一同前往。苏味道死后，苏份干脆留在眉山，娶妻生子，"自是眉州始有苏氏"。数代之后，眉州苏氏中出现了一个名人，他就是苏洵。这个苏洵大家应该不陌生，他是唐宋八大家之一，散文写得尤其好，为文学史作出了很大贡献。而他为文学史作出的另一大贡献，便是生了苏轼、苏辙两兄弟。这下大家终于搞明白了，原来，苏轼便是苏味道的第十世孙。苏轼经常在文章或诗词上署名"赵郡苏轼"，也就是将自己的祖籍，追溯到苏味道这里。直到如今，眉州三苏祠中还挂着这样一副对联："一门父子三词客；千古文章四大家。"父子三词客，指的是苏洵、苏轼、苏辙；而文章四大家，则是前三位再加上一个苏味道。如果苏味道泉下有知，也该感到欣慰了吧。

最后，我们回到刚开始那首《正月十五夜》，苏味道写这首诗时，一定想不到巨大的政治变局正在酝酿。他三度为相的武周朝，即将一代而斩。而这也是他生命中最后一次看到上元夜的花火。那一夜，他还未预见王朝与自己的命运，他发自内心地赞美洛阳城的繁华，感受上元夜的欢乐。

"火树银花合，星桥铁锁开"，如此良夜在他笔下定格，成为书写上元夜的千古名篇，也是他一生最绚烂的尾章。

十年磨剑侠客行　贾岛《剑客》

十年磨一剑,霜刃未曾试。
今日把示君,谁有不平事。

——贾岛《剑客》

这首诗只有二十个字,却生动传神地勾勒出一位剑客的形象。千载之后读之,仍能感到其中的豪情壮志,令人肝胆洞、毛发耸,心潮澎湃。元代诗人吴敬夫评价此诗:"遍读刺客列传,不如此二十字惊心动魄之声,谁云寂寥短韵哉!"(刘邦彦《唐诗归折衷》引)这是说,这首短短二十字的小诗,竟比《刺客列传》还要惊心动魄。这个评价可不简单,《刺客列传》是司马迁的名篇,被前人誉为"《史记》中第一种激烈文字",那么这首诗竟然比刺客列传还要惊心动魄。那么它到底好在哪里呢?我们就一起来细读一回。

先看第一句"十年磨一剑",这位剑客用十年的时间,精心磨制了一把宝剑。宝剑锋从磨砺出,这样漫长的打磨已预示了此剑非同凡响。

第二句是"霜刃未曾试"。这柄剑刃如霜雪,锋利无比,却还没有试过锋芒。说是"未曾试",字里行间,已有跃跃欲试之意。爱读武侠小说的朋友们都知道,神兵利刃,平时藏于匣中,不轻易示人,一旦出鞘,必见鲜血。古龙笔下的剑客们,经常很深沉地来一句:我的剑,不是给人看的。就是这个意思。

而如今,剑客手握这柄宝剑,展示给知己。"今日把示君,谁有不平事。"龙泉鸣于匣中,只有一个原因,便是终于找到了施展才能的机会。剑出鞘,也意味着剑客做好了准备,利剑在手,要替天下人斩尽不平之事。

全诗言语简洁、节奏明快,读来有一种慷慨激越之感。若仅仅如此,那也不过是一首普通的好诗,远到不了能让《刺客列传》失色的水平。在我看来,这首诗之所以成为流传千古的名篇,是因贾岛把自己坎坷的人生经历、充沛的情感和不平之气放在其中,因而充满了生命的力量。

那么就让我们随着这首小诗,走近这位"非一般"的剑客,看一看他背后的故事。

1. 剑客磨剑与诗客吟诗

熟读唐代诗文的朋友们,对"剑客"形象都不会感到陌生。唐代是一个尚武的时代,大量豪侠剑客,活跃于长安洛阳一带。上至宫廷下至穷巷,都有剑侠的踪迹。比如玄宗时期左金吾大将军裴旻,剑法出神入化,被尊为剑圣。传说李白也是他的学生。至于诗歌小说中的剑侠,那就更不一般。李白笔下的少年剑客"笑尽一杯酒,杀人都市中"(《结客少年场行》),大胆洒脱;王维笔下的老将"一剑曾当百万师"(《老将行》),以一当万,豪气干云。传奇小说中的女侠聂隐娘,将飞剑藏在后脑骨窍里,随意取用,神乎其技。剑客形象在唐代发展到一个高峰。如此浓烈、如此传奇,也如此令人心潮澎湃。可我们读完贾岛这首小诗,却似乎会感觉到,这首诗对剑客的塑造,有一点与众不同。

全诗一直到结束,都没有描写其剑法多么高超,甚至没有展示他行侠的过程,却将大部分篇幅都放到"行侠"的准备工作上。正所谓"十年磨一剑"。

这位剑客,为行侠做了漫长的准备。在漫长的岁月里,打磨着自己的宝剑,等待一个施展才能的机会。

别的诗人写《剑客》,都抓住剑客的高光时刻。千军万马中取上将首级。为什么贾岛偏偏独辟蹊径,要从"十年磨剑"写起呢?

这就和贾岛的人生履历有关了。

贾岛,幽州范阳人,早年曾出家为僧,后来还俗参加科举,可惜考了几次,都没有及第,一生穷苦。关于他的诗风,通常的印象就是清冷、孤僻、瘦峭,而对于这位诗人,我们最熟悉的,便是他苦吟的故事了。

《唐摭言》里边记载了这样一个故事。元和年间,贾岛曾经骑着驴,走到了天街上。那时正是深秋,风吹过时,黄叶满街。这一幕给了贾岛灵感,脱口而出:"落叶满长安。"吟出这一句后,贾岛也很得意。可惜只有一句,他想再来个上句凑成一联,却怎么也想不出来了。于是贾岛就切换到"苦吟"状态,神思恍惚,也不知驴子走到哪里去了。这一乱跑,就冲撞了天街上的大人物。谁呢?京兆尹——长安市长刘栖楚。刘栖楚不跟他客气,直接把他抓了起来,关了一晚上才放。

还有一则故事,情节相似,却更加有名。

这次贾岛又来了,骑着他的小毛驴,寻诗觅句。只是地点不在长安了,而在洛阳。月光下,他想到了两句诗"鸟宿池边树,僧敲月下门"。这下好,是一联,不用凑上下句了。但贾岛仍然很纠结。他觉得,僧敲月下门的敲字,或许可以改成推字。于是反复纠结。骑在毛驴上,不知不觉伸手,一会作推的样子,一会作敲的样子。这一来,毛驴又失去了控制。冲撞了官员的车队。什么官呢?还是京兆尹。好在,洛阳京兆尹是大文学家韩愈。韩愈听贾岛说明缘由,不仅没有生气,反而和他一起斟酌起来。最后定夺说,还是敲字好。贾岛也深以为然,两人一个市长、一个和尚,一骑马、一骑驴,谈笑风生,并辔而归。从此结成了文章知己。韩愈后来还写了一首诗,褒奖他的才华,其中写道:"天恐文章中道绝,再生贾岛在人间"(《赠贾岛》),直接把他说成了天降救星,能拯救中唐诗坛,可谓推崇备至。贾岛从此也身价百倍，在文坛打出了名气。

听到这里，读者可能会有一丝疑惑。这两个故事也太相似了吧。都是贾岛骑驴，都是寻诗，都冲撞了京兆尹。合着贾岛不长记性，到哪个地方，专门找市长冲撞，这也太巧了吧。于是，后人有一种猜测，说这是贾岛的一种自我营销。

贾岛出身寒门，无权无势，想要出头不容易。于是他想了个办法，专门打听好京兆尹出门的路线，骑着驴，故意"碰瓷"，引起对方的注意。我个人觉得这种说法的可能性不大。刘栖楚在当京兆尹之前，就和贾岛认识。找故人推荐自己，犯不着这么麻烦。韩愈是当时的文坛宗主，很多落魄才子投奔他，韩愈都虚心接待。做这么大一出戏，实在是不至于。那到底是怎么回事呢？除了古人误记这一可能外，更可能是贾岛确实苦吟成癖，类似的事可能真干过，还不止一次。他曾经在给朋友的诗中说"两句三年得，一吟双泪流"。说自己有两句诗，构思了三年才写出来。一读起来，忍不住两泪纵横。可见他对写诗的态度，有多么认真。一旦进入了状态，冲撞谁都不奇怪。

我们讲了这么多贾岛苦吟的事，和这首《剑客》有没有关系呢？当然是有关系的。这首诗明着写侠客，实际上处处写的是"诗客"。这位十年磨一剑的剑客，不是别人，就是贾岛的化身。那柄刃如霜雪的"宝剑"，便是他引以为傲的文学才能。十年磨一剑，是说自己在漫长的寒窗生涯中，精心打磨自己的才能，等待有剑气冲天、一鸣惊人的那天。

这样看，这两次相似的冲撞，或许就可以说得通了。贾岛未必是有意碰瓷，但他一定有让自己苦心得来的诗句获得赏识的渴望。于是，当他被随从抓住、送到京兆尹面前时，他第一个想到的，就是把自己苦心得来的诗句展示出来。这又像不像这首诗中的剑客，将苦心磨成的宝剑"今日把示君"呢？无论结果是被扣押一夜，还是得到知音赏识，都无所谓了。或许，这便是贾岛的"亮剑"。

说到这里，朋友们可能会有一个疑问。贾岛是个和尚，性格又比较内向，怎么看也不像个侠客。那他为什么要用剑客自比呢？为什么在苦吟之余，也会来一次豪迈大胆的"亮剑"之举？

要理解这一点，必须从唐代尚武任侠的风气说起。

2. 咸阳游侠多少年

唐都长安自古便是游侠云集、侠风炽盛之地。唐人韦元旦云："灞水欢娱地，秦京游侠窟。"这里的贵族子弟多不重诗书，崇尚以武力获取功名。对于这些人而言，自己练成武功还不够，还得招揽一帮小弟。于是他们凭借贵胄公子的身份，将大量"布衣之侠"招至麾下，形成了一股强大的势力。这一批人，也是李唐王朝建立之初的重要依仗。

高祖李渊趁隋末乱世起兵，一步步扫平割据势力。这一

"马上得天下"的过程,与关中豪侠鼎力辅佐分不开。起事之初,李渊曾颁布诏书,号召关中子弟、五陵豪杰、游侠少年们,跟随自己建功立业。许诺成事后,回报给高官美爵。而一直辅佐父亲南征北战、冲锋陷阵的李世民,当然也深知这群豪侠的作用,于是暗中网罗人才。《旧唐书·太宗本纪》云"时隋祚已终,太宗潜图义举,每折节下士,推财养客,群盗大侠,莫不效死力"。这些大侠们,把自己一身好武艺,用在了唐王朝建国之战里,立下了赫赫战功。

为什么会出现这种风气呢?史学家们还真的做过研究。主要原因有两个,第一是血统上的。李唐家族多与胡姓通婚,实为胡汉混血,与梁陈等南方王朝相比,画风大不一样,有阳刚与阴柔之别。第二是环境因素。唐王朝龙兴之地,在关陇一带,这里位于农耕文化与游牧文化的交界处,自然吸收了游牧民族的勇武之风。这一切,都促成了唐王朝开放、包容的风气,为开创出"空前之盛世"奠定基础。

如此,长安贵胄子弟,人人仗剑走马,以豪侠自居,就不足为奇了。这种风气,从开国一直延续到盛唐。如唐玄宗,少年时也是侠风爱好者。

《唐语林·豪爽》中记录过一则这样的趣事:

> 玄宗为潞州别驾,入觐京师,尤自卑损。暮春,豪家子数辈游昆明池。方饮次,上戎服臂鹰,疾驱至前,诸人

不悦。忽一少年持酒船唱曰:"今日宜以门族官品自言。"酒至,上大声曰:"曾祖天子,祖天子,父相王,临淄王李某。"诸少年惊走,不敢复视。上乃连饮三银船,尽一巨馅,乘马而去。

那时的玄宗还没有当皇帝,我们干脆就亲切点,按照排行称他为李三郎好了。那是武则天统治末期,李三郎还只是个临淄王,离身登大宝还远得很,连他父亲,也还只是"相王"。为了避祸,弱冠之年的李三郎低调行事,韬光养晦。不过我们都知道,李三郎可不是池中之物,怀着"龙飞冲天"的野心,韬光养晦久了,也要找个机会宣泄宣泄。不久后,机会来了。

一年暮春,他入京觐见。遇到一群豪门子弟在昆明池游乐,推杯换盏,好不热闹。少年李三郎看到,心中豪侠的DNA渐渐动了,于是做了一件很不"韬光养晦"的事:直接闯入了聚会。一身戎装,臂擎苍鹰,驰马而来。豪门少年当时都惊呆了,面面相觑——这人是谁啊?他那会在当潞州别驾,平时在外地,京城的少爷们自然不认识他。贵族少年们脸色都不太好看,想着怎么给这愣头青点颜色看。于是,一位少年拿着酒杯,高声喊:"今天喝酒,喝的是有身份的酒。所有在场的人,都要自报家门,说说自己是谁家的子弟,父祖的官职有多大。"这话啊,就是说给李三郎听的。让你这个外面来的愣头青,长长见识;知道圈子不同,不可强融。

李三郎很淡定，静静地看他们表演。等酒传到他面前时，他举杯朗声道：

> 曾祖天子，祖天子，父相王，临淄王李某。

我曾祖父是天子，祖父是天子，父亲是相王，我是临淄王李某人。此话一出，全场鸦雀无声。比家世，谁比得过天子啊，简直是降维打击。那群少年吓得四散而去，不敢再看他一眼。完了李三郎端起杯子，连饮三杯，尽一巨觥后，上马而去。怎么样，这简直是武侠仙侠"爽文"中的桥段啊。少年李隆基"戎服臂鹰，疾驱至前"的形象，自报家门的狂放言行，置于后世豪侠小说中，也是相当炸裂的存在。临淄王李三郎，也有如此豪侠的做派，唐人任侠的风气可想而知。

从这些故事也能看出，唐人的"任侠"，门槛比较低。不需要真的会武功剑术，也未必非要锄强扶弱，更重要的是一种"豪气干云"的态度、牵鹰走马的生活方式。"侠"在唐人那里，从一种专门的身份，转化为一种可以实现的生活方式，一种可以效仿的社会风尚。上至天子，下至普通士人，只要"心中有侠"，便可成侠。这一点，已经接近于我们今天对侠的态度了。

3. 千古文人侠客梦

说过了唐代尚武任侠的社会风气，我们再来看看文人对

"任侠"的态度。

我们常说"千古文人侠客梦"。自古以来，文人对游侠这个群体感情就很复杂。一方面各种不服，一方面又心向往之。不服是因为看不惯他们以武犯禁、扰乱治安。那又为什么向往呢？因为唐代侠客受重视，出路好。那时的长安，诸王、公主、驸马等蓄养宾客之风盛行。不少豪侠之士与文人墨客一样，得以登堂入室，成为王侯宾客。太平公主、韦皇后结交豪侠，少年玄宗亦曾"数引万骑帅长及豪俊，赐饮食金帛，得其欢心"（《新唐书·王毛仲传》）。在这种风气下，任侠也成为自高身价的一种方式。大量科举不如意的文人，也想因"侠名"引起王侯注意，获得破格提拔。这和唐代士人通过当隐士吸引皇帝的注意一样，是另一种"终南捷径"。

当然，文人任侠，也不都是沽名钓誉。有一些人是很认真地在当侠客，要从牵鹰走马的侠客生涯中，走出一条封侯之路。这也不难理解。侠客武力值比较高，人身也比较自由，因此可以迅速转换为军人。先游侠再从军，在唐代可以说是一种可以实现的封侯之路。

初盛唐几代帝王皆"志在四夷"，有推崇军功的倾向。对开疆扩土的功臣，勋赏格外厚重。开元时期，幽州节度使张守珪斩契丹王，玄宗皇帝为了嘉奖张守珪，就想让他当宰相。张九龄赶紧劝谏，说："张守珪才攻破的契丹，你就要让他当宰相。那如果他未来，把奚、突厥一起灭了，陛下您用什么官职封赏他呢？"言下之意，到时候功高难赏，莫非陛下您把身下的龙椅让给他吗？玄宗皇帝这才恍然大悟，打消了这个念头。此事虽然没有实行，但张守珪因一战之功几乎拜相，可见君主对军功的重视程度。身怀武功的豪侠们，当然比文人更有取得军功、封侯拜相的可能。

除了赏格丰厚外，获封赏的速度快也是文人向往豪侠的原因。豪侠武将建立功业往往在少壮时期，与儒生们寻章摘句、皓首穷经的过程形成了对比。正所谓"衣冠半是征战士，穷儒浪作林泉民"（李白《少年行》）。豪侠少年们一战封侯时，困守书斋的儒生们却穷困潦倒，成了边缘人物。这也是当时的社会现实。唐代士人自视甚高，最欣赏谢安"为君谈笑净胡沙"的传奇故事，即不费吹灰之力，一战定天下。在他们看来，十年寒窗、进士登科、排队候选、步步升迁，实在是太慢了。于是文人们便自然而然地把目光投向了一身武艺的侠客们。这些少年们平日华服名马、游冶都城。战时从军塞外，建功立业。这条由游侠到名将的封侯捷径，就成为文人们的理想之路。

当然，文人的侠客梦之所以能一梦千秋，也不仅仅都是出于封侯拜相的考虑，还有精神上的认同。

初盛唐时期，文人心态普遍开放，个性张扬，桀骜不驯，追求独立人格；他们感到了盛世将临，渴望乘时而起，建功立业，常口出豪迈狂放之言。王翰"发言立意，自比王侯"（《唐才子传》);高适"二十解书剑,西游长安城。举头望君门,屈指取公卿"(《别韦参军》);李白更是其中代表,曾于《与韩荆州书》自陈"十五好剑术,遍干诸侯;三十成文章,历抵卿相。虽长不满七尺,而心雄万夫",在他眼中,不仅王侯将相不足论,甚至"啸傲御座之侧,目中不知有开元天子"(王穉登《李翰林分体全集序》)。这些言行举止都与"侠"有相同的精神内核——不受拘束、最大限度地追求个体自由、彰显个体价值。这或许才是唐代侠风盛行的终极原因。

既是现实中的封侯捷径,又能借豪侠之风气,实现精神自由。唐代文人以侠客自居,也就成了理所当然。盘点一下初盛唐时期的著名诗人,几乎人人都有任侠的经历。李白、高适这一类不用说,陈子昂少年时,一副富家公子做派,任侠尚气,到了十七八岁,还不通诗书;王之涣少年时有侠气,经常"击剑悲歌"(《唐才子传》);骆宾王说自己"少年重英侠,弱岁贱衣冠"(《畴昔篇》);甚至连以山水田园诗闻名的孟浩然,也有"好节义,喜振人患难"(《新唐书·孟浩然传》)之名。可以说,唐代诗人,真的是左手书卷、右手宝剑,实现了儒生与侠客的无缝链接。

"千古文人侠客梦",有唐一代,无疑是这个梦最接近现实的时刻。因此,我们可以回答那个问题了,即便是在侠风已经过了鼎盛期的中晚唐,即便是贾岛这样的苦吟诗人,也可以在斟酌字句之余,来一场豪气干云、元气淋漓的侠客梦。在梦中，他骑驴缓行于秋风渭水，在纷纷落叶中，将打磨十年的长剑出鞘，问一句：谁有不平事。

4. 扫却天下不平事

文人喜欢剑侠，是因为在侠客梦中，实现了自我理想。而作为普通人的我们，或许没有封侯拜相的远大理想，为何也喜欢侠客、向往侠客呢？为何每当我们读到"谁有不平事"时，都会感到慷慨激扬、热血澎湃？我们就借着这首《剑客》，探究一下这些问题的答案，看一看"侠"如何成为中国人共有的情结，又如何在今天，仍然影响我们、激励我们。

侠诞生于先秦，最开始时，他们被视为社会的蠹虫、秩序的破坏者。司马迁是第一个为游侠立传的人。他这样做，一方面因为他所在的时代，侠风炽烈，作为史家，他必须实录。另一方面，他是借侠者之酒杯，浇胸中之块垒，以侠之名，为自己遭遇的"不平事"鸣冤。

熟悉历史的朋友们都知道，司马迁一生遭遇的最大不平，便是李陵之祸。李陵是武帝时期的将领，在征讨匈奴的过程中，力战不敌，最终投降。司马迁为之辩解，却触怒了汉武帝，被打入大狱。遭遇一年多非人折磨后，又处以腐刑，司马迁在《报任安书》中这样描述自己的经历："交手足，受木索，暴肌肤，受榜箠，幽于圜墙之中，当此之时，见狱吏则头抢地，视徒隶则心惕息。"在这期间，他最期望的，便是亲朋故旧能伸出援手。毕竟司马迁父子两代为官，朝中故旧应不少；而按照汉代制度，可以交钱赎罪。武帝时期的标准是"赎钱五十万，减死一等"。腐刑则大概是一半，也就是二十五万钱。可惜那些所谓的朋友们，"左右亲近不为一言"，别说出钱，连说句话的人都没有。

司马迁一腔怨愤无所告，不禁想到那些行走于市井间巷中的豪侠们。这些人虽为一介布衣，但言必诺，行必果，重义轻生，与那些缄默自保的官员朋友形成鲜明对比。于是，司马迁发出了"侠客之义又曷可少哉"的长叹，他将心中对现实的失望、对公平的渴望，都注入了侠客形象中，写入史书里。

因此，侠客们第一次在历史的聚光灯下登场时，他们代表的便不仅仅是自由的行为、高强的武艺，还有人们对正义的向往，对"不平事"的控诉。替天下人斩除不平，也成为侠客们与生俱来的使命。

清人张潮笔记《幽梦影》中有一句话："胸中小不平，可以酒消之。世间大不平，非剑不能消之。"这柄剑，就握在侠客手中。

在此，我要分享一位不那么著名的唐代剑客故事。裴铏《传奇·韦自东》中记载，贞元年间，有个叫韦自东的侠士，曾经去太白山游览。他发现山谷中有一条小路，似乎荒废已久，没有人踏足。韦自东觉得奇怪，便问旁边的人："这条路通向哪里？为什么不见人行走？"旁人回答，这里原本有一个寺庙，然而却被夜叉占据了。从此再没有人敢踏足。韦自东听后大怒，夜叉算什么东西，也敢在人间作威作福、残害生灵。等我杀上山去，取它首级。旁人赶紧劝他，不要贸然行事，祸及自身。可韦自东完全不听劝，提起宝剑便上了山。经过一夜鏖战后，他终于斩杀了两个夜叉，让太白山百姓重获太平。

这个故事并不曲折，也没有太多浪漫色彩，我却很喜欢。因为这里边的侠客，行侠的目的格外简单——既不是为了报恩，也不是为了报仇。他与所有人都非亲非故，无冤无仇，仅仅是路过而已。见妖魔祸害苍生，便拔剑而起，孤身入险境。这就是侠的勇气与担当。

这位侠客曾说过一句话："某一生济人之急，何为不可。"我一生都在救人于患难，又有什么事是不可为的呢？话很朴实，却也掷地有声。说出这番话的人，便是一位真正的侠客。相对于其他唐传奇的主角，他的能力算不上出众、经历也算不上离奇，却真正做到了扶危济困、不图回报。

这就是侠的定义。谁斩不平事，谁便当得起侠客之名。无论是否有显赫的地位，是否有盖世的剑法。

十年磨一剑，磨砺的不只是宝剑，更是一腔孤勇、一身担当。

霜刃未曾试，世间最锋利的宝剑，便是一身侠骨。

或许，这就是我们在重读《剑客》时，仍感到热血沸腾的原因。有一些信念，已深藏于每一个中国人的血脉里。平日里十年磨剑，砥砺修身；路见不平时，挺身而出。做到了这一点，便是当代的侠，当代的"剑客"。

前度刘郎今又来 刘禹锡《再游玄都观》

百亩庭中半是苔，桃花净尽菜花开。种桃道士归何处，前度刘郎今又来。

——刘禹锡《再游玄都观》

这首七绝是中唐大诗人刘禹锡的名作。作于大和二年，字句并不难解。但第一次读到时，难免会产生很多疑问。玄都观是个什么地方？诗人为何要特意标明"再游"？这里边提到的"种桃道士"又是什么人？

接下来就为大家一一解答。

1. 为何是"再游"

我们先说，玄都观到底是个什么观。

根据史料记载，玄都观原名通道观，位于长安城南朱雀大街西侧。这个位置不是随便选的，根据《类编长安志》的记载，隋代宇文恺营造大兴时，将城中六条高坡比作乾卦六爻，据此划分城市功能。在九二这个地方放置宫殿，作为帝王居所。九三这个地方，设立文武百官。九五这个地方，尊贵异常，不是常人能住的，那怎么办呢？放一个佛寺、一个道观。

自此，玄都观与兴善寺，一佛一道，隔着朱雀大街相望，镇守整座长安城。有了如此超凡的地位，玄都观的规模也超越了普通道观。这才有了这首诗歌中写到的"百亩庭"，种得下"桃千树"。

了解了玄都观，我们再来解释，为何是"再游"。这就不得不提到这首诗的引言了。其内容如下：

> 余贞元二十一年为屯田员外郎时，此观未有花木。是岁出牧连州，寻贬朗州司马，居十年，召至京师，人人皆言"有道士手植仙桃，满观如红霞"，遂有前篇以志一时之事，旋又出牧。今十有四年，复为主客郎中，重游玄都观，荡然无复一树，唯兔葵燕麦动摇于春风耳，因再题二十八字，以俟后游，时大和二年三月。

大致意思是：贞元二十一年的时候，我当了屯田员外郎。这时的玄都观中还没有花木。这年我被贬为连州刺史，后来又贬为朗州司马。十年后，终于被召回京城。听人说，玄都观里来了一位道士，种植了不少桃花。花开的时候，整座道观如云霞绚烂。于是我写了前作，也就是《元和十年自朗州召至京戏赠看花诸君子》这首诗，以记录"一时之事"。

而后便又被贬谪了。这一贬就是十几年。终于又得到朝廷起用，回到京城。再游览玄都观时，所有的桃树都荡然无存。

于是再写下一首七绝,给后来人看。

这篇引言里包含了很大信息量,最重要的,就是刘禹锡的两次贬谪。

第一次是贞元二十一年。这一年在唐史上是很重要的一年。唐德宗驾崩,顺宗登基,而后发动了一系列改革活动,史称"永贞革新"。然而,仅一百多天,就以失败告终,革新党全被贬。作为核心成员的刘禹锡自然也难逃此劫,这就是第一次被贬。

直到十年后,刘禹锡等人终于被朝廷召回。次年春天,他去京郊玄都观赏桃花,写了之前提到的那首诗。诗一写好,很快在京城里流传开了。执政者见到后非常生气。这个刘禹锡,老阴阳师了,这是在讽刺我们啊。于是将刚刚回京的刘禹锡再度外放,去偏远州郡当地方官。这就是第二次被贬。

这位执政者是谁,我们留个悬念,一会再讲。先说那首诗到底为什么会触怒当权者。

诗中后两句说:"玄都观里桃千树,尽是刘郎去后栽。"表面上,只不过是说,玄都观里这些桃花,都是我刘禹锡走后才栽种的,实际上却包含了深意。千树桃花,指的是自己离开京城这十年里,被提拔上来的政治新贵。这些人投机取巧、结党营私,最终把持朝纲。那些奔走在紫陌红尘里的看花客,则是拜高踩低、趋炎附势之辈。若不是我等忠良被排挤在外,哪有这些小人出头的机会。

语气里满是讽刺与轻蔑。执政者看到自然是怀恨在心，要打击报复。果然，刚刚回京，"旋又出牧"，一贬又是十几年。

再度回到长安，重游玄都观时，诗人已年过不惑，看到的是这样的景象：

百亩庭中半是苔，桃花净尽菜花开。

玄都观中的百亩庭院，一半已被青苔覆盖。我们知道，只有人迹罕至的地方，才会长满青苔。这说明玄都观已经少人问津了。那如云霞灿烂的桃花，已经"荡然无复一树"，只剩一些野蛮生长的菜花开放于春风中。这样的场景与之前"玄都观里桃千树""无人不道看花回"，形成强烈的对照，真有今昔、盛衰之别。

接下来看第三句"种桃道士归何处"，当年种下千树桃花的道士，如今也不知去向了。既然桃树象征着新贵们，那么种桃道士，当然就是提拔新贵的"执政者"了。离京十三年，时间实在是太长了。皇帝由宪宗、穆宗、敬宗到文宗，换了四个。而"种桃道士"这类执政者，也如走马灯一样变换。不过其兴也勃焉，其亡也忽焉，他们也如同玄都观中的桃花一样，短暂热闹后便烟消云散。不变的，是玄都观，依旧伫立在九五尊位上，镇守着长安城。

2. 种桃道士是谁？

关于刘禹锡诗中"种桃道士"是谁的问题，学界有个认同率比较高的答案。那就是宰相武元衡。

武元衡，武则天的从曾孙。年轻时就中了状元，诗写得不错，同时还是一位有雷霆手段的宰相。他主要政治主张之一就是遏制藩镇势力。这样一来，就被几个怀着不臣之心的节度使忌恨。他们用了很多手段，想逼武元衡取消削藩计划，都没能奏效。既然计划取消不了，只能取消提出计划的人了。他们动用了最后一招——行刺。

元和十年这一年，注定不平静。离刘禹锡被贬仅仅过去了几个月，大事再次发生了。那天天刚刚亮，武元衡从靖安坊出发，带着仆人赶赴大明宫上朝。刚走出坊门，就听到一阵破空之声，几支冷箭飞了过来。一瞬之间，灯笼被打灭，仆从纷纷倒地。一位力士从黑影里窜出，用木棒击中武元衡的左腿。武元衡在惊慌中落马，随即被刺。刺客取其首级后，扬长而去。此时天还未全亮，却已是上班早高峰，街道上有许多骑马的朝官及行人，顿时乱成一团。巡逻兵卒连声呼喊十余里，都说是盗贼杀了宰相。百官议论纷纷，不知死者是哪位宰相。一会儿，武元衡的坐骑被遇见的人辨认了出来，这才禀报皇帝。

宰相当街遇刺，还被贼人逃走了，这可是前所未有的耻辱。唐宪宗大怒，下令在长安城搜捕刺客。获贼者赏钱万缗，官五品；敢包庇匿藏罪犯的，举族诛之。不久之后，抓住了几名犯罪嫌疑人。严刑审讯下，几人也认罪了，判了死罪，效率很高。然而后来才知道，这个案子算是半个冤案。为什么说是半个冤案呢？原来，当时一共有两位节度使，派出了两波刺客。其中一波刺客赶到时，发现武元衡已经死了。事没有办好，拿不到赏钱，这该怎么办呢？几个大聪明一商量，干脆撒了个谎，说人就是我们杀的，冒领了功劳。后来被抓住拷问的，也就是这几个人。因此，他们虽不是真凶，但也不全冤。

更诡异的是行刺事件发生后百官的态度。宰相遇刺，官员们却大多选择了缄默不言。理由有两点：一是很多人本来就不想和藩镇硬碰硬，武元衡死了正好；二是当时长安城多半还有其他刺客潜伏，官员们也怕遭到报复。

这时候，一个人说话了。谁啊？白居易。武元衡遇刺那天，白居易刚好也要去上朝，就走在武元衡主仆后面。恐怖的景象，一点不落看在眼里。看得白居易又惊又怒。刺客在长安城行刺宰相，朝廷威严何在？于是立即上书，要求严查凶手。

这道书上了不久后，白居易就被降职了。有朋友会觉得奇怪，这是怎么回事？皇帝不是决心要抓捕刺客，为武元衡报仇吗？为什么又要迁怒于和他意见相同的白居易呢？原因就是，白居易这算越级言事。换句话说，这些话虽然该说，但轮不到你小小的白居易来说。白居易被贬谪出京，成了江州司马，遭受池鱼之灾。

那么我们这首诗的作者刘禹锡在哪里？当时是什么态度呢？

刘禹锡已经被贬到连州去了，他的态度是无喜无悲。

事发后不久，刘禹锡写了一首《飞鸢操》，将自己比作青鸟，而将武元衡及其同党比作乌鸢，里边有两句："游童挟弹一麾肘，臆碎羽分人不悲。"（刘禹锡《飞鸢操》）就是说，乌鸢声势赫赫，飞下来争食，结果被熊孩子们用弹弓给打下来了，粉身碎骨，却没有人为之悲伤。

有朋友可能会觉得，武元衡怎么说也是受害者，刘禹锡为什么一点也不同情，甚至还有点讽刺的意思？没错，刘禹锡确有此意。原因也有两个。其一，二人的政见不同。刘禹锡是革新派，而武元衡是保守派，两派一度斗争到水火不容。其二，武元衡在削藩问题上有功劳不错，但也的确有党同伐异、排斥异己的一面。

> 王叔文之党坐谪官者，凡十年不量移。执政有怜其才欲渐进之者，悉召至京师。谏官争言其不可，上与武元衡亦恶之，三月，乙酉，皆以为远州刺史，官虽进而地益远。
>
> ——司马光《资治通鉴》卷二三九

我们注意，这里边所谓的"王叔文之党坐谪官者"，主要就是刘禹锡与柳宗元。这两人已经外放了十年，好不容易熬出头了，武元衡却在这个时候使了绊子，把他们再次贬到偏远地方去，前途也更渺茫了。

刘禹锡去连州的时候，还带着八十几岁的老母亲和年幼的二子一女，可谓受尽磨难。而这一切，都和武元衡排挤脱不了干系。当遇刺案发生时，刘禹锡并不感到悲伤，还写了《飞鸢操》表达讽刺，也就不足为奇了。

此外，刘禹锡还写过一篇《代靖安佳人怨》，序言里是这么说的：

> 靖安，丞相武公居里名也。元和十一年六月，公将朝，夜漏未尽三刻，骑出里门，遇盗，薨于墙下。初公为郎，余为御史，繇是有旧故。今守远服，贱不可以诔，又不得为歌诗声于楚挽，故代作《佳人怨》以裨于乐府云。

我与老武算有故旧。如今他遇刺了，我在偏远之地，地位很微贱，不配给他写哀诔的文章，所以就写一首乐府诗，代他府上的姬妾们表达一下悲伤吧。

为什么要替姬妾表达呢？其实这也是一个典故。《礼记·檀弓》中说，鲁国一位大夫去世了。他的母亲靠着床不哭。别人觉得奇怪。母亲说，此人死了之后，朋友下属没有为他哭的，但家里的姬妾却痛哭失声。我因此知道，他已经疏于礼很久了。刘禹锡写武元衡家中姬妾哭泣，也是暗示武元衡有"厚于姬妾而薄于下属"的一面。而这也是事实。可见，刘禹锡对武元衡的批判是严肃的,基于事实而非发泄私愤。

历史就是这样,少有高大全的圣人,也少有一无是处的坏人,更多的介乎两者之间,有功有过,有爱有恨。武元衡如此,刘禹锡也如此。那么,将自己的爱恨毫不作伪地写入诗中,又何尝不是一种坦荡。

3. 前度刘郎今又来

说到这,大家也一定很好奇,这位百折不挠、两度重来的刘郎,到底经历了什么,才能养成这样坚强乐观的个性?接下来, 我们就来走近刘禹锡的人生。

刘禹锡,字梦得。根据他自述,是汉代中山靖王刘胜的后裔。如果属实的话,便和那个常自称"中山靖王"之后的刘备刘皇叔同宗了。可惜,年月久远,刘禹锡家族早已感受不到王室荣光。他的父亲、祖父都是小官吏。刘禹锡随父亲到了浙江,在江南山水中度过了青少年时期。

十九岁前后,刘禹锡游学洛阳、长安,在士林中获得很高声誉。仅过了三年,就进士及第。他的第一份工作是太子校书。官位不算高,才九品,但能出入东宫,接近未来储君,前途光明。在太子东宫,刘禹锡加入了以太子老师王叔文为首的政治集团,并与柳宗元一起成为其中核心人物。他们经常聚在一起,商议国家大事,制定出一套改革时弊、治国强军的办法。万事俱备，只欠一个机会——太子登基。那时，他们便能放手实现自己的政治抱负，重现大唐盛世荣光。

可惜，这个机会来得比他们想象得要晚。唐顺宗是唐代帝王里当储君最久的，长达二十五年。不仅如此，顺宗还一度不受父皇待见，大有被废掉的可能。因此整天担惊受怕。熬到父皇老了，他自己的身体也垮了。第二年正月，父皇病重的时候，唐顺宗自己也中风了，不要说处理政事，连话都说不出来。连父皇驾崩、自己继位的消息，唐顺宗都是在病榻上知道的。

这下可急坏了满朝大臣们。新皇身体虚弱成这样，还能治理国家吗？一时人心惶惶。为打消疑虑，唐顺宗强撑身体，在九仙门朝见文武百官，这才稳定了局面。

所以，刘禹锡苦苦等来的机会，其实是一个地狱开局。若非要说有一点优势，就是唐顺宗对几人特别信任。自己病重不能理政，就将朝廷大事都交给革新派主理。王叔文等人决定放手一搏，推出了减少税赋、打击藩镇势力、惩治贪官污吏等一系列革新措施，史称"永贞革新"。

效果怎么样呢？王夫之《读通鉴论》评价说，这次改革"革德宗末年之乱政，以快人心，清国纪，亦云善矣"。

因为革新触犯了宦官的利益，很快遭到了反扑。宦官们发动宫廷政变，迫使唐顺宗禅位给太子，称太上皇。此刻距离他登基，才仅仅过去了186天。而他的太上皇也没有当多久，五个月后就驾崩了,甚至没有以皇帝身份过个新年、改个年号。这不仅是唐朝皇帝之最悲惨,放在历代帝王中,也是相当悲惨的存在。

一朝天子一朝臣,顺宗驾崩,革新派的日子也不会好过。果然,新即位的皇帝很快将刘禹锡、柳宗元等人赶出京城,去当地方官。

刘禹锡先是被贬到连州当刺史,还没走去上任呢,又传旨意,再贬朗州司马,打击不可谓不大。不过刘禹锡呢,既不低头,也不沮丧。到朗州后,豪情不改。他的名作《秋词》,就写在此地:

自古逢秋悲寂寥,我言秋日胜春朝。
晴空一鹤排云上,便引诗情到碧霄。

——《秋词二首》其一

人们说这首诗的时候,通常说刘禹锡的乐观豁达,然而联系到此诗的背景,可以看出不仅有乐观,还有一种昂扬的斗志:我自有凌云的豪情,不因身在何时、身处何地而改变。

就这样,在朗州蛰伏了十年,刘禹锡终于有了被起用的机会。他回到长安,准备大展拳脚之前,去玄都观看了看花。然后,一句"玄都观里桃千树,尽是刘郎去后栽",得罪了武元衡等人,第二次被贬。

之后,刘禹锡辗转于连州、夔州、和州等地。直到十三年后才回到长安,再游玄都观,写下了"前度刘郎今又来"的名句。

到这里,或许我们更能理解他对"种桃道士"及"桃花"的轻蔑与讽刺。武元衡当初排除异己的行为,不仅给刘禹锡造成了巨大的伤害,也断送了刘柳二人革弊除病、中兴朝廷的理想。当刘禹锡重新回到玄都观时,武元衡已埋骨成灰,当初围绕在身边趋炎附势之徒,也尽皆散去。落了个"桃花尽净"的结果。唯有诗人熬过了蛮荒岁月,带着一身伤痕重回玄都观,傲然吟出这句诗:"前度刘郎今又来。"

刘禹锡曾自述写这首诗的目的:"再题二十八字,以俟后游。"所谓"后游",是指后来此地的游人们。可见,他的真正目的不是讽刺已经作古的武元衡,也非炫耀胜利,而是要用这种方式,向后来人显示自己的决心——只要结党营私的当权者还在,他就将与之战斗下去。这两首诗歌,前后跨越二十余年,就像两块无形之碑刻,矗立在玄都观上。它们既是刘禹锡的人生节点,又是文人不屈风骨的象征,昭示后来人。

正如白居易所言:"彭城刘梦得,诗豪者也。其锋森然,少敢当者。"(白居易《刘白唱和集解》)刘禹锡就是这样一个人:一身锋芒,一腔豪气,诗人的心胸,斗士的灵魂。因此,无论他身在何处,都始终保持着乐观与希望,相信当繁华褪去、桃花尽净,唯有刘郎,终会重来。

4. 与柳宗元相似又不同的人生

刘禹锡是一个起点很高的诗人。传说他出生时,母亲梦见了大禹送子,因此给他起字"梦得"。而他的确也不负母亲期望,二十二岁就进士及第,同年登博学鸿词科。这个速度有多快呢?韩愈考了四次才考中了进士,之后又考了四次才通过了博学鸿词科考试。刘禹锡一年之中,连登两科,可以说是逢考必过,不愧大禹亲自来人间送一趟。

不久之后,刘禹锡便进入最有前途的太子集团。太子登基后,成为新皇心腹。这样的前半生,可以说梦幻开局。然而,转折来得那么快,永贞革新失败后,他马上从巅峰跌入谷底。等待他的,是数十年放逐生涯。等再游玄都观时,刘禹锡已经从意气风发的少年,变为五十六岁的老人了。最好的年华,都已蹉跎而过。

六十六岁那年,他去东都洛阳做了太子宾客。这是一个正三品官职,刘禹锡也成为唐代诗人中少数官至三品者。然而这个职位级别虽高,却是一个闲职,没什么实权。刘禹锡将更多精力放到诗歌创作上,到了七十一岁时,因病离世。

刘禹锡的人生,可以用四个字形容:大起大落。对于多数人而言,这或许比"终身不遇"还要难以承受。可命运偏偏要开这样的玩笑,把他送上青云,看够了阳光绚烂,再把他推入漫长的黑暗中。很难想象,需要多大的勇气,才能熬过如此多的起起落落。让人敬佩的是,刘禹锡不仅走过来了,还一路走得如此洒脱。作为诗人,他是一代"诗豪"。方回在《瀛奎律髓》中评价说"刘梦得诗格高,在元白之上,长庆以后诗人皆不能及";作为地方官,他是好官,为民请命,政绩卓著。作为朋友,刘禹锡则是一个暖男。他曾自学医术,给柳宗元开药方。当白居易感慨自己老了,最近连镜子也懒得照,小字的书也看不清时("有时扶杖出,尽日闭门居。懒照新磨镜,休看小字书。"《咏老赠梦得》),刘禹锡则安慰说:"莫道桑榆晚,为霞尚满天。"(《酬乐天咏老见示》)

哪怕到了人生暮年,刘禹锡还是要把自己活成一道光,不仅自己透亮,还要照亮身边的人。

在此,我想提起另外一位诗人。他和刘禹锡是一生的挚友,才华匹敌,人生开局也极其相似,但结局却截然不同。说到这,大家恐怕也猜到了,他就是中唐著名诗人柳宗元。

柳宗元比刘禹锡小一岁,两人是同榜的进士,之后一起参与永贞革新。革新失败后,柳宗元和刘禹锡一起被贬。十年后,刘禹锡被召回京城,去玄都观看"花千树"的那年,柳宗元也遇赦回京。地皮还没踩热,又遭到武元衡等人排挤,贬到柳州去了。这一次,还是和刘禹锡一起。

两人同时启程,从长安出发奔赴贬所,一路彼此扶持,走到衡阳,才不得不分手。柳宗元写一首《重别梦得》:

> 二十年来万事同,今朝岐路忽西东。
> 皇恩若许归田去,晚岁当为邻舍翁。

二十年间,一同登第、一同被贬,荣辱与共。如今却在岔路口,各奔东西。柳宗元许下了一个愿望:如果有一天,皇恩浩荡允许我们辞官归田,我愿与你在一起,做一对逍遥自在的农舍翁。

然而柳宗元并没有等到这一天。四年后,柳宗元在柳州因病去世,终年四十七岁。

直到衡阳分别时那一刻,两人几乎有着一模一样的人生轨迹,真应了柳宗元所说:"二十年来万事同。"但二人又有一点不同,正是这种不同,造成了两人的迥异结局。而这,就是面对逆境时的态度。

相比于刘禹锡而言,柳宗元更容易消沉。《新唐书》本传说他:"既废,遂不振。"在永州期间,他寻山问水,写下了大量山水名篇。但从这些篇章里,我们也能看出,山水虽好,却无法令他忘忧。他在《与顾十郎书》中,将自己比作囚徒,说自己"长为孤囚,不能自明";而《囚山赋》中更说,"丘壑草木之可爱者",也不过是陷阱与囚笼。他这样总结自己的贬谪经历,"万死投荒十二年"(《别舍弟宗一》),十二年里,他经历了太多痛苦:母亲去世,女儿夭折,寓所四次失火……每一件,都在侵蚀他的身体,也摧折了他的心气,导致他三十六岁时，已经如一位老人一样，"昧昧然人事百不记一"（《与裴埙书》）；甚至开始担忧，自己死后，无人为祖先扫墓。在物质与精神的双重折磨下，柳宗元身体一天不如一天，最终病逝于"重来"的前一刻。

　　刘柳是相似的，又是不同的。管世铭《读雪山房唐诗序例》中评价："子厚骨耸，梦得气雄，元和之二豪也。"诚然如此。两人在衡阳一别，也是人生上的诀别，从此两个极其相似的人，走向了不同的人生之路。在荒僻之地，柳宗元燃烧生命，化为一篇篇骨气耸立的诗文，可敬可悯；而刘梦得则更值得我们效法——他以乐观豪迈为武器，与命运不断战斗，最终等到了刘郎重来的一天。

宴聚
×
友朋

盛世长安八仙图　　杜甫《饮中八仙歌》

> 知章骑马似乘船,眼花落井水底眠。
> 汝阳三斗始朝天。道逢曲车口流涎,恨不移封向酒泉。
> 左相日兴费万钱。饮如长鲸吸百川,衔杯乐圣称避贤。
> 宗之潇洒美少年。举觞白眼望青天,皎如玉树临风前。
> 苏晋长斋绣佛前,醉中往往爱逃禅。
> 李白一斗诗百篇,长安市上酒家眠。天子呼来不上船,自称臣是酒中仙。
> 张旭三杯草圣传。脱帽露顶王公前,挥毫落纸如云烟。
> 焦遂五斗方卓然,高谈雄辩惊四筵。
>
> ——杜甫《饮中八仙歌》

这首诗的体制,非常奇特,让人一见难忘。全诗一共分成八段,每段写一个人物,篇幅不一,少的两句,多的四句。与其说是写诗,不如说以诗代画,描绘了一幅长安的"八仙图"。就在这寥寥数语中,杜甫把八个人的共性和个性,栩栩如生地展现出来了。

接下来,我们就随着杜甫这首《饮中八仙歌》,领略"开天盛世"[1]中"顶流天团"的风采,以及他们身上代表的盛世气象。

---

[1] 开天盛世,指开元、天宝两个时期的盛世。

人生得意在长安

1. 长安城中的顶流天团

　　什么是饮中八仙呢？根据《新唐书·李白传》记载，李白与贺知章、李适之、李琎、崔宗之、苏晋、张旭、焦遂八人俱善饮，称为"酒中八仙人"。

　　这八个人，在当时影响很大。整个长安城，上至帝王，下至老百姓，都听过他们的名字。堪称是唐代的顶流"天团"。无论哪个年代的"天团"，都得先"成团"，里边的人物必定有某种共同性，才能聚在一起。"饮中八仙"们，不仅同时代，又都曾在长安生活过，最关键的是，他们的性格爱好也有相似之处。嗜酒、豪放、不拘于世俗礼节，因此才能脱俗入圣，被时人称为"八仙"。不仅如此，和我们今天的组合一样，每个团员在共性外，又得具备自己的特点，这样才能各展所长，圈到整个大唐的粉丝。

　　杜甫进入长安的时候，八仙里边的有些人物，比如贺知章、比如李白，已经离开长安了。无法看到"天团合体"，总是有点遗憾的。也许是为了弥补这种遗憾，杜甫用了一种"人物速写"的手法，将这八个人写进一首诗里，让他们在诗歌中合体，就是我们看到的《饮中八仙歌》。

　　我们先来看诗歌的头两句：

　　　　知章骑马似乘船，眼花落井水底眠。

第一位出场的团员，是著名诗人贺知章。贺知章字季真，号四明狂客，打小就是个天才级别的人物，诗文写得特别好，闻名乡里。到了武则天证圣元年，他参加科举，一举夺魁，直接中了状元。贺知章除了写诗文外，还有一个爱好，那就是喝酒。他好酒好到什么程度呢？李白和杜甫这两位大诗人，都在诗中写到了他喝酒时的趣事。

李白有一首诗《对酒忆贺监》，回忆自己与贺知章的初遇。诗歌的序言里边说：太子宾客贺公，于长安紫极宫一见余，呼余为谪仙人，因解金龟换酒为乐。

这就是说，贺知章在紫极宫里见到了初入长安的李白，一见之下，惊为天人，于是称呼他为谪仙。不仅如此，还解下自己身边挂的金龟换酒，招待李白。什么是金龟呢，是唐代三品以上官员所佩的金饰龟袋。有朋友就会说，是不是贺知章忘了带钱，付不了账，才解下金龟来换酒？未必，李白在这里，是用了一个典故，《晋书》中提到，一个叫阮孚的人把自己官帽上的金貂——貂尾装饰——摘下来，换酒喝，还因此遭到了弹劾。后世就以金貂换酒，来比喻文人狂放不羁。所以李白说贺知章金龟换酒，和有没有钱买单关系不大，主要是夸奖贺知章颇有魏晋名士的风度。李白心目中，贺知章最重要的标签，就是一个"狂"字——解下象征着三品官位的金龟换酒，可不是蔑视功名的"狂态"吗？而这种性格，是太对李白的胃口了，李白将贺知章视为一生的知己，也因为他们骨子里，有同样的狂气。

杜甫这篇《饮中八仙歌》里,也提到了贺知章喝酒的事:"知章骑马似乘船,眼花落井水底眠。"这就是说,贺老在喝醉酒后,骑马的姿态就像乘船那样摇来晃去。在这里,杜甫也用了魏晋人物的典故。是谁呢?竹林七贤之一,阮咸,也是刚才提到的那位金貂换酒的阮孚的父亲。两父子都好这么一口。阮咸酒醉后,骑马歪歪斜斜,当时的人就调侃他,这家伙骑马像坐船一样。而当时贺知章的醉态,简直是阮咸再世。不过杜甫又加了一趣笔,说贺知章这样酒后骑马,一个不小心,竟发生了"交通事故",跌进了路边的井里。我们一般人遇到这种情况,即便没有受伤,也会狼狈不堪,酒也给吓醒了。可贺知章呢,全不在乎。干脆躺在井底,呼呼大睡。只要我不狼狈,狼狈的就是别人,只要心所安处,哪里不可以酣眠。杜甫也用魏晋人物来比拟贺知章,称赞他的名士气质;不同的是,杜甫笔下的贺知章,在狂之外,还又多了一个"趣"字。似乎比李白笔下的仙气飘飘,多了一丝可爱。要知道,这时的贺知章,已经是一个老人家了,醉酒骑马,井底酣眠,颇有一点老顽童的感觉,这是杜甫眼中的贺知章。

2. 乐圣与避贤

我们讲过了贺知章,接下来讲讲第二仙。

宴聚 × 友朋

> 汝阳三斗始朝天。道逢曲车口流涎，恨不移封向酒泉。

汝阳，指的是汝阳王李琎。这个人，一看爵位就不简单，他是唐玄宗的侄子，杜甫和他关系不错，除了《饮中八仙歌》外，还有另一篇作品提到他，那就是《赠太子太师汝阳郡王琎》，说玄宗对这个侄子相当宠爱，"倍此骨肉亲"——甚至超出了骨肉至亲的程度。也因为这样，这个李琎，才敢于"三斗始朝天"，朝见天子前，先喝上三斗酒。毕竟皇位上坐的，是自己亲叔叔，不必像别的臣子那么拘谨。

"道逢曲车口流涎"又是什么呢？曲（麴）车，就是运酒的车。这是说汝阳王出门时，路上看到酒车，立即馋得流起口水来。于是他突然有了一个大胆的想法：等我见到天子时，要不请他把我的封地，换到酒泉去吧？酒泉是什么地方呢？就是今天的甘肃酒泉。这在唐代是边疆之地，有什么好处能吸引这位汝阳王呢？只会是一种东西，那就是美酒。相传酒泉"城下有金泉，泉味如酒，故名酒泉"（见《三秦记》）。这位王爷除了喝酒，就没想过别的，只恨自己没能当成"酒泉王"，这样就可以天天喝酒了。

杜甫用这几句诗，勾勒出一位富贵王爷的形象。而这个形象，和其他几仙有很大区别，只有他可以"三斗朝天"，也只有他有权提出"移封"的请求，别的人连封地都没有，就无所谓移了。这显示出杜甫在写人时，能充分抓住这个人的特点，将他"富贵王爷"的身份,展现得淋漓尽致。

接下来这位出场的酒仙,也很不得了。杜甫用了三句诗来为他画像:

左相日兴费万钱,饮如长鲸吸百川,衔杯乐圣称避贤。

所谓左相,就是天宝年间当过宰相的李适之。李适之和前两位不一样,他不仅本人喜欢喝酒,还喜欢攒酒局,叫上朋友们一起喝。根据史书记载,李适之雅好宾客,经常晚上大摆宴席,和朋友一起狂饮。难得的是,都说喝酒误事,可李适之偏偏喝酒不误事。按照《旧唐书》里的说法,他头一天喝到半夜,第二天早上起来,继续处理公务,井井有条。因此,杜甫很欣赏这位"左相",一方面,夸奖他酒量好,就像鲸鱼吞吐百川之水;另一方面,又夸他豪爽,日费万钱,这么大开销可不是一个人花的,是亲朋宾客一起花的,可以说得上是重义轻财了。

以上说的是他显赫的时候,下一句"衔杯乐圣称避贤",则是说他落魄的时候了。天宝五年的时候,李适之遭到李林甫排挤,被罢免了宰相之位。而他依旧不改好酒、好交朋友的脾气,仍然在家里会饮亲友,豪气不减,可来的人就没当初那么多了。当初那些趋炎附势之辈,都躲得远远的。于是李适之忍不住说:"避贤初罢相,乐圣且衔杯,为问门前客,今朝几个来?"(《旧唐书·李适之传》)"衔杯乐圣称避贤"就从这里化用来的。

那"乐圣"与"避贤"是什么意思呢？字面意思，就是喜欢喝好酒不喜欢喝劣酒的意思。那这个圣贤怎么和酒挂上钩的呢？《三国志》里边有这样一条记载，当时天下饥荒，所以不许酿酒，免得浪费粮食。可酒客们还是想喝酒，怎么办呢？就给酒取了个代号。清酒就是圣人，浊酒就是贤人。乐圣，自然是说喜欢喝清酒。而避贤，就是不喜欢浊酒。不过结合李适之当时的情况而言，这个清浊，蕴含深意。清酒，也代表了清流；浊酒，则代表了小人。避贤罢相，也是在说自己为小人所害，丢掉了宰相之位。是在讽刺李林甫。杜甫这句诗，精准抓住了李适之复杂的心态，耐人寻味。

接下来，盛唐天团的美少年就要出场了。请看这三句诗：

宗之潇洒美少年。举觞白眼望青天，皎如玉树临风前。

崔宗之，是一位贵胄少年，出身于第一流高门博陵崔氏，父亲是宰相。杜甫对他的刻画，重点在于外貌与气质上，杜甫笔下，崔宗之是一个风流倜傥的少年。他豪饮时，高举酒杯，用白眼望天，睥睨众生，旁若无人。喝醉后，宛如玉树迎风摇曳，不能自持。这一位，堪称是八仙中的"颜值担当"。

苏晋长斋绣佛前，醉中往往爱逃禅。

这个苏晋，是天团中知名度不高的一位，很多人都不太熟悉他。但在当时人来看,这也是个大才子。苏晋自幼就有才名,擅长写文章。进士及第后,当过中书舍人、崇文馆学士等。他这人有个特点:矛盾。一方面,爱好佛学,长年修禅吃斋;另一方面,又嗜酒如命。我们都知道,一个人醉酒之后,可就放飞自我了,哪里还守得了清规戒律。醉和禅啊,是有矛盾的一面的。苏晋这个人,便在矛盾的两面中,反复纠结,左右横跳。当他忍不住端起酒杯,醉而忘形时,就逃离了禅修,暂时回归世俗的乐趣。

杜甫这两句诗,并不是批判苏晋,而是带着些许调侃的语气,描写出他矛盾的一面。让这位原本高高在上的仙人,有了俗人的弱点,变得有一点可爱。

目前为止,我们一共介绍了八仙中的五仙,多是两句,最多三句,然而接下来这位人物,却占了整整四句,毫无疑问,乃是本团的 C 位、焦点中的焦点、核心中的核心,这个人,就是集诗仙、酒仙、剑仙于一身的——大诗人李白。

3. 酒仙李太白

> 李白一斗诗百篇,长安市上酒家眠。天子呼来不上船,自称臣是酒中仙。

李白是我们都很熟悉的诗人，他在诗歌创作上的成就，以及他性格里边豪侠的一面，我们在未来会专篇讲述，先讲他作为"酒中仙"的这一点。

李白当然是很好酒的，他曾经写过《月下独酌》，说哪怕只有自己一个人，也要举杯与明月同饮。可能有些读者并不知道，《月下独酌》一共有四首，我们熟悉的是第一首，可第二首也很有趣，通篇议论，堪称是一篇"爱酒辩"。他是这么写的："天若不爱酒，酒星不在天。地若不爱酒，地应无酒泉。"如果天不爱酒的话，天上就没有酒星。酒星是什么星呢？就是一组星星，也称酒旗星。一共有三颗，看起来像一张旗帜一样，古人认为，这个是"酒官之旗也，主享宴酒食"。酒星在天，这是天爱酒的证据。至于地上的酒泉，刚才已经讲过，那是一个地名。天上有酒星，地上有酒泉，这可不是天地都爱酒吗？接下来说得更直接了，"天地既爱酒，爱酒不愧天"。既然天地都爱酒，我等尘世间的凡夫俗子，爱酒也是理所当然了。

而李白对酒的爱，又似乎比我等凡夫俗子要高那么一点点。因为我等酒后要么呼呼大睡，要么就是拉着别人的手絮絮叨叨，说一些醒来之后不忍直视的话。然而李白不一样，他是"一斗诗百篇"，醉了之后，文思泉涌，挥笔而就。为什么能这样？李白自己也解释过，说是"三杯通大道，一斗合自然"，三杯入喉，眼花耳热，顿觉可与天地相通；而一斗下肚，便忘了尘世，与"自然"同化。可以说，李白将酒喝出了一种境界，不仅仅是享乐，而且是沟通天地的一种方法。

我们之前说，酒仙里边的第二仙李适之，是喝酒不误事的典型。那么李白就更胜一筹，不仅不误事，反而越喝越才华横溢，越喝越文思纵横。根据《松窗杂录》《新唐书》中的记载，有一次，唐玄宗与杨贵妃在沉香亭宴饮，大唐著名歌手李龟年也在，带着一群梨园子弟，拿着檀板管弦，正准备高歌一曲，唐玄宗说先别急，今天这日子好，赏名花，对妃子，哪能唱旧歌呢？花是最美的花，人是最美的人，歌是最动听的歌，那歌词又怎能随便？必须把李白给叫来，现场填词，才配得上这良辰美景、赏心乐事。可这时，李白在干嘛呢？"长安市上酒家眠"，正和一群朋友在长安集市上沉醉不醒。没办法，不能扫了皇帝的兴，于是只好几个人把李白扶起来，带到沉香亭。唐玄宗一看，这醉得太厉害了，还能写诗吗？旁边的人赶紧拿水拂扫在李白脸上，这样李白稍稍清醒一点，拿起笔来，瞬间就写出了《清平调》。

这样的事发生了还不止一次。根据范传正《李白新墓碑》载，有一次，唐玄宗在白莲池泛舟，优哉游哉，又想起了李白，召他立即到船上来，写一篇文章。而这时候，李白又已经在翰林院中喝得大醉了。被带到白莲池旁边的时候，也和沉香亭那次一样玉山倾倒，得靠人扶着才能站定。玄宗皇帝一见，不仅不生气，反而兴致更高了，让高力士把李白扶上船，接着写。反正"李白一斗诗百篇"，不怕他醉，就怕他喝得不到位。

于是玄宗下令，让他立即登舟赋诗。而这时，李白做了一件特别洒脱、特别狂放的事，"天子呼来不上船"，又用了一句特别浪漫的话来解释，"臣是酒中仙"。因为，我是酒中之仙，不受人间管束，所以抱歉，即便是圣旨，也有几分不遵的理由。这就是属于李白的，极致的豪放、极致的浪漫。

可见，李白沉醉的事至少发生了两次。一次在沉香亭、一次在白莲池。杜甫高超的剪辑手法，把两件事串联在一起。短短四句，便勾画出李白桀骜不驯、傲视王侯的形象。而当我们细读这幅画的时候，也能从中感受到杜甫对李白的深情。这时候，杜甫刚刚与李白分别不久，两人同游时"醉眠秋共被，携手日同行"（《与李十二白同寻范十隐居》）的景象，还如在目前。

回忆和李白初遇的时候，李白刚刚被赐金放还，可以说名满天下；杜甫那时，还是一个初露头角的文学青年。就像一个小弟一样，仰慕李白，追随李白。杜甫甚至难得地"狂"了一次，陪李白一起去王屋山求仙。就和我们小时候一样，当了一辈子的优等生，却被一个带着桀骜、也带着光芒的兄长领着，探了一场永生难忘的险，看了许多平生未见的风景，自然会铭刻于心。杜甫写下《饮中八仙歌》时的心态，也大概如此。两人虽然分开了，但李白如神仙一般的风采还深深印在脑海中。于是，他把李白放到了八仙最核心的位置，用了最丰沛也最饱含深情的笔调，细细勾画。他的这幅画，不仅是传神写照，甚至可以说是一往情深。不仅写出了谪仙的风采,更写出了对知己的思念。

4. 太平人物之盛

李白之后,另一个重磅级人物,是张旭。

> 张旭三杯草圣传。脱帽露顶王公前,挥毫落纸如云烟。

张旭,擅长草书,时人称之为草圣。他除了草书写得好外,最大的特点就是好喝酒。和前几位不一样的是,张旭醉酒后,动作特别大。史料记载说,此人"每醉后,号呼狂走"(《杜臆》卷一)。说他每当酒醉后,往往会进入癫狂的状态,大喊大叫,手舞足蹈。因此有人给他起了个外号,叫作"张癫"。他癫到什么程度呢?哪怕是到了王侯府上,也一样脱掉帽子,把头顶露出来,怡然自得的样子。这个举动,在当时人眼中是相当失礼的。可张旭这样的人,哪会受礼法拘束,在众人惊叹的目光下,提笔挥毫,洒落满纸云烟。

我们说,饮中八仙,都有醉态、有狂态。可细论起来,张旭的癫和别人有一点不一样,除了狂以外,还有份痴在里边。那是一心一意、心无旁骛的境界。韩愈曾说:"往时张旭善草书,不治他伎……观于物,见山水崖谷、鸟兽虫鱼、草木之花实,日月列星、风雨水火、雷霆霹雳、歌舞战斗,天地事物之

变,可喜可愕,一寓于书。"(韩愈《送高闲上人序》)

这就是说,张旭之所以能圣于草书,就是因为他特别专注,将整个生命都扑了上去。天地间万物,都可以被他拢归笔下。因此,张旭可以算得上八仙中的"痴狂"者。

最后一位出场的人物是焦遂。

焦遂五斗方卓然,高谈雄辨惊四筵。

"五斗",这位的酒量,在八仙中也算了得,堪称"酒量担当"。焦遂喝酒五斗后,不仅没有像贺知章、李白那样醉倒,反而越喝越神态卓然。一开口,就滔滔不绝,震惊四座。这样的人,其实我们生活中也见过。有人平时沉默寡言,仿佛得了社交恐惧症,醉酒后,"社恐"秒变"社达"——社交达人。也可谓是"三杯通大道"了。而也有一些人,平时高谈阔论,醉酒后却沉默了,一言不发。或许,这也是人们爱酒的理由之一。酒并没有真的让我们沉醉,只是唤醒了我们灵魂中的另一面。这个"我"陷入沉醉的同时,体内的另一个自我醒来了。古人说,小醉怡情。偶尔喝到微醺,借一杯酒,去和另一个自我碰碰面,这也是一种难得的乐趣。

说到这里,这幅饮中八仙的画卷,也就全部展开了。里边的八个人物,是那么生动,仿佛就在我们身边。我读这首诗的时候,忍不住会想,杜甫真的了不起。他去晚了一步,没有亲眼见到八仙云集的长安酒肆,但他又用自己的文笔与诗心,走

人生得意在长安

入了酒中八仙的世界,去理解他们的喜怒哀乐,感受他们身上诗性与理想的光芒。于是,他也和这八仙一起,沐浴在这盛世荣光中了。有人说,饮中八仙,其实有九仙,八个在画卷中,一个在画卷外。这句话说得特别好,饮中八仙和晚到一步的杜甫,一起构成了长安城中的盛世人物图卷。

《竹庄诗话》说,这首诗"见开元太平人物之盛"。说得很对,如果在开元二字后边,加上天宝,就更准确了。贺知章金龟换酒、李白"长安市上酒家眠"、左相罢相,都是天宝初年的事。前后相差不大,也就是几年中的事。无论是开元中还是天宝初,都是唐王朝最鼎盛之时。杜甫说"忆昔开元全盛日",说的就是这几年。怎么个全盛法呢?疆土广阔、经济繁荣,这些之前提到过,不再赘述。今天要说的,是开天盛世的另一个特征,人物鼎盛。

开天盛世之盛,盛在人物。那么这时期的唐朝都出了哪些了不起的人物呢?当杜甫用"以诗画像"的方式,定格他们的高光瞬间时,这些人又在做什么呢?多的不说,就以李白醉眠长安市上这一年为例。

这是天宝三年,李白四十四岁。任翰林院供奉,写下了《清平调》,不久后被赐金放还。

同年夏天,杜甫初遇李白于洛阳。后来又加上高适,三人一起游览赋诗,展开了一场彪炳文学史的"壮游"。

这一年,王维已过不惑之年,开始经营蓝田辋川别业。

这一年，岑参以第二名的名次，考中了进士，意气风发。

这一年，一位叫王忠嗣的将军，志得意满，接受朝廷嘉奖。一年前，他刚刚击败了突厥的军队。从此塞外安定，突厥不敢来犯。

这一年，对唐王朝有再造之功的名将郭子仪，已通过了武举，获得官职。正在稳步升迁，准备大展拳脚。

这一年的长安城，笙歌入云，李龟年唱着新曲，董庭兰弹着琵琶，公孙大娘正向弟子们传授剑器舞的奥义。

这一年的大唐王朝，人物鼎盛，如星河灿烂。我们每当想起盛唐的时候，想起的不仅是辽阔的疆域，巍峨的宫阙，更是这些浓墨重彩的人物。

那么，这些人物，为什么会汇聚到开天年间的长安城？唐王朝到底有什么力量，吸引着他们从四面八方赶来？

我想原因不止一个，而最重要的一点，就是这时期的统治者重视人才，为人才提供了"不拘一格"的晋升通道。在唐代，人们可以通过不同的途径出人头地。出身贵胄的，可以直接继承爵位；擅长考试的，可以参加科举；长于交际的，可以走推荐路线；擅长骑射的，还可以通过武举入仕。无论出身高低，只要有才能，就有出人头地的机会。就以饮中八仙这个"天团"为例。这些人，都登上了历史的舞台，站在了时代的聚光灯下，但登台的途径却各不相同。这里边，有生来就拥有王冠的，比如汝阳王；也有通过才能为自己加冕的，比如贺知章,是千军万马走独木桥考出来的状元。又比如李白,通过友人举荐,作为布衣,闻名于天子。而我们之前提到的,喝完酒后滔滔不绝、辩才无碍的"焦遂",到最后也是个布衣,却平交王侯,也成了八仙之一。亲王、宰相、诗人、平民……这些各形各色、意气张扬的人物,将他们最绚烂的影像,留在了开元天宝的记忆里。

最后我想说的是,《饮中八仙歌》里的人物,不拘礼法,睥睨王侯,在长安酒肆中痛饮高歌。之所以如此无拘无束,是因为他们知道,这个时代容得下他们的这份狂。这,或许就是《饮中八仙歌》给我们的启示。一个容得下醉客、容得下狂客的时代,会吸引更多人才到来。他们在其中绽放自己的光芒,汇聚起来,最终将成就盛世荣光。

天生我材必有用　李白《将进酒》

君不见黄河之水天上来,奔流到海不复回。

君不见高堂明镜悲白发,朝如青丝暮成雪。

人生得意须尽欢,莫使金樽空对月。

天生我材必有用,千金散尽还复来。

烹羊宰牛且为乐,会须一饮三百杯。

岑夫子,丹丘生,将进酒,杯莫停。

与君歌一曲,请君为我倾耳听。

钟鼓馔玉不足贵,但愿长醉不愿醒。

古来圣贤皆寂寞,惟有饮者留其名。

陈王昔时宴平乐,斗酒十千恣欢谑。

主人何为言少钱,径须沽取对君酌。

五花马,千金裘,呼儿将出换美酒,与尔同销万古愁。

——李白《将进酒》

《将进酒》,是乐府旧题,属于汉乐府鼓吹曲辞中的"铙歌十八曲"之一。本来是军乐,加入了西北少数民族音乐元素,调子比较慷慨悲壮。说完曲调,再说说题目的意思。将,就是请的意思,"将进酒"大白话一下,就是"请喝酒"。而在敦煌残卷里边，这首诗还有一个题目，叫作《惜罇空》。就是惋惜酒杯空了，赶紧满上、再醉一场的意思。联系诗中"莫使金樽空对月"以及后来的"呼儿将出换美酒"，似乎也挺妥帖的。无论是《将进酒》还是《惜罇空》，用途都差不多，大抵以"饮酒放歌"为意，类似于今天的劝酒词。

这首诗的创作时间，争议比较大。但关于创作背景，学界观点倒是基本一致。这首诗，作于一场酒宴上。李白劝朋友们开怀畅饮，且尽掌中杯。因而以诗祝酒，写下了这首乐府名篇。

这首诗，是李白的代表作，明代人评价此诗："最为豪放，才气千古无双。"后人每当想到李白，便会不由自主地联想起这首诗，想到其中对月高歌、名马换酒的"饮者"形象。这个形象，不仅是李白一生最典型、最具光彩形象的缩影，也是整个盛唐时代一切自由、豪迈与诗意的化身。

这首诗的诗意梳解，以及艺术赏析，大家想必已经听过很多。今天，我想另辟蹊径，借这首诗，给大家聊聊几个有趣的话题。这场让李白写出千古名篇的酒局，到底是个什么局？一起喝酒的，都是什么奇人异士？他们在一起喝的是什么样的酒？当时的酒价几何，为何要用五花马、千金裘来换？李白要借酒消掉的"万古愁"，到底是什么样的愁？

接下来，就为朋友们一一解答。

1. 李白"进"的是什么酒?

既然题目是《将进酒》,我们就先从这场酒宴说起。诗歌中写到酒宴的场面:"烹羊宰牛且为乐,会须一饮三百杯。"可见这场宴会,规模不小。让人身不能至,心向往之。我曾和一个朋友讨论过,假如能够跨越时空,来到那场宴会上,最想做什么。我说一定抓紧机会,问李白几个悬而未决的学术问题。比如这首诗到底是哪一年写的。而我朋友回答,他最想的是,端起金樽尝一口,看看唐代美酒,到底是什么滋味。

这位朋友,是好喝酒的。他要真尝一尝李白喝过的酒,恐怕都有一个感觉:"甜"。这不是一般的甜,简直是甜如蜜、甜如饴啊。

我们从唐诗中,就能体会到这种口感。郑嵎《津阳门诗》:"白醪软美甘如饴。"甜软甘美,不仅如此,还比较黏,留在酒杯上,有挂壁的效果。姚合《乞酒》云:"闻君有美酒,与我正相宜。溢瓮清如水,黏杯半似脂。"说这个酒,在酒瓮里的时候,像水一样清澈。但倒在杯子里,则像凝脂一样浓厚。

爱喝酒的朋友可能觉得不习惯了,这不是酒,简直是酒味的糖水啊。咱们今天喝的白酒,虽然也会有回甘,但主要还是清冽、辛辣的。那唐代的酒为什么会这样呢?这和古人的酿造工艺有关系。酒的蒸馏技法在元代才普及,之前是纯粹的酿造酒,谷物糖分未能充分酒化,渗透在酒液之中。宋元以后,文人称赞酒,多以劲、烈、辣之词来形容。而唐人则很少有这么夸的,而是夸酒软甜醇厚。可以想见,唐代酒的酒度远远低于现代。所以我们看李白写的"会须一饮三百杯",能喝这么多,除了艺术夸张外,也因为他们喝的,是度数较低的甜酒。要是蒸馏酒,神仙也遭不住。

说完酒的度数外,再说说唐代酒的种类。李白那个时代,酒的种类非常多。按照原料来分的话,可以分为粮食酒和水果酒两类。

粮食酒,当然就是用米等谷物酿成的了,这是中国的传统产物,又按照酿造技艺高低以及过滤的程度,分为清酒和浊酒。清酒,顾名思义,就是酒液相对清澈。浊酒则相反,看上去比较浑浊。有时候,米的渣滓还会漂在酒面上,泛泛然如同浮蚁。故而唐人咏及浊酒,多以"蚁"字来形容。白居易名篇《问刘十九》里边说:"绿蚁新醅酒",可不是蚂蚁酿造的酒,而是浊酒中的渣滓,貌似浮蚁。清酒酿造时间较长,酒度较高,甜度稍低,档次要高于浊酒。

李白大部分诗中出现的酒,都是清酒。《行路难》的"金樽清酒斗十千",《客中作》的"兰陵美酒郁金香",都是清酒。再说《将进酒》里这场酒局,最后喝得主人都扛不住、"言少钱"了,要用"五花马、千金裘"去换的程度,自然应该是名贵的清酒。

除了传统的粮食酒外,还有一类舶来品。那就是从西域传来的水果酒。张骞出使西域时,将葡萄酒的酿制方法一起带回了中原。唐太宗平定高昌后,把当地特产的马奶葡萄种在长安的苑囿里,又根据中原人的口味,亲自试验改良葡萄酒配方。渐渐地,长安城中都尝到了这款"中西合璧"的美酒。

那么回到一开始这个话题,李白进的是什么酒呢?前面说过,李白这次喝的是"友情局",去洛阳嵩山访友,设宴欢饮。诗歌里看不出特殊节令,最可能的便是就地取材,去附近酒家买一些"清酒"。又由于这位朋友和李白都有点道家背景,也可能提前准备一些松酒。

松酒,其实是一种调味酒。就是把松脂、松节、松花、松叶加到酒里边,又称松醪酒、松醪春。这是为什么呢?由于松树是常青植物,松酒便有祝人健康、长生的寓意。唐代隐士、修道者圈子里,很流行喝这种酒。李白既然是与道友相会,喝点松酒也正合适。

当然,这样的友情局,喝的就是情谊。酒里边加什么并不重要,关键是和谁一起喝。

2. 一起"进"酒的岑夫子、丹丘生是谁?

上一节说到了,这首诗是劝酒词。那大家一定好奇,谁这么有幸,能和诗仙喝上一场"友情局"啊?那自然是岑夫子与丹丘生。

先说"丹丘生"。这位丹丘生,不是凡夫俗子,而是盛唐时期一位著名道士,元丹丘。他隐居于嵩山,又在嵩山之南的颍阳建造了别业。李白曾专门为元丹丘写过一首《元丹丘歌》,里边这样说:

> 元丹丘,爱神仙,朝饮颍川之清流,暮还嵩岑之紫烟,三十六峰长周旋。长周旋,蹑星虹,身骑飞龙耳生风,横河跨海与天通。我知尔游心无穷。

简直把元丹丘塑造成一个能飞天跨海的神仙。在另一首诗里边,则称之为:"不死丹丘生。"到了超越生死的地步,可见这个元丹丘,道行匪浅。

那么李白和这位道长是怎么认识的呢?说起来,还算是布衣之交。李白还未离开蜀中时,曾去峨眉山寻仙访道。就在这里,结识了同样来此游历的元丹丘。后来,两人又一起在河南嵩山颍阳隐居,李白自己写诗说,两人"畴昔在嵩阳,同衾卧羲皇"(《闻丹丘子营石门幽居》),可见感情很不错。

元丹丘也没有辜负李白的情谊。他为李白做了两件事。第一,便是牵线搭桥,把李白引荐给自己师父。两人成了师兄弟,一起修道。

第二,开元二十九年,元丹丘经由玉真公主的推荐,出任西京大昭成观威仪。威仪,就是道门威仪,是"道官"的一种,负责管理本观的道门事务。大昭成观,是唐玄宗为自己生母祈福改名扩建的，属于皇家宫观。元丹丘当了这里的"道官"，自然也就成了皇室红人，出入宫廷，颇为显贵。

元丹丘发达后，也没忘记李白，不久就向玉真公主推荐了李白。玉真公主又向她的皇帝哥哥说李白的好话。最终，玄宗皇帝召李白入京。这里边，元丹丘起了很大的作用。可见，元丹丘是真把李白当"老铁"了。修真之路上，把最好的门径给他；世俗之路上，把最好的人脉给他。对于这样的朋友，李白也是感激非常，曾写诗说"吾将元夫子，异姓为天伦"（《颍阳别元丹丘之淮阳》），也就是说，我们虽然姓氏不同，却有手足兄弟一样的感情。

李白赠元丹丘的诗有十几首，加上提到元丹丘的，更是超过了二十首。李白一生交友遍天下，诗文中提到的就有四百人之多。但就赠诗数量而言，元丹丘数一数二，说是他一生挚友，也不为过。

那么这场酒宴中的另一位"岑夫子"又是谁呢？这位岑夫子，名岑勋。大家看到这个名字，第一反应都是不认识。但如果说起颜真卿的书法名作《多宝塔碑》，就都不会陌生。多宝塔碑开篇："南阳岑勋撰。朝议郎判尚书武部员外郎琅琊颜真卿书。"也就是说，这篇碑文的撰文者，就是岑勋。李白写给岑勋的诗有三首，超过了杜甫。《送岑征君归鸣皋山》写出了李白初次见岑勋的感受："岑公相门子，雅望归安石。"这是说，岑勋是相门之后，风度气质很好，有宛如谢安一般的雅望。说到这里,已经大概能想象出岑夫子的形象了。名门公子,风度翩翩,却又身世飘零。这简直太合李白的胃口。

  李白还有另一首诗提到他。这首诗也恰好和元丹丘有关,是《酬岑勋见寻就元丹丘对酒相待,以诗见招》。这是说,岑勋和李白分别后,十分想念。听说李白又来嵩山了,立马赶了过去。然而诗仙毕竟是诗仙,踪迹缥缈。等他赶到了,李白已经到别处去了。这种事发生了不止一次。李白另一位超级粉丝魏万也是这样,他也是在嵩山找李白没找到,一路追赶。从嵩山一直追到金陵,追了三千里地才见到李白。比起魏万,岑夫子心态比较好,如果找不到,先不急着去下一站,见见李白的好友也是好的。于是和元丹丘一起喝了起来,喝到高兴的地方,两人一起给李白写信,让他回来喝酒。这信送到了吗?还真送到了。李白一看,非常感动,于是又掉头回来了。千里奔波,只为相聚,当然要大喝一场:"开颜酌美酒,乐极忽成醉。"

  有一种说法,《将进酒》就是这时写出来的。也有人说,这可不一定。元丹丘、岑勋都是李白多年的好友,这首诗也可能是后来几次聚会的产物。哪一次写的,一时争不清楚。不过有一点是确定的,岑元二人,都是文学史的功臣。是他们准备的金樽美酒,激发李白灵感;而他们"倾耳听",耐心倾听,给予了李白"歌一曲"的契机,最终成就了这篇名作。

  值得一提的是,岑夫子、丹丘生,一是修道者,一是隐士，在正史中都没有传记，却随着李白这篇《将进酒》，名垂后世。我们想到他们两位时，总会出现这样的形象。两人就在李白身边，金樽常满，极乐无边。二人的名字，永远与诗的风流、酒的浪漫相连。这何尝不应了那句话：

> 古来圣贤皆寂寞，惟有饮者留其名。

3. 唐代酒价几何？

上一节讲过了岑夫子、丹丘生。我们来看看诗歌中出现的另一位人物："陈王"。

> 陈王昔时宴平乐，斗酒十千恣欢谑。

所谓陈王，指的是曹植。他写过一首乐府诗《名都篇》，内容是一群少年游侠在京城走马射猎的情景。结束一天打猎活动后，在平乐观宴饮。"归来宴平乐，美酒斗十千。""斗十千"，字面意思就是一斗酒价值十千钱，这是在说酒价昂贵。

古人饮酒的典故那么多，李白为什么要提到曹植呢？曹植的身份很特殊，是一位王子，是这批京都游侠的领袖。因此，他设的筵席，是公子之宴、豪侠之宴。那当然是极尽奢华。此外曹植又是一个大诗人，才高八斗。这宴会也是才子之宴、诗人之宴,贵而不俗。两者加起来,就很对李白的胃口了。

李白引出曹植,也不仅是追慕前贤,还是要给朋友们"上一课"。他接下来说:"主人何为言少钱,径须沽取对君酌!"

有了曹植珠玉在前,请客的这位"主人"就不要再说钱不够这种话了。要真没钱、钱不够,我还有五花马、千金裘呢!一定要喝个一醉方休!

李白这里并不是真的责怪主人小气,而是用调侃的语气,劝大家把宴饮继续下去。万事不顾,一醉方休。同饮的人都是志同道合的好友,所以才能开这样的玩笑。说到这里,来了一个有趣的问题:唐代的酒,到底有多贵,一顿喝下来,要拿五花马、千金裘去换?

有朋友说,答案不是明摆着的吗?斗酒十千,一斗就是一万钱。

李白在其他的诗里边也是这样写的,比如《行路难》说:"金樽清酒斗十千。"

王维说:"新丰美酒斗十千。"(《少年行》)崔国辅说:"与沽一斗酒,恰用十千钱。"(《杂诗》)白居易也说:"共把十千沽一斗。"(《与梦得沽酒闲饮且约后期》)

这下我们算出大唐时期的酒价了。这些诗人分布于盛唐、中唐和晚唐各个时期,他们的诗歌都普遍地说到唐代的酒价是"每斗十千钱"。那是因为酒价一直没变化、就是一斗十千吗?

关于这个问题,不仅我们好奇,离唐人不远的宋人,也很

好奇。宋人笔记《玉壶清话》里记录了这样一个故事:

> 真宗尝曲宴群臣于太清楼,君臣欢浃,谈笑无闲。忽问:廛沽尤佳者何处?中贵人奏有南仁和者,亟令进之,遍赐宴席。上亦颇爱,问其价,中贵人以实对。上遽问近臣曰:"唐酒价几何?"无能对者,唯丁晋公奏曰:"唐酒每升三十。"上曰:"安知?"丁曰:"臣尝读杜甫诗曰:'速宜相就饮一斗,恰有三百青铜钱。'是知一升三十文。"上大喜曰:"甫之诗自可为一时之史。"

宋真宗曾经问大臣们,唐代的酒价几何啊?那么多文臣武将,都答不上来。丁谓回答,每一斗三百。宋真宗就问了,你怎么知道的啊?丁谓说,我看杜甫的诗里边说,赶紧过来买一斗酒喝,我这里正好有三百青铜钱。

这句诗出自杜甫困居长安时所作《偪仄行赠毕四曜》,其中云:"街头酒价常苦贵,方外酒徒稀醉眠。速宜相就饮一斗,恰有三百青铜钱。"你看,这不就破案了吗?一斗恰好三百。

看到这里,大家恐怕有个疑惑。杜甫和李白、王维、崔国辅时代差不多,怎么酒价差这么大?是杜甫搞错了,还是李白搞错了?其实都没有错,李白和杜甫都是在用典。李白用了曹植的典故,形容酒的珍贵。《杜臆》引北齐卢思道语:"长安酒钱,斗价三百。"所以杜甫写下这个数字的时候,多半也是致敬前代,不能当真。

我们之前讲过，诗句中的数字不能太落实。否则就会闹笑话。清代诗论家王夫之《姜斋诗话》就曾把那些在诗歌中硬考证酒价的人，称作"酸迂不通"。还幽默地给他们出了个主意，说要不然，我们当中间商赚差价，从杜甫那里买酒，再卖给崔国辅，这下稳赚三十倍，可不发达了吗？

王夫之的意思是说诗和史毕竟有不同，咱们不必把诗人提到的数字，当作事实来考据。这个当然是对的。但不同诗人笔下的酒价，也有一定的参考性，反映了一定的现实。李白和王维的诗，强调的是"清酒""美酒"，所以用了曹植说的"斗十千"，强调其名贵。杜甫那首诗重点不一样，是说最近酒价飞涨，自己又手头紧张，见好朋友来，赶紧把钱都花了买酒，否则连市井里常见的浊酒都买不起了。清酒浊酒，二者价格当然大不一样。更关键是，诗人喝酒时的心态、要描写的场景也不一样。

诗和史的关系，其实就是这样。一方面，我们不能把所有诗句里边的数字，当作信史，一一对应，要充分考量文学的特殊性。另一方面，我们也要承认，诗歌是社会现实的反映，即便不是实录，也能够从中窥探出当时社会经济的面貌。这就是"诗史互证"的意义。

4.《将进酒》中的"愁"与乐

诗歌最后说:"呼儿将出换美酒,与尔同销万古愁。"那么,李白所谓的愁,到底是什么呢?

说到这里,还要回到这首诗的创作背景上去。我们之前说此诗的创作年代有争议。一种说法是:李白三十出头时,得知玄宗皇帝在洛阳视察,于是赶了过去。希望能君臣遇和,实现政治抱负。可惜无功而返,失意中的李白顺路探访了自己隐居嵩山的好友——元丹丘,其间便写了这首诗。

另一种说法则认为:这首诗作于"赐金放还"后。天宝三年暮春,李白因小人诋毁,离开了长安,重新踏上了求仙访道的旅途。他寻访的人里边,当然少不了元丹丘。两人久别重逢,设宴高会,《将进酒》就创作于这一时期的酒宴上。

两种说法其实有一个共同之处,都是写在李白政治失意之时。明代唐汝询说:"此怀才不遇,托于酒以自放也。"(《唐诗解》卷上)了解这一点,我们便可以体会到"古来圣贤皆寂寞"这句话中包含着的愤怒。

曹植这样才高八斗的贤才,最后又如何呢?饱受兄长曹丕的猜忌,只能借着走马打猎、豪侠宴饮来寻找解脱。圣人贤人皆如此,何况我辈!李白此刻的境遇和曹植颇为相似。都是因小人诋毁,受君主猜忌,报国无门。一念及此,怎能不悲从中来,唱出"但愿长醉不愿醒"的悲音?

"不遇"的悲愤与失落，贯穿了李白的一生。这，也是李白最大的愁。

玄宗见李白时，还不是一个昏君。他也并非不喜欢李白。初见时，曾格外礼遇，御手调羹，赐座七彩宝床。可两人为什么"终究还是错付了"呢？我想，这和制度有关。君主集中了一切权力，要把合适的位置匹配到合适的人才，难度很大、偶然性很高。即便是明君也不能免。汉文帝和贾谊、汉武帝与李广、玄宗和李白，都是明主遇到贤才，也最终错付的例子。而这个错，在君主看来没什么大不了，不太影响帝国运转。对人才而言，则是一生蹉跎。

李白是一个很有抱负的人，期望自己能够安天下、济苍生。然而，在任翰林供奉的两年多里，他亲眼看到政治的黑暗，也渐渐明白所谓"君臣遇合"只是一场美丽幻影，于是他将这种失望、痛苦写到了诗中——这就是李白的愁，千杯难灭、万古难消。

然而，如果只是写愁，哪怕写到淋漓尽致、缠绵悱恻，也不是李白的风格。李白的魅力，就在于他能将最深的痛苦，转为激情澎湃、势如江河的壮歌。

做到这一点，需要一种强大的、不屈的力量。

这种力量如果用四个字形容，就是"以我为主"。我曾统计过，唐人写诗，用到"我"字最频繁的就是李白。在李白的世界里，这个"我"字，始终伫立在天地间，让天地万物、芸芸众生都显得渺小。

说自己的志向时,他说"我志在删述,垂辉映千春"(《古风》其一),将"我"比作孔子;欣赏风景时,他说"白云见我去,亦为我飞翻"(《题情深树寄象公》),天地万物,仿佛都因我而存在;与朋友畅饮时,他又说"天生我材必有用,千金散尽还复来"。

写《将进酒》的李白,已经不再是当初不经世事的少年了。他看过了官场黑暗,经历了世道艰难。然而李白始终是那么自信。相信天生我材,必有所用。而天地万物,也能为我所用。既如此,金钱等身外之物又算什么呢?自然是"千金散尽还复来"!

这就是李白的豪情。他不像其他隐士那样避世而居、清心寡欲,而是尽情享受人世间的美好,正所谓"人生得意须尽欢,莫使金樽空对月"。

因此,他以谪仙之名,披着貂裘、骑着名马,走进凡间。然而,金貂名马只是身外物,不足以拘束他。如他所说,"千金散尽还复来",随时可以拥有,随时可以散去。对李白而言,红尘繁华更像是一场修行。穿花而过,片叶不沾。抖落一身蝶蜕,便到"我"破茧之时。

因此,我们再回到这篇《将进酒》。李白喝的是酒,又不仅仅是酒。李白生命中的酒,更像是"自我"与天地万物的沟通媒介。所谓"三杯通大道,一斗合自然"。三杯下肚,眼花耳热，天地之道就在眼前。而后，他将这天地大道与"天生我材"融而为一，运于笔端，化为"君不见黄河之水天上来"的万丈豪情。

宋人严羽评价此诗："一往豪情，使人不能句字赏摘。盖他人作诗用笔想，太白但用胸口一喷即是，此其所长。"的确如此，《将进酒》是李白以我为主、沟通万物的代表作。他借美酒之助，将一身豪情、悲情、深情酝酿于胸，让"我"之狂气、逸气、才气喷薄而出，造就了这篇象征着盛唐精神的千古名篇。

舌尖上的田园梦 　孟浩然《过故人庄》

> 故人具鸡黍，邀我至田家。
> 绿树村边合，青山郭外斜。
> 开轩面场圃，把酒话桑麻。
> 待到重阳日，还来就菊花。
>
> ——孟浩然《过故人庄》

这首诗是孟浩然隐居鹿门山时所作。他应邀到朋友家，吃了一顿农家饭，在淳朴自然的田园风光之中，主客举杯饮酒，闲谈家常。临走的时候，意犹未尽，于是约定，重阳节的时候再来这里，喝一喝菊花酒。

诗歌并不难读，却充满了趣味，展现了一幅盛唐时期的田园耕织图。其中最有趣的，就是里边提到的鸡黍之餐。这一顿农家菜，竟然让孟浩然吃出了三种味道。接下来，我们就跟着这一首诗，走近孟浩然的餐桌，看一看到底是哪三种特别的滋味。

1. 小米粥与小公鸡的三种味道

我们刚才说了，孟浩然这一顿饭吃出了三种滋味。第一就是家常味。我们先看诗歌的第一句："故人具鸡黍，邀我至田家。"我的好朋友，准备了家常菜，邀请我到他家做客。这里边透露了几个信息。第一，朋友不是达官显贵，而是自耕自种的庄稼人。第二，这顿饭也不含什么山珍海味，主要有鸡有黍。鸡，当然就是鸡肉，黍，是今天的黄米。鸡肉加黄米粥，那是古代常见的食物，容易准备，农家一般都养着鸡鸭，囤着黄米，朋友来了，杀鸡待客，做一桌子家常饭，方便又亲切。这就是孟浩然吃到的第一种味道：家常味。

那么什么是第二种味道呢？这个就很有讲究了。孟浩然吃的这顿小公鸡加小米粥，既是实写，也是用了一个典故。"鸡黍之餐"，在中国古代文化中可不是简单的菜肴，还代表着真挚友情。而这就是孟浩然在故人庄中吃到的第二种味道：美味之外的人情味。

鸡黍之餐的故事，最早见于《后汉书》，后人又不断改写，越来越丰富。故事说东汉时期，有个儒生范式，是山阳郡人，在洛阳求学时与一个叫张劭的人，情意相投，结为兄弟。分手之时，范式与张劭相约，来年重阳到张劭家聚会。张劭说，蒙您不弃的话，我当设鸡黍——小公鸡配黄米饭以待。就是到时候，你可千万要来啊。范式答应了，二人洒泪而别。

时间如白驹过隙，转眼重阳。张劭老早就畜养肥鸡一只，酿了浊酒几坛。到重阳这一天，早早起来，洒扫草堂，又叫家里人宰鸡炊饭。张劭母亲看儿子这么忙活，忍不住就说了两句:"范先生到咱们家这里,千里之远,他未必能如约赶来。等他来了,再杀鸡不迟。"这老妈妈其实有个心理活动:你这朋友,当时就和你说句客套话,哪能都当真呢?家里就这么一只肥鸡值钱,我还是做两手准备,见到人了再宰鸡,可别浪费了。

可张劭不管这些,摇头对母亲说:"老妈你有所不知,我这好朋友,是个讲信用的人,说重阳节到,必然就是今天到。等他来了,看到我把所有的东西都备好,鸡也煮好,黄米饭也摆好,这才叫真诚,如果他来了,我这鸡还在圈里活蹦乱跳,那不就不真诚了吗?"老妈妈就说:"有道理,我儿子的朋友,一定是个守信之人。"说要来就一定会来,于是就把鸡宰了,米煮了,等范式到来。

张劭一大早便站立庄门守望,这一等,就等到了晚上,始终不见人影。直到深夜,隐隐见黑影中有一个人自远处而来。张劭一看,这不正是范式吗?立即大喜过望,把他请到草堂里,取鸡黍并酒,邀其入座。但范式不仅不吃,连坐也不坐,一直站在黑影中。张勋不解,老哥你这是怎么了?范式这才说了实话,上次分别后,他没日没夜地忙,竟把重阳节的日子给忘了。直到邻居上门来送菊花酒,他才想起来,已经就是重阳了。这可不是一般的节日,是到了去张劭家吃小公鸡黄米饭的时间了。他本想立刻启程,但盘算了一下,心里一凉,和张劭家相隔千里,就算快马加鞭,也要好几天才赶得到,小米粥早就凉了。我们之前说了,范式是一个守信的人。他要去赴的这个"鸡黍之约"不是简单的一顿饭,而是和朋友的约定,这叫作一诺千金。可怎么样才能不爽约呢?他听说过人死之后,可以魂行千里。所以,他拔剑自尽,以死来赴鸡黍之约。这就是鸡黍之交的来历。

那我们回头再看孟浩然的这首诗"故人具鸡黍,邀我至田家",是不是感觉就不一样了呢?所以说,孟浩然写到的,朋友准备的小公鸡与小米粥,既是实写,也用了范式张劭鸡黍之交的典故,里边叠着很深的含义。他吃的是一顿饭,又不仅是一顿饭。这一只小公鸡、一碗黄米粥里边,饱含了"故人"的殷勤招待、深情厚谊。我们刚才说,这小公鸡黄米粥还有美味之外的第二种味道——人情味,就是这么来的。

2. 舌尖上的农家菜,心底里的田园梦

我们上一节讲过,鸡黍中的美味和人情味。其实还不止于此,鸡黍饱含着第三种味道:田园味,它是隐士逍遥自在的象征。

《论语·微子》中记载了这样一个故事,孔子的弟子子路,跟随孔子出行,一不小心跟丢了。子路见路边有一位"荷蓧丈人",也就是用拐杖扛着除草器的老人,赶紧问路:"您看见夫子了吗?"老人说:"四体不勤,五谷不分。孰为夫子?"说着就把他的拐杖插在地上,接着锄地。子路一看,这不是普通

人,于是拱着手站在那里,听候教导。老人脸色也缓和下来,留他到家里过夜,"杀鸡为黍而食之",就是杀了鸡、做了黍米饭给他吃。第二天,子路追上孔子,说了昨天的情况。孔子说,这个人是个隐士啊。那么,这个老人家到底是什么意思呢?为什么一方面说孔夫子的坏话,一方面又招待子路呢?这是因为,这位隐士并不是真的讨厌孔子,而是想说服他。通过子路,向孔子推荐一下宁静的田园生活:清静无为、隐居避世才是王道,你老夫子就不要到处乱跑了。这个故事说明,从春秋时候开始,鸡黍就不是一道简单的菜了,里边包含了田园隐逸生活的质朴与自在,是和朱门酒肉相反的田园之味。

我们再回头再看看这首《过故人庄》,整首诗就不仅表达了对朋友的感激,还表达了孟浩然向往田园生活,希望能融入其中。我们接下去看中间两句:

绿树村边合,青山郭外斜。

这是田园风光之美,各种碧绿色的树木,围绕着小小村落;一座青山斜倚在城郭外。注意,这山不是笔直挺立的,而是微微倾斜,这就表达出了一种疏远、洒脱的意境。我们一般写泰山、写嵩山,那都是顶天立地,凸显的是威严;而隐逸世界,就连山,都带着这么一点闲散的气质。

吃饭的时候呢,"开轩面场圃,把酒话桑麻",农家田园景色,就是最好的佐餐风景。轩窗一开,仿佛可以嗅到场圃上的泥土味，看到庄稼生长发芽的声音，让人心旷神怡。在这种氛围下，孟浩然和朋友边吃边谈的，全都是田中的事，桑树长得怎样了？麻的收成怎么样？这两句也用了个典故，出自陶渊明《归园田居》"相见无杂言，但道桑麻长"。陶渊明归隐田园后，常去邻居家走动，吃饭的时候，只谈田里的收成，没有多余的话。那什么是多余的话呢？就是咱们北上广饭桌上那些，这一桌在讲几个亿的项目，那一桌在指点几百年的江山。陶渊明不想谈这个，太世俗，衬不起田园中优美的风景，也衬不起返璞归真的农家菜。孟浩然也与陶渊明有一样的感受，因此，才"开场圃""话桑麻"，放下世俗杂念，在田园中与朋友喝一杯菊花酒，说几句家常话。就是这样的亲切自然。

有朋友比较八卦，会好奇他们聊了那么久，会聊哪些农家事，总不可能光谈桑和麻啊？当然不是，其实桑麻只是农家事的一个代表，地里生长的、田园生活里有的，都会是话题。孟浩然特别关注田野里的瓜果时蔬，写下了不少相关的诗。其中有一首写道："不种千株橘，惟资五色瓜。邵平能就我，开径剪蓬麻。"（孟浩然《南山下与老圃期种瓜》）这是说，等我有一日能找一处青山秀水，我不种千株橘树，而正好种几亩瓜。

孟浩然要种的瓜，并不是西瓜，而是甜瓜。我们今天吃的西瓜，是到了宋代，才从西亚传入中国的。有朋友就好奇了，甜瓜不是黄色或者绿色的吗？为什么孟浩然要种五色瓜啊？其实，孟浩然不是说瓜真的有五色，而是用了一个典故。《史记》

记载秦代的时候有一个叫作邵平的人,爵封东陵侯。等秦灭后,他也就不再当官了,在长安城东种瓜。他的瓜就有五种颜色,非常鲜美,后人也称之为东陵瓜、故侯瓜、邵平瓜。这个故事表达了一种隐逸的意思。一个曾封侯的人,亡国后便不再出仕,甘心当一个瓜农。这是真隐士。俗话说小隐隐于林,大隐隐于市,这位邵侯不去深山老林,就在长安城集市上卖瓜,可以说是真正的大隐。孟浩然对邵平瓜的青睐也在于此。他想种瓜的原因,不是为了得瓜,而是实践一种隐逸的生活方式。

此外,孟浩然也写过别的、有田园风味的瓜果。比如橘子、杨梅。招待朋友的时候,让"稚子摘杨梅",把橘子"擎来玉盘里",看来孟浩然的隐居生活也过得很讲究,不同季节上不同的果盘。有时候,孟浩然还深入山林,去采摘各种野味。比如他曾说自己到林中去采灵芝,到悬崖边去采蜂蜜,这些东西拿回来和甜瓜一起做道甜品,那真是齁甜齁甜的、隐士专属套餐。

说到这里啊,好多朋友都觉得饿了,我们在这里,不仅仅是盘点唐朝的美食,还要从这些美食里边,吃出一点别的味道,也更多地了解孟浩然的内心。可以看得出来,孟浩然写到瓜果蔬菜的时候,特别注重"隐逸"气。比如五色瓜,就是大隐隐于市的象征;采芝采蜜,也是修真之士的日常活动……可以说,孟浩然笔下的食物,正是通往隐逸田园世界的一个入口。他用舌尖去品尝、用心灵去记录、用妙笔去书写其中的滋味，最终构筑出一个充满烟火气与人情味的田园世界。

总之，孟浩然是一个诗人，也是一个隐士，眼中有桑麻，胸中有丘壑，笔下有田园。我们今天的人，也该向孟浩然学习，在闲暇的时候，看一本书，画一幅画，做一桌热气腾腾的家常菜，将我们对美好生活的向往，寄托在农家菜的平淡而悠长的香气里。

3. 再来时孟浩然还能吃到什么？

我们来看这首诗的最后两句：

>待到重阳日，还来就菊花。

孟浩然和朋友约好了，等到重阳节的时候，再来赏菊饮酒。从孟浩然的这次约定说起，等到重阳节的时候，孟浩然会吃到哪些节令菜品呢？

第一，是糕。重阳食糕的传统，可以追溯到汉代。晋葛洪《西京杂记》载，刘邦的侍女回忆宫中旧事，有"九月九日佩茱萸，食蓬饵"之语。蓬饵，根据考证，就是黍子年糕。隋代的一个文人杜台卿，编了一本《玉烛宝典》，里边就提到了食糕的风俗："九日餐饵，其时黍秫并收，因此粘米加味尝新。"九月吃糕，除了美味外，还有一个原因是古人也会玩"谐音梗"。糕饼的糕，和高山的高谐音，重阳的另一大习俗就是要登高，所以在这一天不仅登高，还要吃糕，高上加糕，讨足了口彩。

第二，以上这些都是吃的，那重阳节有没有什么限定饮品呢？当然有，首先就是菊花酒。据《西京杂记》载，"菊华舒时，并采茎叶，杂黍为酿之，至来年九月九日始熟，就饮焉，故谓之菊花酒"。说明汉魏时期，菊花酒就已是重阳的节令饮品。孟浩然期待的那场筵席上，肯定少不了菊花酒。这首诗的末句里边也说了"还来就菊花"，这个菊花历来被认为是双关的，一方面是欣赏菊花的意思，另一方面是来饮菊花酒的意思。

如果孟浩然在重阳以外的节令到朋友家来，还能吃到什么呢？那我们就要作一些猜想了，看看当时普通百姓饭桌上都能找到什么。先从主食盘说起。

孟浩然生活的时期是盛唐。那时的主食以面食为主，具体一点说，就是以饼为主。唐人说的饼，和我们今天不太一样，大体相当于面食制品的统称，按照烹饪方法，可以大致分成三类。一类是蒸饼，类似于馒头。有一个故事，有个官员下朝，肚子饿得受不了，在路边摊买了个饼吃，结果被弹劾了，这个人吃的就是蒸饼。

还有一类是用烤炉烤的饼，叫作胡饼。样子很接近于今天的馕，在唐代极为流行，尤其以长安城中辅兴坊的胡饼最有名。还有一类叫作汤饼，是下在汤里煮的面食，我们今天说的面条、面片都是这个。以上都是孟浩然做客朋友家时，可能吃到的面食。

那有朋友说，孟浩然当时在的襄阳属于楚地，应该以米为主，那么他那个年代，大概能吃到哪几种米饭呢？

唐朝人食用的饭多种多样，主要有黍米饭、稻米饭、菰米饭等。黍米就是黄米，和小公鸡绝配，上一回咱已经讲过了，按下不提，先讲讲别的。稻米，也就是大米饭，在长江以南产稻地区特别流行。还有更高级的饭食，比如雕胡饭，就是用菰米煮成的饭。有一次，李白寄宿在姓荀的人家里。老妇人招待了这么一碗"雕胡饭"，把李白感动坏了，"三谢不能餐"（《宿五松山下荀媪家》）。那么，这么高级的食材，后世为什么吃得少了呢？这是一个意外。菰这种植物不幸感染一种叫黑粉菌的病菌，从此就不结籽了，菰米基本绝种。但它的茎部却不断膨胀，形成了肉质茎。有人发现，这个茎部是可以吃的，作为谷物的菰米摇身一变，成了一种蔬菜，学名茭白。

说到茭白，我们正好来盘盘当时常见的蔬菜。孟浩然在一首诗里提到，等他的朋友来的时候，要用自己种的"园中葵"来招待朋友，这个葵也就是汉乐府《长歌行》中"青青园中葵"中的葵。有朋友顿时想到了向日葵。朝露待日晞，葵藿仰太阳，不是向日葵是啥？这其实是一种误解，向日葵是外来植物，到了明代才从南美洲传入中国。那么，葵是今天菜市场上卖的秋葵吗？也不是，秋葵也是外来植物，是从印度传过来的，孟浩然也吃不成。他招待朋友的是"葵菜"，也就是冬葵，有的地方称之为冬寒菜。如今在南方比较常见，北方朋友就不是太熟悉了。可在古代，这个葵可不得了，那可是蔬菜中的"顶流"。在《齐民要术》中，就把它列为"五菜"之首——"葵、藿、薤、葱、韭"。这些都是孟浩然那个时代常吃的。

从这里我们能看出来，我们今天常吃的食物，和古人相比已经有了很大的改变，历史上不断有外来作物的引入，比如汉代引入了葡萄，宋代引入了西瓜，明代引入了玉米土豆……总的来说，老百姓们的菜谱，是越来越丰富了。而同时，有一些古人常吃的东西，又在退出历史舞台。比如说五谷之首的黍米，现在吃得很少了；李白杜甫都爱吃的菰米，后来竟从主食跨界成了蔬菜；又比如说汉代以来就被奉为五菜之首的"葵"，现在已经退居二线。幸好有史书记录，也有大量诗歌作品保存，我们才能窥见唐人餐桌的原貌。一部《全唐诗》，藏着唐人的饮食史，细细品读，便能提炼出一部生动的"舌尖上的唐朝"。这是古人留给我们的智慧与财富。

4. 饭桌上的人生

通过《过故人庄》和孟浩然的其他诗歌，我们能看出，他是一个喜欢农家菜、向往田园、重情重义的诗人。他诗歌中既有隐士的高洁之气，也有普通人的烟火气。而巧合的是，他一生中几次重大转折，恰好和几桌饭有关，我们也就借着这一桌桌美食，来梳理一下孟浩然的人生。

第一桌饭，是和鹿门山的故人吃的，就是《过故人庄》中的鸡黍之宴。这顿饭，用四个字形容，那是悠闲自在。

孟浩然和鹿门山的缘分开始得很早，他到山中做隐士那年，才二十三岁。一般认为，我们今天讲的《过故人庄》就是这时候写的。读者可能要问，这么年轻当什么隐士，赶紧去参加科举才是正经啊。孟浩然还真去了。只不过，那是很多年以后。直到开元十五年，他才第一次赶赴长安参加考试。这时，他已经三十八岁了。

朋友们可能更奇怪了，这也太晚了吧？前后时代的陈子昂、王维可都是二十出头就去考试了呀。他到底怎么想的呢？孟浩然的心思和李白有点像，都不太看得起科举。在初盛唐人看来，入仕有好几个途径，最上等的，当然是能够得到君主征召。所以当隐士、当道士、四处干谒，其实都是在给自己积累声望，希望有朝一日，自己的名气，能够声闻于天，君主主动召见自己，这是上策；老老实实去科场考试，关小屋写作文，这是下策。所以孟浩然在青少年时代，不是不想做官，而是想走上层路线，可惜差了点运气，始终没有成功。之后，孟浩然四方干谒权贵，历尽坎坷，渐渐步入中年。他也会时时想到早年隐居的鹿门山，想到朋友的菊花酒。这顿热气腾腾的鸡黍之宴，也成为他漂泊生涯中的慰藉。故人浓浓的情谊，田园袅袅炊烟，可以温暖一个人、治愈一个人，也可以给一个人休憩后整装前行的力量。孟浩然人生中的这一餐，正有这样的意义。

第二桌饭，是内署的公务餐，是和大诗人王维一起吃的。这顿饭吃得可谓"惊心动魄"。根据《新唐书·孟浩然传》记载，孟浩然落第后寄居长安，和在长安做官的王维成了好朋友。有一天，王维悄悄把孟浩然带进了内署，也就是翰林院。我们讲《长安古意》那一篇说过，唐代的办公机构，都会提供不错的免费餐食。王维把孟浩然带进来，既是一起看书聊天，也是让他蹭蹭饭。可不巧的是，就在这个时候，玄宗皇帝驾到了。孟浩然当时吓得不轻，他此刻还是一介布衣，哪能轻易见天子？于是赶紧躲到了床下面。这个床是一种坐具，类似于今天的沙发。玄宗皇帝来了之后，觉得哪里不对劲，到处看。王维不敢隐瞒，就让孟浩然出来参拜。玄宗皇帝也听过孟浩然的名气，就让他吟诵一首代表作。孟浩然就献了一首《岁暮归南山》。其中有两句是："不才明主弃，多病故人疏。"意思是，我这个人没什么才能，因此被圣明天子抛弃了；我又体弱多病，因此朋友也疏远起来。玄宗这个人懂诗啊，一听这诗意思不对，是在埋怨我。于是不高兴了，对孟浩然说："卿不求仕，而朕未尝弃卿，奈何诬我。"（《新唐书·孟浩然传》）你不努力考试，倒怪朕不赏识？你这是污蔑我啊。就这样，孟浩然被唐玄宗打发回了襄阳故里。有人调侃说，孟浩然为蹭王维这顿饭，蹭丢了前程，实在是不值。其实，饭只是个由头，真正让孟浩然丢掉前途的，恰好是他对官场的态度。他虽然也干谒、也求官，但内心深处，始终念念不忘"开轩面场圃，把酒话桑麻"的简单生活，念念不忘鸡黍之餐的朴实滋味，因此，才会在那首惹了祸的诗中写到"南山归敝庐"——回家隐居去吧。而这种态度，当然让作为帝王的唐玄宗不满。某种意义上说，孟浩然在内心深处作出了选择，更对他胃口的始终是山脚下的田家菜，而不是豪门中的酒肉盛宴。

  第三桌饭，是和另一位大诗人王昌龄一起吃的，这顿饭吃得怎么样呢？可以说令人扼腕叹息。晚年，孟浩然得了背疽，不得不回老家养病。服药静养一年多后，病情已有明显好转，可以四处走动了。正在这时，有一位朋友到访。谁呢？王昌龄。王昌龄之前被流放岭南，好不容易遇赦北归，立即就来看望孟浩然。孟浩然高兴极了，朋友大难不死地回来，自己也大病初愈，喜上加喜，当然要大摆宴席。园中葵、小公鸡、黄米粥之类的管够，可光这些不足以表达自己的喜悦。于是孟浩然请王昌龄吃了"查头鳊"。这是一种河鲜，孟浩然平日里非常爱吃，曾写诗夸赞："试垂竹竿钓，果得查头鳊。美人骋金错，纤手脍红鲜。因谢陆内史，莼羹何足传。"（《岘潭作》）这是说，自己亲手在石潭里钓起来"查头鳊"，再请美人用金错刀切成生鱼片，就是我家乡的美食了。比起这个来，张翰老家的鲈鱼脍就不算什么了。王昌龄来了，自然是要好好招待一顿查头鳊的。

可我们知道,疽是一种化脓性炎症,按照传统医学的理论,是最忌讳吃发物的。比如河鲜、海鲜等。孟浩然应该通医理,可友人到访,大喜过望,也就顾不得其他,舍命陪君子。《唐才子传》中说他是"浪情宴谑,食鲜疾动而终"。吃了河鲜后背疽发作,离开了人世,时年五十有二。为了这顿饭,孟浩然竟然赔上了性命,代价不可谓不大。回过头去想,是不是有点像鸡黍之约中的范式呢?也许,孟浩然和范式的确有相似之处,他们舍命相陪的理由,不仅仅是一顿饭,而是对知己的承诺,对朋友的情谊。

总之,孟浩然的餐桌上,有浓浓的温情,有干云的豪情。与他同饮同食的,有李白、王维、王昌龄这样的伟大诗人,也有不知姓名的"故人"。他的诗歌里,看得到清新的田园,也看得到浩渺的江河。如果说,李杜文章是大唐诗国里,垂照万方的日与月;孟浩然作品则是我们梦回盛唐时,最温暖的一点烟火。

或许,每年重阳节,我们应该在登高、插茱萸之外,增加一个小小的仪式——那就是留一杯菊花酒,给许愿"还来就菊花"的孟浩然,说一声:孟夫子,别来无恙。

与君同传万岁名　　杜甫《梦李白二首》其二

浮云终日行,游子久不至。三夜频梦君,情亲见君意。
告归常局促,苦道来不易。江湖多风波,舟楫恐失坠。
出门搔白首,若负平生志。冠盖满京华,斯人独憔悴。
孰云网恢恢,将老身反累。千秋万岁名,寂寞身后事。

——杜甫《梦李白二首》其二

这首诗作于乾元二年秋,这时的杜甫寓居秦州,过了一段相对安稳的生活。而这时,李白却刚刚经历了人生中的至暗时刻。两年前,他因曾参与永王李璘的幕府受到牵连,流放夜郎。这一年的二月,遇赦放还。杜甫这时在秦州,地方僻远,只闻李白流放,不知已被赦还。他一方面非常思念李白,另一方面也担心他的安危。以至于日思夜想,甚至数次梦到李白。梦醒后,仍是心潮澎湃,于是写了两首《梦李白》,我们要讲的是第二首。

通常我们讲诗,都是从梳解诗句开始,然后再交代创作背景。这一次,我们反其道而行,将对诗歌的梳解放到后一部分,而先讲一讲这首诗创作的缘起。因为这首诗在文学与历史上的价值,已经超越了它的文法、章句本身,给我们映照出一个伟大的时代。那是一个属于诗歌的时代，群星闪耀，汇聚成浩渺星河。其中两颗最闪耀的星辰，就是李白与杜甫。他们本在自己的轨道中运行，却因缘际会，相遇在大唐盛世的荣光中。短暂交汇后，便匆匆别过，带着对彼此的回忆，各自登上光焰万丈的艺术巅峰。这实在是值得铭记的一件事。闻一多先生在《唐诗杂论》中曾这样说过："我们该当品三通画角，发三通擂鼓，然后提起笔来蘸饱了金墨，大书而特书。因为我们四千年的历史里，除了孔子见老子，没有比这两人的会面更重大、更神圣、更可纪念的。"的确如此。这是诗仙与诗圣的会面，是两颗恒星光芒万丈的相遇。但今天，我暂时把那些"伟大""星辰"的字眼先拿掉，且把他们看作一对普通人。初出茅庐的文学青年杜甫，遇见了刚刚离职的文艺中年李白，两人一拍即合，来了场说走就走的旅行。

　　这场旅行，前后一共也只有不到两年的时间，却改变了杜甫的一生。之后，杜甫写了十二首诗赠给李白，李白回应了两首。

　　我先不做考据，也不急着讲解诗歌，而是尝试代入一下文学青年杜甫，看一看他眼中的李白到底是什么样子？他跟着李白一起经历了什么，以至于在与李白分别之后，终生不忘，乃至在梦中也频频相见？这一切，还要从天宝三年夏天说起。

人生得意在长安

1. 洛阳初遇

按照主流观点,李白和杜甫的同游,一共有三次。第一次,是在天宝三年的夏天,也就是公元 744 年,两人初会于洛阳。那时李白四十四岁,杜甫三十三岁。李白刚刚被赐金放还,名满天下。而杜甫则是一个初入文坛的小萌新。李白到洛阳是路过,目的是游览东都的名胜、拜访好朋友。杜甫在洛阳,是寄人篱下、寄居于姑父家里。他的姑姑,这时已经去世了,杜甫厚着脸皮留下来,目的是结交一些人脉,为未来出仕做官做准备。

两个不算得意的人,因诗歌之名,就这样一见如故,成了好朋友。至于两人到底去了哪些地方,见了哪些人,已无从考证。可以想象的是,在洛阳这个繁华都会里,两人少不了酒肆买醉,登高赋诗,过得很是逍遥。

有的朋友们会想到一个有趣的问题,这次东都之游,到底谁请客?是杜甫尽半个地主之谊呢,还是李白金貂换酒,款待一下粉丝?我感觉还得是李白买单。刚才说了,洛阳是个大都市,消费不低。杜甫这个时期,寄居在姑父家里,日子过得紧巴巴的。李白就不一样了。他被玄宗皇帝"赐金放还"。什么是赐金放还呢?就是玄宗皇帝说,给你一笔钱,放你逍遥买醉,咱们从此别过。这是一笔遣散费。玄宗皇帝是一个好面子的人,对李白又妥妥地真心"爱过","遣散费"大概也不会太少。所以这个时候的李白应该是有钱的。

那么李白愿不愿意为朋友花钱呢？答案是肯定的。李白这个人的做派，就是一路走一路为朋友花钱，钱是身外之物，不值一提。李白少年时曾游江南，一年之中，散钱三十万。关键是，他还不是自己花的，是四处救济落魄公子们，可以说是仗义疏财。杜甫这个时候，基本上快够上"落魄公子"的标准了，李白请他在洛阳城里，逛逛名胜，赏赏牡丹，那是自然而然的事。

对于杜甫而言，在寄人篱下的苦闷岁月里，突然遇到了李白这样一个人物，简直是打开了新世界的大门。那时的李白，论风采，神仙中人。论做派，豪气干云。论诗才，惊天泣鬼。说他是从天而降的一道光，照亮了杜甫苦闷而平庸的生活，也绝不算夸张。

就这样，两人一见如故。可惜欢乐的时光比较短暂，很快到了分别时。两人相约秋天在梁园见面："亦有梁宋游，方期拾瑶草。"等再见后，一起寻寻仙、炼炼丹。想来分别时，杜甫会听到李白这样说：老弟你先回去处理家事。我去仙山访一访高人，探探路。等有点门道了，我再带你一起上山拜师去。

说完这些，李白想必是"挥手自兹去"，洒脱地走入云山。而杜甫留在尘俗中，目送李白走远。他的心情肯定是既不舍，又期待。期待什么呢？当然是期待李白从仙山回来，带着几株仙草，一壶琼浆，再给自己讲一讲仙界的奇遇。每当想到这里，我就忍不住感慨，我们的诗圣，在"忧国忧民"的人设之外，也有过这么一派天真、生机勃勃的一面。

仅仅几个月后，两人便如约定一样，在梁宋重逢了。两人一起登高赋诗，借古评今，好不自在。后来另一位大诗人高适也加入了队伍。三人携手同游，"气酣登吹台，怀古视平芜"（杜甫《遣怀》），为文坛留下了一段佳话。

此时，李白心中有了一个新计划——他准备去王屋山寻访华盖君。

对于李白而言，这个计划不简单，不仅是寻仙，还是一场寻心之旅。为什么这么说呢？李白心中有一个理想，那就是寻找到神仙世界。他曾在《代寿山答孟少府移文书》里写道："浮四海，横八荒，出宇宙之寥廓，登云天之渺茫。"这个理想，贯穿了他的一生。

唐代有不少假隐士借修仙的名目，吸引上层重视，为自己找一条终南捷径。可李白不一样，他是真信，信得还很坚定。在他心中，自己本就是仙，只因尘缘未了，才在俗世中暂作停留。什么尘缘呢？不是功名利禄，而是"苍生所望"——我肩负着天下苍生的期望，不是我不做官不行，是我不做官，这个世界就不太行。因此我才不得不入仕，混迹名利场，误了归仙之期。听起来有点狂对不对？不错，这就是李白的狂、李白的天真，也是他的可爱之处。可惜，长安三年，李白不仅没能实现"济苍生"的理想，还落了个赐金放还的结局。"求官"理想破灭，"求仙"之路便重提上日程。李白此去的目的，是寻访久违的道友、久违的仙山，也去寻找自己心灵的平静归宿。

那杜甫上王屋山又是为了什么呢？不为别的，就是为了李白。对求仙这件事，杜甫本质上是不太信的，他信的是李白这个人。偶像去哪里，我就跟到哪里。这次王屋山之行，更像一次追星之旅。

那么两人在王屋山上到底有什么奇遇呢，我们下一节再说。

2. 寻仙人：一生一次的冒险

山不在高，有仙则灵。王屋山不算高，却住着一位有名的神仙——华盖君。华盖君最早是周代仙人"王子乔"的名号。民间传说他曾在华盖山修道，后来成仙了。后世便将"华盖君"作为有道之人的尊称。那李白造访的华盖君又是谁呢？学术界有一种说法，是唐代著名的道士，司马承祯。这个司马承祯可不简单，是道教上清派第十二代宗师。此人深受唐朝统治者的信任，就连唐玄宗的法箓——修真资格证书，也是司马承祯授予的。能给皇帝发证书，说一句国师，那是当之无愧。

而这位国师，是李白的老朋友了。早在李白初离蜀地时，两人就曾在江陵有过一面之缘。司马承祯对少年李白什么印象呢？惊为天人，赞不绝口。李白还把这些夸他的话，都记了下来。司马道长是这么说的："仙风道骨，可与神游八极之表。"

(《大鹏赋序》)作为回报，李白也写下了《大鹏赋》，自比大鹏，将司马承祯比作稀有鸟。

那么，大鹏去探访稀有鸟，这是仙界的事，又干嘛带上杜甫呢？还不是因为和杜甫约好的，"方期拾瑶草"。有了成仙的门路，哪能独享，当然要带上这位新认识的小老弟了。

想法很好，只可惜时机不对。两人去晚了。当他们翻越陡峭的王屋山，最终到了山上的阳台观时，却听说司马承祯已经羽化归仙。杜甫在自己的《昔游》长诗里记录了当时所见。"玉棺已上天，白日亦寂寞"，就是说司马承祯已经仙去很久了，只留下"弟子四五人"守观。劝他们下山去吧。李白不听劝，带着杜甫一起，长夜跪在石头的台阶上，期望有万一之幸。万一司马承祯显灵了呢？又回到人间来探望他们呢？可想而知，最后什么也没发生。

第二天，两人遗憾地下山去了。杜甫此刻什么感受呢？显然，他觉得自己上当了。司马承祯号称神仙，自己都没有能够长生，已经羽化而去了，那求仙之说难道不是一场虚妄吗？等到杜甫回去之后，写了一首《赠李白》："秋来相顾尚飘蓬，未就丹砂愧葛洪。痛饮狂歌空度日，飞扬跋扈为谁雄。"就是说："到了秋天，你我两人依然宛如飘蓬。仙药也没有炼成，愧对神仙。李兄你每天都痛饮狂歌，意气飞扬，却也终难为世所用。"这里边，包含着对李白才华和豪情的赞美，但也隐约有一些规箴之意。求仙这事靠不住，咱们还是去谋一点正经事去吧!

有人说,从这首诗看出,杜甫是抱怨李白不切实际,说明两人关系生疏了。其实不是,这是关系更密切了。这说明,杜甫不仅仅将李白当作偶像,更是当成一个挚友。只有挚友,才能这样提意见。李白显然没有接受,该寻仙还是继续寻仙,该狂歌痛饮还是继续狂歌痛饮。为什么呢?

因为对王屋山之行的感受,李白和杜甫大不相同。李白不仅没感到失望,还得到了很重要的收获。我们暂时倒退回王屋山上的那一夜。

得知老友仙逝的那一夜,李白怀着遗憾,在阳台观里游览。借着月色灯烛,看到了一幅巨幅的山水壁画,笔意酣畅,元气淋漓。应该是司马承祯留下的。李白感到心潮澎湃,提笔写下了四行字:"山高水长,物象千万,非有老笔,清壮何穷。"这就是著名的"上阳台帖"。这是李白王屋山之行的收获。没有找到仙人,却在"山高水长,物象千万"中与自己的心灵妥协了。此后,他便可以将仕途失意、求仙不遇暂时放在心底,去笔墨与书卷的国度里,追寻属于自己的冠冕。

当他重振心情、奔赴山海时,目送他远去的人,还是杜甫。

此时杜甫对李白是什么感觉呢?

如果说,上一次洛阳相遇,还是粉丝遇见偶像,凡人仰望谪仙,光芒万丈,却又惊鸿一瞥,有那么一点不真实。第二次同游,他和李白的距离就更近了一步。他陪李白一起去王屋山求仙、探了一场永生难忘的险，看了许多平生未见的风景。当一切结束后，他也知道，这毕竟是不属于自己的人生。无论多么向往，他也不可能如李白那样痛饮狂歌、飞扬跋扈。杜甫能做的，是做一个知己好友，送他远行，再奉上一点温言细语的规劝。看李白的背影消失在夕阳的光影里，那么洒脱、那么自由，杜甫的心中，有三分不舍、三分担忧，剩下的便是羡慕。

3. 访隐士：尘世间的桃园行

李白与杜甫的第三次相遇，是在第二年秋天。两人来到了东鲁地区，携手同游。杜甫曾饱含感情地回忆当时的情景："醉眠秋共被，携手日同行。"（杜甫《与李十二白同寻范十隐居》）醉酒后就大被同眠，平日里则手牵着手一起出门，真正到了亲密无间的地步。

那这一次，李白又带着杜甫去做了哪些有趣的事呢？很多，其中最有趣的，便是去范十隐居处。

李白听说兖州附近住着一位姓范的隐士，便叫上杜甫一起去拜访。我们可以构想出那一天可能的情景。一个秋高气爽之日，二人骑马出发，去范居士庄园吃顿好的。庄园离兖州不远，李白估摸也不是第一次来，本该顺风顺水就到目的地的。可没想到，路上发生了小小的意外。本该熟门熟路的李白竟然迷路了。"城壕失往路，马首迷荒陂。"心急找路的时候，李白还一不小心,摔落在苍耳丛中。"不惜翠云裘,遂为苍耳欺。"那名贵得不可方物的翠云裘,竟被小小苍耳给欺负了。这两句看似简单,其实很有趣味。把一枚枚苍耳写得好像有知觉、有情绪的小怪物一样。趁我等迷路,蹬鼻子上脸,来欺负我等。这当然不是真的责怪,而是风趣的调侃,显出李白天真乐观的一面。

而这时杜甫在做什么呢?李白的诗中没有特意提到,想必杜甫一头雾水,跟着李白在荒野里瞎逛,一起迷路,一头扎进苍耳堆。虽没穿翠云裘,但也少不了沾一身灰。一番折腾,两人好不容易找到了范十庄园。一进门就把范居士吓了一跳,这不是李兄吗,怎么满头满身的苍耳?谁把你搞成这个样子?李白毫不在意,挥挥手说,范兄你先别问了,且去准备好酒。范十刚要走,李白补充:不仅是好酒,还有和好酒搭配的"秋蔬",赶紧给我端上来吧。

你看,李白一进门,就支使起主人来。常读李白集子就会发现,和朋友交往时,李白经常反客为主。难得的是,这种做派一点也不让人讨厌,反而觉得亲切。就这样,我们的诗仙一边指挥主人忙这忙那,一边悠然自得地摘苍耳。

这个时候,杜甫在干嘛呢?想必是插不上话,于是用好奇的眼光,看着庄园里的一切。他之后回忆自己所见所感:"入门高兴发,侍立小童清。落景闻寒杵,屯云对古城。"(杜甫《与李十二白同寻范十隐居》)这里能看到落日与白云,隐约听得到远处的砧声。进门后觉得眼前一亮,仆童都是那么清雅。诗中所记之物,如砧声、小童都是寻常事物。但诗人写来,却一点也不寻常,带着一丝"奇遇"的意味。似乎李白带他去的,不是一个寻常的庄园,而是某篇唐传奇中的桃园秘境。

其实,范十未必是一个很著名的隐士,他的隐居处也不是名山大川。此行本是一场普通的寻友之旅,因为同行的人是李白,寻常才变成了奇遇。我们设想一下,当李杜二人走后,如果有人追寻着两位诗人的足迹,去打卡"范十隐居处",多半会失望。这里无非是一处普通的庄园,一切诗意与浪漫,都是到这里的"人"赋予它的。

这个人就是李白。用一个并不恰当的比喻,李白就仿佛行走的"美颜滤镜",他所到之处,万物生辉。满是灰尘的阳台观也好,满是杂草的小径也好,景致平常的庄园也好,只要有他在,便会充满诗意的光芒与童真的趣味。

这一切,就是李白给杜甫打开的新世界的大门。随李白出游的时间并不长,可每一次都充满了意外与惊喜。在洛阳城打过卡,去王屋山寻过仙,在苍耳丛迷过路。每一天都像一场奇遇。而在这一次次奇遇中,杜甫对李白的感受也在改变。"余亦东蒙客,怜君如弟兄",现在的李白,已不再是高不可攀的偶像,也不仅是志同道合的挚友,更是身非骨肉却情同兄弟的亲人。

可惜的是,这一次同游时间也不长。到了冬天,两人便因为各自有事，不得不分别。在东石门设宴饯别时，李白写下了《鲁郡东石门送杜二甫》，诗歌结尾处说："飞蓬各自远，且尽手中杯。"你我皆身如飞蓬，身不由己，只能尽此手中杯。在李白的送别诗中，这一首情绪格外低落。冥冥之中，似乎两人都知道，这是最后一次见面了。飞蓬无根，江湖路远，两颗闪耀的星辰，从此，各自远行，再不相见。

4. 日与月的相遇

交代完一切背景后，我们终于可以来细细品读一下这首诗了。先看第一句。

> 浮云终日行，游子久不至。

浮云与游子，是诗歌中常见的一对意象。《古诗十九首》中说："浮云蔽白日，游子不顾反。"李白也有"浮云游子意，落日故人情"（《送友人》）的诗句。这两句是说，天上浮云终日飘去飘来，故人却久望不至。那时，杜甫在秦州，李白流放夜郎，相隔何止千里。再加上四方战乱未歇，音信难通，因此杜甫也只能仰头望浮云，低头思故人了。

"三夜频梦君，情亲见君意。"日有所思夜有所梦，因为思念之情太深，以至于连续好几夜，都梦到了李白。之后的几句，则是写梦中所见的情景。

告归常局促，苦道来不易。江湖多风波，舟楫恐失坠。

　　两人相见后互诉衷肠，难舍难分。到了分别的时候，李白总会满面愁容地感慨，说："我到你这里来一趟，真的很不容易。江湖上波诡云谲，我的小舟随时会沉没。"说完后，李白便走出门去。杜甫无法挽留，只能看着他的背影消失在漆黑的夜色中。

　　这一幕杜甫见过很多次。李白潇洒转身，"挥手自兹去"，奔赴山海，杜甫则带着不舍、带着羡慕目送他。然而，这一次不同。李白并不像记忆中的那样意气风发、自由不羁，而是寂寞失意、憔悴衰朽。"出门搔白首，若负平生志。"他不再是光芒万丈的模样，而是壮志未酬、搔白首、叹平生。这一刻，杜甫心中激荡起了万种不平，吟出了掷地有声之句："冠盖满京华，斯人独憔悴。"——长安城中达官贵人冠盖满路，却让这样一个人独自憔悴，这是何其不公！

　　"斯人"，两个字，直译就是"这样一个人"。看似普通，却饱含着无尽的深情。"这样一个人"，在此刻的杜甫眼中，李白到底是怎样一个人呢？一个"笔落惊风雨"的天才，一个"痛饮狂歌"的狂客，一个天子呼来不上船的酒中仙。而更重要的是，李白也是一个领着他四处探奇冒险的兄长。最初时，你以为神奇的是他带你去过的仙山大泽，到后来才明白，神奇的是他本身。和他在一起，平凡旅程也趣味横生。这就是杜甫眼中的"斯人"。这样一个人、这样一个李白,满长安城的冠盖繁华,都抵不过他一句诗、一杯酒。

杜甫写《梦李白》时,曾听到传言,说李白已经死于贬谪的途中。因此,他以为自己的梦,不仅仅是梦,而是李白死后,魂魄念念不舍,远赴千里,向自己做最后诀别。念及于此,杜甫的悲伤便化为悲愤。若不是这些权贵们把持朝纲、争权夺势,这样一个高洁而天真的人,何至于卷入阴谋,蒙冤下狱?杜甫将满城"冠盖"与寂寞"斯人"放在一起,形成鲜明对比。论眼前荣华,前者显赫一时。可论在历史上的分量,满城冠盖,皆不及太白一毫。

在不久后的北宋,有一个类似的例子。苏门四学士之一的秦观死后,苏轼悲痛万分,曾说过一句话:"少游已矣,虽万人何赎。"(魏庆之《诗人玉屑》引苏轼语)说世间已无秦少游,就算有千万人,也无法补偿。李白在杜甫心中的分量,也是如此。

最后诗人发出感慨:"孰云网恢恢,将老身反累。千秋万岁名,寂寞身后事。"都说天网恢恢疏而不漏,可为何这样一位才华横溢、一生不羁的诗人,到将老之年,却横遭流放?即便他的诗名能流传千秋万古,可生前遭遇如此不公,所谓不朽,又有何用?

这一句,竟似乎在质疑儒家"立言不朽"的说法。这对于一生奉儒守官的杜甫而言,并不是常见的事。事实上,杜甫当然坚信，李白会不朽，会得到"千秋万岁名"，他不怀疑这点。他之所以发出"夫复何用"的感慨，是因为与李白相比，这一切仍不值得。

如果说，杜甫心中有一架天平的话，一边放着李白，一边放着满城冠盖，二者的重量天地悬殊。即便把"千秋万岁名"放上去，仍然压不起前者的分量。

有人说，李白在杜甫心中那么重要，可自从分别后，李白几乎没有作品回忆到他。因此所谓李杜友谊，其实是单箭头的爱。关于这个问题，我想抛开学术争议，再从杜甫的内心，解读一下这段彪炳史册的友情。

大唐盛世里，几乎人人都爱李白，可杜甫的爱却是不同的，不仅爱"诗无敌"的大唐谪仙，也爱"搔白首"的寂寞斯人。当李白意气风发、寻仙五岳时，他泼一点冷水，送一份劝诫。而当李白蒙上"从逆"的罪名，"世人皆欲杀"时，他又坚定地站在李白身边。他说，无论是满京华的权贵，还是传千秋的声名，"斯人"面前，不值一提。

到这里，我们可以回到开始的问题了，从杜甫的角度，如何看待他和李白的相遇。从杜甫角度而言，与李白的相遇与其说是粉丝追逐偶像的故事，更不如说一个寻找自我的故事。他的爱与理解，不仅仅是对偶像的，也是对心中的另一个自己。

李白就像一面镜子，照出理想的影像——那是他曾经想成为却又注定无法成为的自我。凝视这个影像的过程，也是他审视内心、渐渐成长的过程。这个过程中，他没有亦步亦趋地追随李白的足迹，而是从另一个方向，登上了艺术的绝顶巅峰。那一刻，他便和太白真正重逢了，不是在梦里，而是在诗歌王国的圣殿里。

佳时
×
节庆

长安水边多丽人 杜甫《丽人行》

三月三日天气新，长安水边多丽人。
态浓意远淑且真，肌理细腻骨肉匀。
绣罗衣裳照暮春，蹙金孔雀银麒麟。
头上何所有，翠微䕩叶垂鬓唇。
背后何所见，珠压腰衱稳称身。
就中云幕椒房亲，赐名大国虢与秦。
紫驼之峰出翠釜，水精之盘行素鳞。
犀箸厌饫久未下，鸾刀缕切空纷纶。
黄门飞鞚不动尘，御厨络绎送八珍。
箫鼓哀吟感鬼神，宾从杂遝实要津。
后来鞍马何逡巡，当轩下马入锦茵。
杨花雪落覆白蘋，青鸟飞去衔红巾。
炙手可热势绝伦，慎莫近前丞相嗔！

——杜甫《丽人行》

《丽人行》是唐代大诗人杜甫的作品，约作于唐天宝十二载（753）。这首诗描写了上巳节杨氏兄妹游春时骄奢淫逸的场景，反映了安史之乱前夕的社会现实。

除此之外，这首诗也为我们展现了盛唐时期，上巳节游春、踏青、野宴等习俗，让我们看到一个既华丽也充满时尚感的唐朝。接下来，就让我们随着这首《丽人行》，走进暮春的曲江，看看唐朝的"精致露营"与时尚秀场，是如何花团锦簇、风光旖旎。

1. 上巳踏青

这首诗比较长，我们来看诗中反映踏青风俗的一部分：

> 三月三日天气新，长安水边多丽人。
> 态浓意远淑且真，肌理细腻骨肉匀。
> 绣罗衣裳照暮春，蹙金孔雀银麒麟。
> 头上何所有，翠微盍叶垂鬓唇。
> 背后何所见，珠压腰衱稳称身。

农历的三月三日，已接近暮春时节。花已开到极盛，柳色也浓得化不开了。这时，便迎来了对唐人而言非常重要的一个节日——上巳节。

上巳节，在三月第一个巳日，故而得名，也称"元巳"。这一天也叫祓禊日，"祓"是"除去"，"禊"是"洁"，意思就是去除疾病、清洁内心。因此，上巳也是古代的春浴日，古人每每于冬去春来、季节交替，在水边洗去一冬的污浊，迎接新春的到来。

最早的上巳节时间是不固定的。一般认为，要等到魏晋以后，上巳节相对固定在三月初三日，因此又称"三月三"，也称"重三"。

随着时间逐渐固定，节目也就越来越多，从宗教民俗性质，逐渐变得越来越娱乐化。人们不仅到水边洗手濯足，还要将酒、鸡蛋、红枣撒到河中，以祈求吉祥。不久后，文人雅士们也加入进来，在这一日设宴饮酒，踏青寻诗，给这个节日增加了几分诗意。

其中最为风雅的，就是曲水流觞了。永和九年上巳，一群大名士来到了会稽山北面的兰亭。有哪些人呢？王羲之、谢安、孙绰等，都是当时名士中的顶流，真可谓"群贤毕至"。做什么呢？赏赏春，喝喝酒，顺便搞一场赛诗大会。一群大名士坐在小溪两旁，在上游放置漆制的酒杯。酒杯顺流而下，停在谁的面前，谁就取杯饮酒。不过这酒不白喝，饮酒的同时，还要作诗。规则是每人作四、五言诗各一首。没写出来的，罚酒三巨觥。最后得到了三十七首诗，编成《兰亭集》。这就是著名的"兰亭雅集"。

魏晋的名士们，可以说相当会玩了。隋炀帝却更胜一筹。曾经让人造"水饰"七十二种，在上巳节召集大臣欣赏。所谓水饰，就是能放在水中漂浮的木雕，有禽兽鱼鸟，甚至还有人物。

> 木人长二尺许，衣以绮罗，装以金碧。及作杂禽兽鱼鸟，皆能运动如生，随曲水而行。——《大业拾遗记》

木人有两尺高，雕刻精美，穿着绫罗，随水漂浮，最精妙的是还能做出各种动作，堪称古代的机械人偶，让人叹为观止。

到唐代，上巳节不仅是春天的重要节日，还是官方规定的休假日。我们今天常说节假日，其实在上古时期，节日和假日，并不一定在一起。秦汉时代起，国家公务人员已有休沐和告宁制度。但普遍地在节日放假，是始于唐代。唐玄宗开元七年，就颁布过一条规定，上巳节放假一天。有了假期，节日的氛围感瞬间拉满，达官贵人、贩夫走卒都走出家门，参与各种活动。唐人有诗云："鞍马皆争丽，笙歌尽斗奢。"（唐·殷尧藩《上巳日赠都上人》）。这，正是杜甫在创作《丽人行》时所看到的景象。

那么丽人们聚集的"长安水边"具体指的是哪里呢？换句话说，在唐人看来，最火热的春游打卡地在哪里呢？

当然是曲江。

曲江位于唐都长安东南部，这里不仅风光美丽，配套设施也很齐全，有杏园、紫云楼、彩霞亭等大量园林建筑。每逢上巳佳节，都会举行丰富的活动。比如说，帝王后妃会在紫云楼举行盛大的宴会，高级官员也会被邀请，这可是一种很高的荣誉，一般只有宰相、封疆大吏有这种资格。其他官员的筵席，则分别设于楼台亭阁之内。翰林学士们格外风流，可以在彩舟上设宴。其他人呢，也可以参与。找一处绿草如茵的地方，来一场野宴。别看是野宴，派头也一点不小，往往要搭起锦绣帐篷，再大摆宴席。可以说是唐朝的精致露营了。到了人多的时候，这些富贵人家的帐篷彼此衔接，像极了今天我们去郊外露营地打卡的景象。

《开元天宝遗事》中有一条记载，尤其让人神往："长安士女游春野步，遇名花则设席藉草，以红裙递相插挂，以为宴幄。"有的仕女专选花树之下、芳草之上，插上竹竿，挂起一条条鲜艳的红裙作帷幕，在其中饮宴，被称为"裙幄"。笑声、歌声、丝竹声，透过石榴裙、留仙裙、百花裙传出来，引人遐想。这种以裙为帷幕的"露营"方式，充满想象力，让我们看到唐代女性的大胆与活力，显示出唐王朝开明的一面。

总之，上巳节到了唐代，既脱离了民间宗教的限制，也不再是达官贵人、文人雅士的专项，而是一个全民参与的盛大节日。正如唐代诗人许棠《曲江三月三日》里边描述的那样："满国赏芳辰，飞蹄复走轮。好花皆折尽，明日恐无春。"那一天，举国上下，共赏芳辰。车如流水，人们争相赏春、踏青，仿佛这一天不尽情游赏，第二天春光就会减色一样。这场全民参与的春日嘉年华，不仅应和了草长莺飞、万物萌发的节令，也映射出大唐盛世的勃勃生机，以及开放包容的时代气象。

2. 水边的时尚秀场

上一节，我们讲到了上巳踏青的风俗。三月三日天气新，丽人们走出了房舍，尽情享受春光。读者们一定好奇，这些丽人们，到底会打扮成什么样子呢？诗人接下来给出了答案。

> 态浓意远淑且真，肌理细腻骨肉匀。
> 绣罗衣裳照暮春，蹙金孔雀银麒麟。

丽人们神态端庄高远、淑雅自然，肌肤丰润，身材匀称。绣罗衣裳装饰着蹙金孔雀和绣银麒麟。华服与暮春的光景，交相辉映，熠熠生辉。这几句从整体上写出了丽人之美，已经可以说仪态万千、不可方物了，但诗人还嫌不够。于是拉近距离，给了美人们一个"怼脸"特写。

> 头上何所有，翠微蓝叶垂鬓唇。

鬓唇就是鬓边，蓝叶是一种首饰，比较薄，垂挂下来。这两句是说，翠色的蓝叶垂挂在鬓边，将丽人一头如云秀发，装点得更加迷人。

> 背后何所见，珠压腰衱稳称身。

腰衱，就是裙带。珠压腰衱，一颗颗明珠压在腰带上，不让风吹起。这两句是说，明珠装饰的裙腰多稳当合身，勾勒出丽人的身姿。

说到这里啊，有朋友心中会有一点疑惑。这首诗主题是写春日踏青，就该把重点放在游赏活动上。为什么用了这么多笔墨，细细勾勒丽人们的服饰呢？

这里边有一个原因。古代的上巳踏青，不单单是一个出游活动。也是丽人们展示自己的珠宝、首饰、服装的秀场。后妃、公主、贵妇们，穿着最华丽、最新式的当季潮服，在鲜花似锦的曲江水边举行一场春日时装大秀。这场大秀，正是上巳活动的华彩部分，当然值得诗人大书特书。

唐代丽人们穿着的时装，到底是什么样呢？

时装，顾名思义，和时代有密切关系。唐代服装的风尚，也随时代不断变换。唐代初期衣裙朴素窄小，盛唐以后，随着国力强盛，奢华之风弥漫，裙子也往铺张华丽的方向发展。而同时，胡风的影响也不可小看。简约干练的骑装，不时杀入时尚圈，和宽袍大袖款一争高下。因此，唐代女装潮流变化很快，短短几十年中，原来的潮服，就可能变成被人嘲笑的过时款。白居易《上阳白发人》中，写一个冷宫宫女，还穿着自己入宫时流行的衣服，"天宝末年时世妆"，她担心如果被外人见到她这个样子，一定会被嘲笑一顿。每次读到这里，在感慨白发人命运悲惨外，也不禁感慨时尚风潮变化之快。

那么我们随着《丽人行》，穿越到三月三日的曲江边，看看那一场"秀衣罗裳"的大秀会展示什么。

首先，便是最新款的衣裙。

从现存文物和文献来看，初唐的女裙，大多是"一片式"的，开口在前面，围合过来就成了裙子。有些还能看到肩带，类似于背带裙或者吊带裙。到了武则天时期，有了一种新的穿法。就是在裙子的左右两侧，各开一个叉，走路的时候，透露里边的衬裙，若隐若现，风情摇曳。

现在很流行的"拼布""撞料"的款式，也早就被唐人玩出了高度。新疆出土几件初盛唐女裙，都由多幅面料拼接而成。有六幅、八幅、十二幅几种。每一幅布料上窄下宽，裙腰处"稳称身"，裙摆处则是拖尾长裙，穿上之后，那便是"裙拖六幅潇湘水"的效果了。

说完款式，再说一下裙子的颜色。常见的色彩有红、绿、紫、黄、青多种。其中一种砖红色的色号，最为流行，被称为石榴裙。很多唐代诗歌中都可以看到它的身影。如武则天《如意娘》"不信比来长下泪，开箱验取石榴裙"；敦煌曲子词《柳青娘》"肉红衫子石榴裙"等，说的都是它。有的还特意选用了不同颜色布料，拼接起来，做成"间色裙"、条纹裙，和我们今天最潮的"撞色搭配"异曲同工。

除了款式颜色外，穿法也很多变。可以单穿，也可以搭配腰封、绶带、环结等配饰。如果还嫌单调，还有叠穿法。在裙子外再罩一件透明的薄纱裙，如阿斯塔那唐墓所出土的一件着衣俑，在红黄间色裙之外罩了一层青色薄纱，若隐若现，颇有

"透视装"的意思。

如果以上这些,都满足不了"丽人们"的胃口,那还有私人订制的奢侈品。比如,安乐公主就曾经设计过一种百鸟毛裙。《新唐书·五行志》记载:

> 安乐公主使尚方合百鸟毛织二裙,正视为一色,旁视为一色,日中为一色,影中为一色,而百鸟之状皆见。

这条裙子的奇异之处在于变色,正面看、侧面看、阳光下看、暗处看是不同的颜色,令人叹为观止。这样的裙子,安乐公主造了两条,一条自己穿,一条献给母亲韦皇后。有了这两位贵妇带货,百鸟毛裙成了一时爆款,百官百姓家家争相仿效,导致山林奇禽异兽,扫地无遗。

看到这里,大家笃定认为,若有人穿着安乐公主同款"百鸟毛裙"出场,一定会在这场大秀夺魁了吧?也未必,还有一种别出心裁的穿着没提到,那就是"男装"。

《旧唐书·舆服志》记载,宫中女子"著丈夫衣服靴衫",可见唐代贵族女子穿男装不稀奇。比如,太平公主就曾在家宴上穿着一身紫袍玉带,头戴幞头出场,让武则天与高宗忍不住抚掌大笑。而这首《丽人行》的女主之一虢国夫人,擅长骑马,也是中性风爱好者。有些学者还据此推论,《虢国夫人游春图》中那些美人,都不是虢国夫人。为首那个穿男装的,才是虢国夫人本人。其实,唐朝女子穿男装,不仅是为了方便,也是为了在时尚战场力争出类拔萃、独树一帜。正如晚唐五代花蕊夫人《宫词》中描写的宫女装扮："罗衫玉带最风流，斜插银篦慢裹头。"美人穿罗裙不稀奇，看多了难免腻味，这时谁要是穿着罗衫玉带出现，自然让人眼前一亮，感叹一句"姐姐好飒"。

我们可以想象，在那个暮春时节，曲江水边，各形各色丽人们，有人穿石榴裙，妩媚婉约；有人穿胡风窄衫，干练别致；有人穿男装，潇洒倜傥。总之挖空心思，争奇斗艳，上演了一场时尚大赛。

3. 唐人野餐吃什么？

看过了时尚秀场的热闹，旁观的路人们不禁好奇，这么大的排场，到底是谁啊？诗人点出了答案：

> 就中云幕椒房亲，赐名大国虢与秦。

天宝七载（748）唐玄宗赐封杨贵妃的长姐为韩国夫人，三姐为虢国夫人，八姐为秦国夫人。这首《丽人行》的主角，就是这三位夫人。如此皇亲国戚，打扮得花枝招展地出门，当然也不是光来曲江走秀的。她们还有一项重要的活动——野宴，也就是我们说的野餐。

杨氏姊妹的野宴上，到底吃什么呢？那可不是一般的奢华。

> 紫驼之峰出翠釜，水精之盘行素鳞。

紫驼之峰，就是驼峰。在古代，驼峰是一种珍贵的食品。釜，就是一种锅。"豆在釜中泣"，就是把豆子装在这种锅里煮。要直观一点的话，去日料店点一锅"釜饭"，还能看到这种容器。驼峰装在翠釜里，白鳞鱼装在水晶盘里。光看颜色，都让人食指大动。

可惜，对于杨氏姊妹而言，这些山珍海味都吃腻了，以至于：

> 犀箸厌饫久未下，鸾刀缕切空纷纶。

几位夫人手里提着犀角筷，半天都动不了一下。大厨们用带着鸾铃的厨刀，快刀细切，好一顿忙活，结果全是白费劲，丽人们一口也吃不下。这怎么办呢？还得叫外卖救急。可哪里的外卖滋味，能比三位国夫人家的大厨们做得更好吃呢？只有一个地方，那就是皇帝的御厨。

> 黄门飞鞚不动尘，御厨络绎送八珍。

看到几位国夫人吃不下饭，黄门——就是太监——心急如焚，立即策马回宫报信。不一会儿，天子的御厨房就络绎不绝地送来各种山珍海味。这一来一去之间，马队飞驰，而路上的尘土都不曾扬起，可见其规矩和排场。而写到这里，诗人暗含的讽刺之意，也就逐渐明显起来。

天子从宫中派遣马队，往来驰骋，络绎不绝，路人还以为出了什么要紧的军国大事。却原来是唐玄宗怜香惜玉，为国夫人们的野宴添菜助兴。——这能不讽刺吗？

说到这里啊，我们不得不提在长安凤栖原上出土的一幅唐墓壁画《野宴图》。学者们认为，要将这幅画与《丽人行》对照，才能更好地理解杜甫的深意。《野宴图》中画着一群人，衣衫鲜明，围桌而坐。桌上摆满了碗筷杯碟，中间是一盘硬菜——烤肉。旁边仆人还端着托盘，不断往上递美食。可见，这是一群达官贵人，在春天的时候出门野宴。这个场景，和《丽人行》就很接近了。

而有意思的是，在画面的左右，还各有一群"吃瓜群众"。这些人有男有女，有衣衫褴褛的乞丐，有拿着鞭子的车夫，有落魄文人，有带小孩的妇女，还有个少年正在啃馒头。这些人与参加宴会的人形成了巨大的落差。宴会上的人，似乎也有点尴尬。你在这里大吃大喝，一群人看着你，岂不是如坐针毡、如芒刺背、如鲠在喉？这幅画，就在这样尴尬的气氛中定格了，真实地反映了当时日益扩大的贫富差距。

杜甫笔下的杨氏姊妹就不一样了，心理素质过硬。只要我不尴尬，尴尬的就是别人。不仅要大吃大喝，还要选个大家都能看到的地方。否则那是衣锦夜行，枉费了这番荣耀。因此，她们的露营地，要占据一个人来人往的"要津"。不仅如此，还要吹拉弹唱，恨不得所有人都听到。这就是所谓：

箫鼓哀吟感鬼神，宾从杂遝实要津。

就是这样的任性、这样的肆意妄为。

那么杨氏姊妹到底有多奢侈、玄宗皇帝又有多纵容呢？有这样一则材料，可以说明。

《杨太真外传》里记录了这样一个故事。有人献了一位叫谢阿蛮的女伶给唐玄宗。这个谢阿蛮，能歌善舞，非常受唐玄宗与杨贵妃的宠爱。有一次，特意在清元小殿举行了一场音乐会。参加演出的人可不简单，可谓是盛唐第一乐团。宁王负责吹玉笛，玄宗亲自打羯鼓，杨贵妃弹琵琶，李龟年吹筚篥，张野狐弹箜篌，贺怀智打拍子。个个都是当时的明星顶流。有没有李白在一旁现场填词，我们不知道，但谢阿蛮伴舞是肯定少不了的。就这样一场效果炸裂的音乐会，从黎明演到了中午。所有人都参与了，只有一个人端坐不动。谁呢？就是"赐名大国虢与秦"里的秦国夫人。唐玄宗也不生气，反而觉得有意思：女人，你成功引起了我的注意。于是就过去开了个挺没规矩的玩笑。

"阿瞒乐籍，今日幸得供养夫人。请一缠头！"

阿瞒，是唐玄宗的自称。这句话是把自己的天子之尊放下，把自己当作一个伶人了。我阿瞒是乐籍中人，今天有幸为夫人演奏，您不赏赐我点什么吗？

秦国夫人怎么回复呢？

"岂有大唐天子阿姨，无钱用邪？"遂出三百万为一局焉。

我是大唐天子的阿姨，怎会少了你的赏赐。于是便赐了这位"乐籍皇帝"三百万钱。

为什么要讲这个故事呢？从这里边，我们能看到杨氏姊妹的奢华，以及玄宗皇帝晚年的昏庸。而这一切，正是杜甫创作《丽人行》的背景。我们的诗圣，用这么大篇幅，记录杨氏姊妹春游的景象，难道是为了赞扬她们的美貌，记录春景的繁华吗？当然不是。随着下一位重要人物的出场，这首《丽人行》的真正主旨，才逐渐浮出水面。

4. 春光中的盛世危言

我们来看一下他的登场秀。

后来鞍马何逡巡，当轩下马入锦茵。

最后一位贵人，骑着骏马，姗姗来迟。径直走向几位夫人的野宴处，当轩下马，无须通报，就洋洋自得地走进了帐门。这个人是谁呢？当然就是当朝宰相，杨贵妃的兄弟杨国忠。这里没有点名道姓，不是要给杨国忠留面子，而是用了诗歌中的"倒插"法。沈德潜《唐诗别裁》赞道："'当轩下马'下，倒插丞相；他人无此笔法。"这种倒插，让诗歌更加含蓄，也留有一点悬念,等到谜底揭晓时,讽刺意味便更加深沉。

接下来两句:

杨花雪落覆白蘋,青鸟飞去衔红巾。

从字面上看,这两句很简单。白雪似的杨花飘落覆盖浮蘋,青鸟飞去衔起地上的红丝帕。但实际上,却饱含讽刺,辛辣无比。为什么这么说呢?杨花雪落,是实写眼前之景,也是用了一个典故。北魏胡太后曾有过一个名叫杨白花的情人,两人经常在朝臣面前大秀恩爱,引起朝野不满。杨白花害怕会遭到清算,就改名换姓,逃到南方去了。胡太后思念情人,便写了《杨白花歌》,里边说:"阳春二三月,杨柳齐作花。春风一夜入闺闼,杨花飘荡落南家。"杨花一语双关,是柳絮也是情人的名字。此后,杨花便作为一个典故,象征着上层妇女的暧昧私情。白蘋什么意思呢?古语说:"杨花入水,化为浮萍。"杨花、白蘋实为一体。这里隐喻杨国忠与几位夫人本为兄妹关系,就好比杨花、白蘋一样。

至于"青鸟",则是神话传说中西王母的使者,诗词里边,多用来比喻为男女传递消息的使者。

杜甫在这里为什么要用这个"杨花""青鸟"的典故呢?因为根据史书记载,虢国夫人与杨国忠的确有不伦的关系。

《旧唐书·杨贵妃传》记载:"而国忠私于虢国,而不避雄狐之刺;每入朝,或联镳方驾,不施帷幔。"

杨国忠与虢国夫人，经常是并辔出行，招摇过市，可见其气焰嚣张。而今天的野宴，杨氏兄妹反而谨慎起来，不许其他人靠近。因此，诗人在诗歌末尾提醒：

炙手可热势绝伦，慎莫近前丞相嗔。

杨家兄妹权势无与伦比，切勿近前以免丞相发怒。

这两句，写出了杨氏兄妹的骄奢淫逸与骄横霸道。上巳游春，本是全民参与的节目。而在杨国忠到来前，几位国夫人也有意选了人来人往的"要津"扎营，华服美食一番大秀，生怕别人没看到自己的风光。

然而这种秀，在"后来"的杨国忠到场时，立即来了个一百八十度反转。帷幕低垂，禁止旁人靠近。这种变化，从另一个侧面也说明了几人关系暧昧，所言所行，不敢见人。然而，即便百般防范，毕竟"春色满园关不住，一枝红杏出墙来"，青鸟衔去的红巾，便于无意中泄露了一点春光。

这首诗大约作于天宝十二载（753）。此前一年，杨国忠官拜右丞相，势倾朝野。而杨贵妃的叔伯兄弟们，都因裙带关系获得了官爵。正是"姊妹弟兄皆列土，可怜光彩生门户"。其中尤其以杨贵妃兄妹，最为显贵。《旧唐书·杨贵妃传》载：

玄宗每年十月，幸华清宫，国忠姊妹五家扈从。每家为一队，着一色衣；五家合队，照映如百花之焕发。而遗钿坠舄，瑟瑟珠翠，璨斓芳馥于路。

这是说，玄宗巡幸时，杨国忠姊妹五家扈从。每家为一队，穿同一种色系的衣服。等五家队伍合起来的时候，简直如百花焕发，熠熠生辉。等队伍过去，芬芳满路，留下的金钗玉坠，不计其数。

杜甫写下这首诗的时候，安史之乱还未爆发，唐王朝还沐浴在盛世荣光中。鲜花着锦，烈火烹油，正如曲江边盛到极致的春光。然而，没有不消逝的春光，统治者的骄奢淫逸，将亲手摧毁盛世图景。数年后，安史之乱爆发，长安沦陷。也是在一个春天，杜甫重游战乱中的曲江，写下了"一片花飞减却春"（《曲江二首》其一）的名句。花落，便预示着春的消逝。而杨氏姊妹飞落的红巾，也如一片飘零的落花，将花团锦簇的盛世图景，拆落了一块。看似微不足道，却由少而多，最终导致盛世分崩离析。而这首《丽人行》，可谓是"盛世危言"，警醒着后来者。

天街小雨润如酥 韩愈《早春呈水部张十八员外》

> 天街小雨润如酥,草色遥看近却无。
> 最是一年春好处,绝胜烟柳满皇都。
>
> ——韩愈《早春呈水部张十八员外》其一

这首诗的题目,是《早春呈水部张十八员外》。所谓水部张十八员外,指的是诗人张籍,因为张籍在同族兄弟中排行第十八,且担任水部员外郎,所以叫水部张十八员外。当时一共写了两首,我们看到的,就是其中第一首。

接下来,我们就跟随这首小诗,走进韩愈的诗歌世界,以及他的多面人生。

1. 韩退之

这首诗,既是诗歌,又不仅仅是诗,而是一篇邀请函。那是长庆三年的一个早春,韩愈已经五十六岁,在京城担任吏部侍郎。这是他人生中少有的闲适、愉悦的时刻。这一天,天街上下起了小雨,已经蛰伏了整个冬天的小草,似乎就要冒出头来。这时,韩愈想起了张籍。于是写诗邀请他,和自己一起出门踏青。

为了增加邀约的吸引力,韩愈还特意说,如此草色似有似无的早春,便是一年中春光最好之处。等到烟花鼎盛、柳絮飞舞时,反而没有了此刻的韵味。张籍兄,你可不要辜负了这难得的早春。韩愈不喜欢烟柳满皇都的盛春吗?其实也未必,韩愈的意思是,盛春之美,人皆见之,而早春之美,却需要发现美的眼光。

听上去非常有说服力吧?那这封邀请函,效果如何呢?

张籍十分心动,却拒绝了韩愈的要求。原因主要有两个。其一是当时的张籍已经五十几岁了,早没了少年人踏青游春的心思。其二是张籍当时刚刚当上水部员外郎,忙得不可开交,也实在抽不出空。只好敷衍一句,下次一定。

然而韩愈并不罢休,立即又写了一首诗,再次邀请张籍,这就是《早春呈水部张十八员外》其二:

莫道官忙身老大,即无年少逐春心。
凭君先到江头看,柳色如今深未深。

别说工作太忙、年华老大这样的话了。即便人老了,咱们还可以心不老。春天到了,就该像少年人那样,来一场说走就走的春游。如果说,前几日你觉得时间太早,柳色还不够深,那请你现在到曲江来看一看,看如今满江柳色,是否已浓得化不开了。

以上，就是这首诗的写作背景了。朋友们在读到这首诗时，是否会有一种感觉——它的情调和我们之前讲过的作品不太一样。语言似乎更加朴实，物象也更加生活化了。这正是中唐以后，诗歌风格的变化。

盛唐是诗歌艺术的高峰，李杜之后，似乎所有好诗都写尽了。中唐人生于李杜之后，就不得不寻找变化。从盛唐诗的雄阔高华，到生活化、日常化，就是其中的一种变化。比如今天看到的这首《早春呈水部张十八员外》，整体平实晓畅，尤其"润如酥"这样的比喻，充分口语化、生活化，展现了诗人晚年闲适的心情。

如果说，李杜等盛唐诸家，是一步步将诗歌送入了艺术之巅的殿堂，那么中唐诗人，则把诗歌重新带回人间。

除了风格变化，诗歌的用途也扩大了。在初盛唐时，诗人们把写诗这件事看得比较神圣，不会轻易提笔。即便有了想法，也要熔铸锤炼，将千意万意凝聚成一诗。而经过杜甫的开辟，写诗便成了诗人的日常。任何情绪，任何事，都可以用诗来表达。

对于中唐诗人而言，诗歌可以是探望朋友的伴手礼，也可以是记录琐事的日记本；可以是打发时间的小游戏，也可以是催人还钱的催债单。诗歌具备了各种各样的功能，我们今天讲的这首《早春呈水部张十八员外》，正是其中之一。我们称之为"以诗代简"，也就是说，用诗歌代替书信。

中唐诗人的集子中，此类"以诗代简"之作比比皆是。就光拿韩愈请别人去曲江看花举例，都能找到好几首。比如有一次，他与张籍一起去曲江看花，本来还邀请了白居易，可惜老白也给他说了声：下次一定。

韩愈和张籍到曲江边，看到春光如画，于是写诗一首，寄给白居易。最后两句是：

> 曲江水满花千树，有底忙时不肯来？——《同水部张员外籍曲江春游寄白二十二舍人》

意思是，现在曲江的水也满了，桃花梨花，千树盛开，你这个老白，到底忙什么呢？不来和我们一起？

白居易也同样写诗回答：

> 小园新种红樱树，闲绕花行便当游。何必更随鞍马队，冲泥蹋雨曲江头。——《酬韩侍郎张博士雨后游曲江见寄》

我家里自己种有樱桃树。闲来无事，绕着逛逛就当春游了。何必跟着大队人马凑热闹，挤在曲江的泥地里淋雨呢？

怎么样，这样一问一答，是不是亲切极了？和今天朋友间讨论春游计划，几乎没有什么区别。去之前先讨论去哪里，和谁一起去，什么时候去。去了之后还要发发游记，@一下没去的朋友。

朋友看到了，也要上来回复："不是我不去，而是人太多了，不如来我家看樱桃树吧。"

这语气，是不是像极了我们在朋友圈里的对答？只是在这群大诗人那里，一切都用诗歌来完成。而且，他们还喜欢把这个对答继续下去。一来一往，有时多达几十个回合。因为，他们相信"诗可以群"，写诗可以有伟大的理由，但也可以很简单，就是一种社交方式。对于中唐诗人而言，诗歌不再是奉于殿堂中的奢侈品，而是生活的必需品。对后人而言，我们感受唐诗的境界，不仅有大漠孤烟、仙山明月，还有人间烟火与生活情味。

这，便是中唐诗的魅力。

2. 韩先生

刚才我们说到，"最是一年春好处，绝胜烟柳满皇都"。相比起人人向往的盛春，韩愈更偏爱少人问津的早春。

看春色如此，看人才也是如此。如果我们把人的一生，也比作春天的话，其锋芒未露之时，便是"草色遥看近却无"的早春。

韩愈是出了名的善于发现、提携还未露头的年轻人。咱们这首诗中提到的张籍，就是其中一位。

韩愈在汴州当考官时，张籍还是一介布衣，生活困顿。按照张籍自己的说法就是："略无相知人，黯如雾中行。"(《祭退之》)自己像在茫茫迷雾中一样，摸索前行，而没有任何人赏识他。直到遇见了韩愈，他的人生也好像枯木逢春。汴州州试中，韩愈把张籍评为第一，并推荐到京城去参加进士考试。这一年，张籍一举高中。

可以说，韩愈对张籍有知遇之恩，是他的座师。而那之后，韩愈也时刻不忘关照这位学生。

张籍母亲去世，回家丁忧。韩愈知道自己这位门生家庭条件不好，于是赶紧让孟郊带着钱粮去看望。丁忧期满，张籍回到长安，当了一个管理祭祀的九品官——太常太祝。这期间张籍得了眼疾，最严重的时候几乎失明。当时人还取笑他，说他是"穷瞎张太祝"，可以说是相当凄惨。韩愈是真心真意为自己这位苦命门生张籍着急，只可惜他当时也在贬谪中，鞭长莫及，于是四面八方托人。得知当时的浙东观察使李逊能帮得上忙，赶紧写了《代张籍与李浙东书》求助。信中说张籍身有大才，因为两眼不能见物，才"无用于天下"，如果能够得到资助，将终身铭记再造之恩，语气恳切至极。

在韩愈多方奔走求助下，张籍的眼睛终于慢慢好了起来。而这个时候，韩愈也重回长安，两人再次重游。此时的韩愈似乎比张籍本人还高兴，写了一首诗："喜君眸子重清朗，携手城南历旧游。"(《游城南十六首》其九)谢天谢地，你眼睛又明亮了，我们又可以一起去城南愉快玩耍了。

然而这样的同游，并没有多久，韩愈很快又被贬出京城去了。当两人再度相会长安，共赏早春风光时，都已是五十多岁的老人了。

知道这些，我们或许更能理解，为什么韩愈一再邀请张籍游春了吧？对于这对命途坎坷的师生而言，能并肩走在天街上，看看若有若无的草色，是多么难得、弥足珍贵。

而对于张籍而言，在声名未显的时节，遇到韩愈，又何尝不像冻土下的芳草，刚刚早春，就喜逢一场如酥小雨。

润物无声。

其实，韩愈帮助过的人，远不止张籍一个。之前，我们讲到孟郊、贾岛等中唐诗人时，都或多或少提到过韩愈。孟郊落第时，他写信劝慰；贾岛骑驴在洛阳寻诗时，他替贾岛改诗。

《旧唐书·韩愈传》中有这样一段话：

> 而颇能诱厉后进，馆之者十六七，虽晨炊不给，怡然不介意。大抵以兴起名教，弘奖仁义为事。凡嫁内外及友朋孤女仅十人。

这是说，韩愈很能鼓舞、帮助后进之士。他将那些前来投靠的士子们，十之六七都留在了自己府上。不仅指点文章，还管吃管喝。哪怕忙得连早饭都顾不过来，韩愈也全不在意。朋友留下的遗孤，他都尽心照料，为孤女主持婚配、送她们出嫁的就有将近十人。

韩愈之所以如此热心帮助年轻人，和他一路坎坷的科场经历分不开。

他从十九岁开始赴考，一共考了四次，才进士及第。而后的博学鸿词科，又考了四次，才最终通过，得以出仕做官。那时已经三十三岁了。

他被授予国子监四门博士的职位，也就是最高学府教员，后来当上了"校长"——国子祭酒。在这段时间里，他多次参与科举考试的组织工作。他看过了太多有才华的士人，屡试不第，以至于蹉跎终身。这种痛苦，韩愈也曾亲身经历。当他千辛万苦，终于挣扎上岸之后，第一件事，不是赶紧追赶岸上的达官显贵们，而是回过头，向水中的后辈们伸出援手。

数十年中，他一直用自己敏锐的眼光，在茫茫人海中，寻找人才、提拔人才。任国子博士期间，他亲自教授文章，指导学生无数。这些学生中，有人真心感激他，和他成为一生挚友；也有人拿了他的钱，提桶跑路，还反过头来嘲笑他。然而，韩愈始终不改自己的态度。因为他帮助这些人的时候，只有一个目的，他要放真正的人才、真正的芳草出头，至于回报，从不在他考虑之列。

韩愈去世两百余年后，被加封为昌黎伯，从祀孔庙。后人提到他时，多尊称一句，昌黎先生。这声先生中，既有对韩愈道德文章的仰慕，也有对他春风化雨、提携后辈的敬意。

之前我们讲过韩愈对朋友的关心、对弟子的提携。那么，当他对待家人时,又是怎样的态度呢?

3. 韩十八郎

韩愈在家族中排行十八,因此也被人称为韩十八。光看这个排行,似乎族中兄弟不少,实际的情况却是人丁寥落。

不到三岁时,韩愈的父亲就去世了。韩愈是由自己的哥嫂养大。可惜才过了几年,哥哥也去世了,韩愈便跟着寡嫂生活。兄长留下了一位遗腹子,排行十二,因此也称十二郎。十二郎辈分上是韩愈的侄子,实际上两人年岁相仿,相依为命。韩愈儿时的记忆里,始终保留着这样一幕,嫂子摸着十二郎的头,对韩愈说:"韩氏两世,惟此而已!"韩家两代,就只有你们两人了。

也许,正因为如此,韩愈格外珍视亲情。当寡嫂去世时,他立即返回家乡,按为兄长服丧的标准为嫂嫂服丧一年。外出做官时,一旦安定下来,就想着写信回家,接十二郎过来团聚。

然而,命运无常,韩愈的亲人们逐个凋零。父亲、三位兄长、嫂子,而后又轮到了这位与他一同长大的十二郎。

听闻噩耗时,韩愈痛彻心扉,写下了《祭十二郎文》。这篇祭文最动人的地方,就是抛弃了祭文历叙生平、歌功颂德的套路。而是用与逝者对话的口吻,诉说生活琐事。每次读到这些从肺腑中流出的文字,我都能想象到,韩愈在孤灯下,一面痛哭一面写字的模样。正如《古文观止》编者言："读此等文，须想其一面哭一面写，字字是血，字字是泪。"因此，这篇文章也被明代文人茅坤誉为"祭文中千年绝调"（《唐宋八大家文钞·唐大家韩文公文钞》卷十六）。

今天，我更想向大家介绍的，是韩愈的另一篇祭文。那就是他写给女儿的《祭女挐女文》。

挐，是韩愈第四女的名字。

在五十二岁那一年，韩愈为了替"圣朝除弊事"，触怒天子，被贬谪潮州。他必须立即出京，赶赴谪所。他只来得及回家看了一眼，便仓促上路。按照唐代的律法，罪臣的家属，也不能留在京城，要一并被贬。韩愈骑马，先行一步。家人则在宦官的督促下，陆续赶来。

韩愈一边走，一边回头张望，看家人有没有跟来。他此刻最挂念的，便是他十二岁的小女儿。

女儿身患重疾，卧病在床。当父亲被贬的消息传来，又惊又痛，不得已挣扎起来，与父亲草草道别。

韩愈在祭文中追述了当时的惨状：

> 我视汝颜，心知死隔。汝视我面，悲不能啼。我既南行，家亦随谴。扶汝上舆，走朝至暮。——韩愈《祭女挐女文》

韩愈与女儿诀别时，看到她的脸，不由感到心惊。因为他知道，这一去，便是生离死别。而女儿注视着父亲的脸，哭都哭不出来，唯有满心悲戚。韩愈上马南行，家人也遭到驱遣。挈女被扶上了轿子，向遥远的潮州出发。

那时还是正月，天寒地冻。皇命规定，必须限期赶到贬所，他们不得不从早到晚地赶路，受尽颠簸。饮食也完全不能保障，饥渴交迫。女儿的身体本来就已是风中残烛，这下更经不起摧残。等走到商南层峰驿时，便永远闭上了眼睛。

层峰驿，是荒山中的一个小驿站，连办葬礼的条件都没有。然而时间紧迫，家人不得不将女儿埋葬在荒山之中。连棺木都无法好好准备，只找了木皮棺，用几条藤绑住，便草草下葬。作为父亲，韩愈不仅不能保全自己的弱女，甚至连一座像样的坟墓都不能给她。这是何等凄凉。

第二年，韩愈遇赦回朝，再次路过了层峰驿。他找到了女儿的孤坟，写诗哀悼：

> 数条藤束木皮棺，草殡荒山白骨寒。惊恐入心身已病，扶舁沿路众知难。绕坟不暇号三匝，设祭惟闻饭一盘。致汝无辜由我罪，百年惭痛泪阑干。
>
> ——韩愈《去岁自刑部侍郎以罪贬潮州刺史乘驿赴任，其后家亦谴逐，小女道死殡之层峰驿旁山下，蒙恩还朝，过其墓，留题驿梁》

"致汝无辜由我罪，百年惭痛泪阑干。"你无辜夭折，都是我的过错。只留下永恒的惭愧与悲痛，让我泪水纵横。

又过了几年,他再次来到坟前哭祭,并将女儿的尸骨迁葬于家乡。他在祭文中反复诉说自己对女儿的思念。这些年中,女儿的眉眼面貌,始终在他眼前。女儿的心意,他也一刻没有忘却。而后,写下了发自肺腑的自责。

死于穷山,实非其命。不免水火,父母之罪。使汝至此,岂不缘我。——韩愈《祭女挐女文》

女儿早夭,并非命中注定。是自己无能,无法护她于水火。作为父亲,他只能把一切罪责都归在自己身上,用最大的悲痛去承认,我错了。你之夭折,罪在我身。

我们想到韩愈的时候,总是会想到他刚勇的一面。苏轼曾说他"勇夺三军之帅",宋人也说他"铁心石骨"。

然而,韩愈也并非总有着钢铁之心。

得知十二郎死讯时,他曾精神恍惚,以为这只是一场噩梦,等看到报丧的书信时,才意识到一切都是真的。

被迫赶赴贬所时,他也曾迟疑徘徊,在风雪蓝关前苦苦等待着家人的消息。

站在女儿坟前时,他也曾失声痛哭,懊悔自己没有能尽父亲的责任。

这便是韩愈的柔软。

而正是这种柔软,构成了韩愈诗文在伟岸雄奇外的另一种底色。那便是"真"。真情流露,真挚感人。

贺贻孙《诗筏》：

> 韩文公绝妙诗文，多在骨肉离别生死间。信笔挥洒，皆以无心得之，矩矱天然，不烦绳削。亦是哀至即哭，真情流溢，非矜持造作所可到也。

韩愈最绝妙的文字，多在他为亲人写的哀悼文中。因为写这些文字时，他信笔挥洒，任胸中的悲哀流露，根本不需要任何雕琢。这样的文章，绝非矫揉造作之作能比拟的。诚然，韩愈此类文章，以真动人，以情动人，但又不止于此。我们阅读这些文字时，之所以会感到格外的痛心，或许还有另外一个原因，那便是这些祭文中的柔软，与韩愈平时的铁心石骨、勇夺三军形成了鲜明的对比。

英雄有泪不轻弹，故英雄之泪，格外感人。

韩愈一身铮铮铁骨，宁折不弯。在向道而行的征途中，他偶然止步，为逝去的家人落一抔英雄之泪。这也如天街之雨般融化了长安城中的冰雪，触动着每一位读者。

4. 韩潮州

从韩愈身上感到春风化雨的，不仅有朋友、弟子、家人，还有百姓。

韩愈是一位为民请命的人。

刚入仕途不久,他就曾因替百姓陈情,触怒权贵,差一点就丢了前途。那时他才三十出头,刚刚当上监察御史。当时关中地区大旱,颗粒无收。大批灾民等待救济,而当时的京兆尹却封锁消息,上报皇帝说:"天是旱了点,但庄稼长得非常好。"这样的鬼话,韩愈当然不信。他奔走追查后,根据自己的所见所感,写了一篇奏疏《论天旱人饥状》,如实上报朝廷。

然而,这封为民请命的奏疏,不仅没有扳倒奸臣,还把自己搭上去。很快,韩愈因遭陷害,被贬到连州,当阳山县令。

阳山,距离京城有四千里远。当时还是一个虎豹横行的偏僻之地。韩愈到了县衙,却发现这里连县丞和县尉都没有,好不容易找到几个小吏,却都是"鸟言夷面",语言不通,只能在地上写字,才能勉强沟通。

工作如此艰难,韩愈当时的生活境遇,也可想而知。若不是新君登基,把他召回,他还不知道要在那里受多少年的蛮荒之苦。

照理说,经此一劫,韩愈该改改自己的脾气了吧?

并不。

多年后,韩愈已四十二岁。从刚过而立的热血青年,成了白发老朽。照理说,过了知天命之年,该懂明哲保身了吧?

并不。得知朝纲不振、百姓受苦时,他拿出战斗姿态,又上了《谏迎佛骨表》。

如果说,上一次是年轻人初入官场,凭着一腔血气之勇行事。那么这一次,韩愈已经历了宦海沉浮,知道了触怒权贵的代价,却依然做了和当年一样的选择。如果非要说岁月改变了什么,那就是,他的思考更加深沉,言语更加犀利。

可惜,结果还和上次一样。韩愈又被贬谪了,这一次更远,是八千里外的潮州。这就是"一封朝奏九重天,夕贬潮州路八千"。(《左迁至蓝关示侄孙湘》)

一日之间,韩愈便从京城官员成了边荒逐臣。代价不可谓不惨重。当他走到蓝关时,遇到一场大雪。茫茫风雪中,韩愈举目远眺,看到的却只是"云横秦岭"的景象,家人的身影,还不知在何处。只有他的侄孙赶了上来,于是,韩愈写了一首著名的七律《左迁至蓝关示侄孙湘》。诗歌最后两句说:

知汝远来应有意,好收吾骨瘴江边。

你远道而来,应知道我此去凶多吉少。潮州那充满瘴气的江边,便是我的死地。你就到那里,为我收拾尸骨吧。从这两句诗中,我们可以感到朝廷的惩罚有多么严厉。而韩愈很清楚这一点,他此去,已抱着必死之心。

然而,当韩愈真正到了瘴江边的时候,他既没有意志消沉、日益憔悴;也没有大发牢骚,为自己鸣冤。而是很快整顿心情,为百姓做起了实事。

第一,他拿出"基建狂魔"的劲头,带着百姓新建堤坝、开垦荒地。相传潮州磷溪境内的金沙溪,就是韩愈带人开凿的。

第二,大兴文教。韩愈刚到潮州时,发现州学荒废已久。教官不教,学生不学,堂堂一个万户之州,百余年来,一个考取功名的人都没有。韩愈慷慨地捐出自己的俸禄办学,剩下的还当成爱心餐,供给贫困学生。当地文风逐渐兴盛起来。到了宋代,有172人登进士第。当年的"蛮夷之地"逐渐变成了"海滨邹鲁",文教大兴。

第三,打击人口买卖,释放奴隶。

第四,为民除害,驱逐鳄鱼。

唐代的潮州,是鳄鱼出没之处。"鳄鱼大于船,牙眼怖杀侬。"(韩愈《泷吏》)这里的鳄鱼不仅"大于船",还异常凶恶,经常吞噬牲畜、伤人性命。于是韩愈便写了一篇《祭鳄鱼文》,用命令的口吻,限鳄鱼们在三天之内,带同族类出海,不许回来。据说,听了这篇千古奇文后,鳄鱼赶紧迁徙,当地再无鳄鱼之害。有人认为,这是因为韩愈文中有浩然之气,"精神通鬼神而走风雷"(郭正域《韩文杜律·韩文》),因此能让鬼神辟易。然而在我看来,这篇文章,更像是一声号角。它向当地百姓宣示,韩愈作为父母官治理鳄鱼之患的决心。颁布驱逐令后,韩愈带领民众,在两岸修建堤坝,疏通河道,终于让百姓不再受鳄鱼荼毒。

所以,韩愈不仅没有埋骨瘴江,还将瘴江化为清江。而这片清江,也永远烙印上韩愈的名字。

后人写下过这样一句话:"八月为民兴四利,一片江山尽姓韩。"

韩愈在潮州不过八个月的时间。而正是这短短八个月，让潮州人民记了一千年。他走后，"潮人思仰之甚，故凡山水皆以公姓为号"。百姓将韩愈的名字，与这高山大江联系在一起，永志不忘。

韩愈是一位多面的诗人。于友人而言，他是无微不至的韩退之。于弟子而言，他是高山仰止的昌黎先生。于家人而言，他是深情厚意的韩十八郎。于百姓而言，他是为民请命的韩潮州。

每一面闪烁着光芒的人格，构成了韩愈诗文多面的风格。

"欲为圣朝除弊事，肯将衰朽惜残年"的是他，"天街小雨润如酥，草色遥看近却无"也是他。

他的诗歌世界，就是如此丰富多彩。

有凌空的日月，光焰万丈。

也有早春细雨，润物无声。

边塞
×
宫廷

边关绝唱凉州词　　王之涣《凉州词》

黄河远上白云间，一片孤城万仞山。

羌笛何须怨杨柳，春风不度玉门关。

　　　　　　——王之涣《凉州词》二首其一

1. 旗亭画壁

　　玄宗开元年间，有三位诗人是好朋友。哪三位呢？王昌龄、高适，以及我们今天这首诗的作者王之涣。当时这三位都还"风尘未偶"，圈子接近，才华相当，特别能说得来，常在一起喝酒作诗。

　　一个飘雪的冬天，三位诗人选了一家高级酒楼，打算小聚一场。有朋友问，这时三人不都落魄着吗？怎么能去高级酒楼呢？原因是他们三人虽落魄，名气却不小，可以挂账消费。正喝着呢，忽然一阵喧哗，有梨园十余子弟登楼聚会宴饮，声势浩大。三位诗人避席，找个角落抱着小火炉，且看她们表演。过一会儿，有四位美人姗姗来迟。娱乐圈的饭局嘛，往往来得越晚的越是大牌。果然这四位，才艺相貌都不是旁人可比。坐定之后，便开始奏唱当时最流行的曲子。三位诗人觉得有趣，于是说："我们仨向来齐名，难分高下。今天算是有个机会，决出胜负。"我们常说，文无第一武无第二，武士要比出高下很简单，比画比画就是。可谁的诗写得好怎么判断呢？三个人想了个办法：听这些歌女们唱歌，唱谁的诗多，谁就是第一。

这个标准有点像我们今天的流行歌曲打榜。播放多的，就是榜一。

一位歌女首先唱道："寒雨连江夜入吴，平明送客楚山孤。洛阳亲友如相问，一片冰心在玉壶。"这首诗，大家也不陌生，正是王昌龄的名作。王昌龄很得意，用手指在墙壁上画一道："一绝句。"

随即，一位歌女唱了一首五言诗。轮到高适伸手画壁："我的。"

又一歌女出场："奉帚平明金殿开，且将团扇共徘徊。玉颜不及寒鸦色，犹带昭阳日影来。"王昌龄又伸手画壁，说道："二绝句。"

这时有个人尴尬了。谁啊？当然是王之涣了。他在三人中，年纪最长，出名最久，可是歌女们竟然没有唱他的诗作，属实有点下不来台。于是他就对王、高二位说："你们别得意，刚才唱歌的这几位，唱的不过是下里巴人之类俗调，真正的阳春白雪，不是她们唱得了的。"说着，用手指着几位歌女中最年少、最美貌的那位："到她唱的时候，如果不是我的诗，终生不与你们争衡;如果是唱我的诗的话,二位就拜倒于座前,尊我为师。"

果然,轮到那个歌女了。她一开口,唱的果然是《凉州词》:"黄河远上白云间,一片孤城万仞山。羌笛何须怨杨柳,春风不度玉门关。"王之涣得意至极:"田舍奴!我岂妄哉!"土包子,我说的不错吧?三位诗人开怀大笑。

那些歌手们听到他们笑得如此开心,赶紧过来打听。这才知道,三位就是词作者。歌手们纷纷施礼下拜,顺便请这三位落魄才子吃了一顿好的。这就是"旗亭画壁"的故事。

这个故事出自一部唐人的笔记小说《集异记》。有人据此怀疑,这可能是小说家编故事,未必真的发生过。但我却认为,即便是小说家编故事,一样能说明问题。说明什么问题呢?这首《凉州词》在唐人心中的分量。要知道,高适、王昌龄都是非常著名的边塞诗人。王昌龄尤其被称为"七绝圣手",他在故事中被唱到的两首诗,也是脍炙人口的名作,堪称诗歌中的神兵利刃。那小说家要找一个人、一首诗,去和这里的神兵利刃较量,也必定不是随便的事。他一定会在当时最顶流的名作中,选一个终极杀器,这才能让听故事的人信服。而王之涣的这首《凉州词》,就是这样的大杀器,一锤定音。

那么这首诗到底好在哪里呢?我们就来仔细解读一下。

2. 度与不度

我们先来梳解一下诗意。

"黄河远上白云间",这句诗历来被视为描写黄河的千古名句。与李白"黄河之水天上来",正好形成对比。一动一静,一去一来。黄河之水天上来,写出了黄河的动态美,滔滔向东,奔流不息。而黄河远上白云间,则写出了黄河的静态美,溯流而上,直入白云,有一种亘古已然的永恒感,堪称千古奇句。然而其实这一句诗,是有异文的。黄河,一作黄沙。河与沙字,字型接近,容易写错。古代书籍传抄过程中,将河与沙抄错的不在少数。可错在这句诗里,问题就大了。我们刚才分析半天的黄河静态之美,似乎要被一笔抹杀。因此,学者们展开了一场争论。一派从科学角度出发,支持"黄沙"说。原因很简单,玉门关在甘肃省的最西面,与黄河距离近两千里地。如果第一句是黄河,那和第四句玉门关,距离太远,不应该写到一块去。而黄沙就科学多了。还有人专门去考察,说玉门关一带多风沙,沙子被风吹起,直上云霄,和"黄沙远上"一模一样。一定是黄沙。而另一派则从美学出发,认为还是黄河好。原因是"黄沙"太实了。就是眼前之景,没有余韵,完全不如黄河远上体现出的空间感。

先表态,我个人是认同"黄河"的。诗歌本质上就是诗歌,不是地图,也不是科普论文。用科学的标尺,去帮诗人丈量笔下景物的物理距离,属实是大可不必。

为了说明这点,我再给大家举个相似的例子。李白名作《关山月》:"明月出天山,苍茫云海间。长风几万里,吹度玉门关。"同样是写玉门关,同样也有人质疑。认为天山和玉门关似乎隔得没有几万里这么远,几万里说得不准确。好嘛,王之涣那里,人们嫌玉门关和黄河隔得太远了,而李白这首诗里,有人又嫌距离近了。有宋人为李白找补,说这个"几万里",说的不是天山和玉门关的距离,而是指明月与玉门关的距离。这一把尺子,都伸到月亮上去了。问题出在哪里呢?就是太实在了,只考虑科学,没考虑文学与想象力。

诗人笔下的,不仅有现实之景,也有想象之景。《文心雕龙》中说诗人可以"思接千载""视通万里",正是这个道理。比如李白《关山月》,写的是出征将士思念故乡,月光下遥望东土时,但觉长风浩浩,似掠过几万里中原国土,横度玉门关而来。如果理解了这一点,我们也能理解王之涣笔下"黄河"与"玉门关"的关系。"黄河远上白云间"大概就是诗人脑海中出现的一张涵盖千里的西部全景图。诗人的情思与想象力,就如吹度万里的长风,由黄河而入白云,出玉关而接万里。因此,黄河与玉门关出现在同一首诗中,不必嫌远。

接下来是第二句:

一片孤城万仞山。

孤城，在唐代边塞诗中，往往指的不是我们今天意义上的城镇，而是边防军事要塞。万仞连绵高山中的一片孤城，不仅写出了地势险峻，还写出了人的情绪，那就是将士们的孤独思乡之情。这，就为下文引出的"怨"打下了基础。

羌笛何须怨杨柳。

杨柳，指的是笛曲《折杨柳》。这个曲调，一直寄托着游子的思乡之情。因为，杨柳的柳和挽留的留同音。因此，亲朋故旧在送别时，折柳枝相送，表达不舍、挽留的意思。身在边疆，听到羌笛演奏起《折杨柳》的曲调，又岂能不勾起将士们的思乡之情呢？

而这时，诗人下了两个画龙点睛的字："何须。"他似乎用一种旷达的语气，说：羌笛吹起《折杨柳》，何必如此幽怨？毕竟，连春风都不会度过玉门关。因为春风不度，杨柳不青，离人想要折一枝杨柳寄情也成了奢望。也因此，连"折杨柳"中的怨也无从寄托。说"何须怨"，却是怨到了深处，怨到无法言说。这便是诗人的高明之处。

说到这里，我们不禁想问，为什么李白说长风吹度玉门关，而王之涣则说"春风不度"呢？这座"玉门关"，到底有什么神奇之处，让大漠的风与诗人们如此纠结。风的度与不度，人的过与不过，都可以被反复吟咏？接下来，我们就借着这一首诗，看一看"玉门关"背后，包含的诗意与离情。

3. 总是玉关情

玉门关,始建于汉代。关于其名字由来,民间有一种说法,所谓玉门,就是运输玉石之门,西域诸国通过此门向中原王朝进贡美玉。但根据考古成果,这个说法未必是真的。玉门关最初的角色,不是商业通道,而是军事要塞。它位于河西走廊的终点,穿过它,就进入了西域地区。因此,这座雄关也成为茫茫沙漠中的标志物。附近很多道路、关塞都因它而得名。比如,"西出阳关无故人"中的"阳关"。其名字的由来正是因为它处于玉门关的南面,由此可见,玉门关在当时已经成为丝绸之路上最重要的地标,是西域的象征。

那么,当我们站在玉门关前,背后是中原,前方是西域,映入眼帘的会是什么呢?

那是一片荒漠,也是唐人口中的"莫贺延碛"。碛,本身就是沙子、沙漠的意思。之前的河西走廊已经很荒凉了,但还是有一些植被,如白草、灌木,等等。可到了莫贺延碛,举目望去,只剩一片黄沙,几乎寸草不生。《大慈恩寺三藏法师传》称其"长八百里,古曰沙河,上无飞鸟,下无走兽,复无水草"。岑参初到这里,也不禁感慨"沙上见日出,沙上见日没"(《日没贺延碛作》)。除了太阳,就是滚滚黄沙,一望无际。而沙漠的那头,便是普通人毕生难到的传说之地——天山、热海了。

因此，当游子、商旅、征夫站在玉门关前，眺望远方。身后是星星点点的绿意，而眼前则是一望无际的黄沙，会想到什么呢？

便是这句诗："春风不度玉门关。"

玉门关就仿佛一扇巨大的门户，将春风挡在关外。这是物理意义上的阻隔，春风难度。

不仅如此。玉门关，不仅仅是一道现实中的雄关，也是人们心目中中原与西域的分界线。站在玉门关前，身后是故乡，身前则是遥远的他乡。

因此，去还是入，便成了一种选择、一种象征、一种游子心中的情节。

在王之涣写下《凉州词》的六百年前，一位白发苍苍的古稀老人，身在西域，遥望玉门关，向朝廷写下了一封信。"臣不敢望到酒泉郡，但愿生入玉门关。"这位老人，就是班超。他少年时投笔从戎，来到西域，前后在塞外三十余年，一生将精力都投入到平定西域的事业中，功勋卓著，被封为定远侯。在古稀之年，希望落叶归根，写下人生的最后一封奏折：我老了，开疆扩土的雄心壮志也已放下，唯一的愿望，便是活着回到家乡，回到汉家故土。

而比王之涣年代略晚的中唐，一位叫戴叔伦的诗人，写下翻案文章："愿得此身长报国，何须生入玉门关。"既然以身许国，便不怕马革裹尸，埋骨他乡，又何必念念不忘"生入玉门关"呢?

"何须生入"的豪情壮志,自然是让人钦佩的。但我们也不能说班超的"但愿生入"就是英雄气短。毕竟班超当年不仅走出玉门关,而且将最好的青春都留在了关外。他是真正的以身报国的英雄。其实,出与入,远征与回归,并无高下,只是不同时期的心态。少年时意气风发,向往诗与远方,所以要出关;暮年时心系故土,希望能落叶归根,所以要入关。来与去、出与入,皆是英雄,此时的玉门关,仿佛一座人生的分界碑,为这曲波澜起伏的英雄壮歌,分出序曲与终章。

而这曲壮歌中,也会掺入柔婉的音节。清代女诗人钱孟钿,以思妇的角度,打量这座雄关,思考去与入。她说:"封侯等闲事,生入玉门关。"(《塞下曲》)封侯的伟业,在她心中并不重要,希望自己的丈夫能平安归来,走入象征着故乡大门的玉门关。在这里,玉门不仅是雄伟要塞,也是缠绵的纽带。它连接着游子与故乡,也羁绊着征夫与思妇。

我们回过头再看这首诗的末句"春风不度玉门关",是否会有更多联想呢?春风中承载的,有游子对故乡的情愫,也有思妇对征夫的挂念。它伴随着羌笛胡笳之声,交织成千丝万缕的情网,让每一个站在玉门关前的人,都感受到其中的分量。"秋风吹不尽,总是玉关情。"玉关情长,故秋风吹不尽。也因玉关情重,春风不忍度。

说到这里,我们或许能理解王之涣在旗亭画壁中获胜的原因了。这首诗的高明处,不仅写出了边关壮丽景色,还用最常见的意象,最质朴的语言,写出了最深沉缠绵的情感。

说到这,我们稍微介绍一下诗人王之涣。这是一个名气很大但存诗不多的诗人。他流传至今的作品只有六首。曾有很长一段时间,他的籍贯、字号、生平都不能确定。好在20世纪30年代,在洛阳出土了《王之涣墓志》,解答了很多疑惑。他为人"慷慨有大略,倜傥有异才",尤其擅长边塞诗。墓志铭中写道:"尝或歌从军,吟出塞,皦兮极关山明月之思,萧兮得易水寒风之声。"(《王之涣墓志》)他的诗歌中,有易水悲歌的壮志,亦有关山明月的情思,这是王之涣的魅力,也是盛唐边塞诗的魅力。

4. 一曲凉州说盛衰

最后,我们来看一下这首诗的题目《凉州词》。

《凉州词》,是一个乐府题目,是为诞生于凉州一带的乐曲《凉州曲》配的歌词。开元时期,由西凉都督将此曲进献入朝廷。从此,成为唐代的流行爆款金曲。唐王朝的著名诗人们,纷纷填词翻唱。除了王之涣以外,孟浩然、王翰、张籍、薛逢等诗人,都曾写过《凉州词》。一支来自边陲的曲调,能传唱大江南北,成为一个时代的热点和时尚,这在唐代也不多见。那么《凉州词》及其曲调,到底有什么样的魅力呢?

要说清这一点，我们先来看看《凉州词》的诞生之地——凉州。

凉州是长安通往西域的咽喉之地。同时，它也是丝绸之路的重镇，商业繁荣。《读史方舆纪要》有载："唐之盛时，河西陇右三十三州，凉州最大，土沃物繁而人富乐。"说凉州土地肥沃、物产丰富，人民富足安乐。唐代诗人元稹有诗为证："吾闻昔日西凉州，人烟扑地桑柘稠。蒲萄酒熟恣行乐，红艳青旗朱粉楼。"（《西凉伎》）

桑田肥沃，酒旗招展，哪里还是边地景象，简直是陆地上的海市、沙漠中的桃源。更让人神往的是，这座繁华的城市还是一座乐舞之城。岑参诗描述了当时的盛况："凉州七里十万家，胡人半解弹琵琶。"（《凉州馆中与诸判官夜集》）而他们弹奏的音乐也别具特点，是龟兹乐传入凉州后，融合了中原及其他少数民族音乐发展出的新音乐。这就是唐代著名的西凉乐。根据《隋书·音乐志》记载，一支演奏西凉乐的乐队，有二十七人，乐器十九种。既有中原传统的钟磬、五弦琴，也有来自西域的琵琶、箜篌、筚篥等。我们可以推测，《凉州词》的曲调，兼具龟兹乐与中原音乐的特点，苍凉、壮阔又不失庄重，是中西交流的结晶、民族融合的见证。难怪它一到长安，就成了时代爆款。诗人才子们争相填词，歌儿舞女踊跃翻唱，最终让这首《凉州词》，从盛唐一直唱到晚唐，成为流行时间最长、名篇最多的大唐金曲之一。

然而《凉州词》的魅力还不仅于此。它见证的，不仅有时代的华彩，还有历史风云。让我们做一个尝试：把不同时期、不同作者的《凉州词》放在一起品读，或许会有一个意外的发现。这些诗作各有面貌，却又首尾相接。一篇篇短促而慷慨的《凉州词》，仿佛是交响乐的不同章节，彼此呼应。汇聚起来，便形成了一首记录唐王朝盛衰的史诗。

王之涣的《凉州词》，可以当作这首史诗的序幕。它用全景的视角，徐徐展开了边关的万里长卷。虽然音乐中可以听到鼙鼓号角之声，但主旋律却是平静悠长的，是战事间隙中的宁静。

再往后，则进入了一段黑暗时期。天宝十四载（755），安史之乱爆发，西戎乘势大举攻唐。作为西面门户的凉州失守，不久河西一带全部沦陷。人民惨遭蹂躏，丁壮者沦为奴婢，老弱惨遭杀害。这时的凉州一带，已不再是商旅往来、歌舞如云的繁华之地，而是一片萧条。

人们苦苦等待着大唐光复凉州的一天。这一等，就是数十年。

《新唐书·吐蕃传》记载：

（使者）至龙支城，耋老千人拜且泣，问天子安否，言："顷从军没于此，今子孙未忍忘唐服，朝廷尚念之乎？兵何日来？"言已皆呜咽。

唐穆宗长庆年间，一位使者出使吐蕃。他看到路旁有上千位头发雪白的老人,在向他稽拜,一边哭泣一边问:"天子安否?""朝廷还记得我们吗?大唐的军队何时到来呀?"说到此处,泪如雨下。

这位老者所说的,正是河西百姓的心声。

对祖国的思念,对昔日繁华的缅怀,成为这一时期《凉州词》的主旋律。思乡悲歌,千回百转,又唱了几十年。中唐诗人张籍路过凉州一带时,看到萧瑟之景,将悲哀转为悲愤,写下了一首《凉州词》:"边将皆承主恩泽,无人解道取凉州。"那么多将领,深受朝廷恩泽,却没有一个人愿意收复凉州吗?

其实,并非不愿意,而是经历了安史之乱的唐王朝,已无复昔日荣光,面对被日益蚕食的边关有心无力。

似乎响应诗人的质问,一位孤胆英雄出现了。

张议潮,生于敦煌。少年时代的他,视名将封常清为偶像,曾亲笔抄写过《封常清谢死表闻》。看到河西一代人民的惨状后,"誓心归国,决心无疑",开始了他漫长的收复河西的计划。

他暗中集结力量,发动起义,一夜之间,便攻占了敦煌。之后,张议潮展开了一场"饱和式传信"。遣十队信使,手持十份相同文书,各自从不同方向朝唐都长安进发。在吐蕃堵截下,十队信使中的九队都中途折戟。黄沙漫漫,举头见日,不见长安。长安近在眼前,又似乎比太阳还要遥远。万般艰难之下,唯独一位僧人率领的队伍,从东北方向贯穿茫茫大漠,到达内蒙古一带，找到了唐军。在将领护送下，历时整整两年，终于到达长安。

当时正是唐宣宗在位。听到消息，龙颜大悦，将起义军命名为归义军。消息传到敦煌，张议潮立即换上了旗帜。当地的百姓看到归义军的大旗在城头飘扬，无不热泪盈眶。他们知道，唐军还在，大唐的雄威还在！之后三年多的时间里，张议潮衣不解甲，接连收复了伊州等十州。他做的第一件事，便是让自己的兄长，拿着十一州地图再次前往长安告捷。

送走兄长后，张议潮将军站在茫茫沙丘上，举目东望。只有凉州了。

再攻下这一座城，归义军所占之地便可与大唐国土接壤，他们归国的理想便能成真。

他在归义军各部精心挑选了七千名精壮士卒，乘胜进攻凉州。经过三年的血战，终于攻克了凉州。在攻破城门的那一刻，飘零百年的河西一带，终于又一次与大唐连接。诗人薛逢听到张议潮收复凉州的消息后，欣然提笔，写下一首《凉州词》，诗曰："昨夜蕃兵报国仇，沙州都护破凉州。黄河九曲今归汉，塞外纵横战血流。"

黄河九曲今归汉，记录下了英雄的伟业，也为《凉州词》增添了浓墨重彩的一笔。

值得一提的是，这七千名士兵，不仅仅是汉族人。其中既有汉族子弟，还有吐蕃降部、回鹘军队，甚至有一大批蕃汉僧兵,他们个个训练有素,人人勇敢善战。他们不仅是为了唐王朝而战,也是为自己而战。为了美好的生活,为了富饶的丝路,他们将热血洒于黄沙,谱写出新的史诗。

如今,我们回首历代诗人写下的《凉州词》,又怎能不感慨万千?

春风不度玉门关,但各族人民对和平的向往、对祖国的热爱,却能化为春风,吹度玉门关。《凉州词》这首边关绝唱,也乘着这春风,跨越千山万水,流传万载千秋。

大漠明月踏清秋　李贺《马诗》

大漠沙如雪，燕山月似钩。

何当金络脑，快走踏清秋。

——李贺《马诗》二十三首 其五

《马诗》是一组五言绝句，一共有二十三首。我们今天要讲的，是其中的第五首。

很长一段时间，我们都认为，这组诗不是一时一地之作，是李贺在不同时期咏马之作的一个合集。这个说法看上去有一定的合理性。在李贺那个时代，诗人一口气创作几十首同题组诗的情况还并不多见，更多的情况是把诗人平生创作的作品归于一个题目下。比如陈子昂《感遇》、李白《古风》，等等。不过近年有学者指出，李贺的《马诗》二十三首，和前两者不一样。这组诗还真可能是一时一地、集中创作的。

那是一个什么样的契机，让李贺创作出这么大规模的组诗呢？

那是唐宪宗元和九年。李贺辞去奉礼郎，从长安回到老家。在友人荐举下，入昭义军节度使郗士美幕府。此前，他经历了小人谗毁、宦海风波。虽然才二十几岁，身心都受到了严重的打击。正如他自己所写那样:"长安有男儿,二十心已朽。"(《赠陈商》) 不过他并没真正心死,而是努力寻找机会,让有限的生命再发一次光。于是他选择了入幕从军,希望追随前人的脚步,在军中获得建功立业的机会。

这一年,对于李贺而言是特殊的一年。那时的他二十五岁,还很年轻。但了解李贺生平的读者会知道,这一年,已是他短暂一生的末尾阶段了。而这一年,按干支纪年的话,是甲午年,恰好是一个马年。在这一个特殊的年份、特殊的契机下,李贺胸中燃烧着最后的理想,听闻军中骏马嘶鸣,感慨万千,一气呵成创作了这组诗。

听到这,我们忍不住会问,李贺《马诗》仅仅是就马而论马,还是托物言志、借物抒怀呢?他所托的到底是什么志,所抒的又到底是什么怀?接下来,我们就随着这首小诗,寻找答案。

1. 马背上的唐朝

先说诗歌的题目《马诗》。

在冷兵器时代,马是重要的战略物资。《后汉书·马援传》里边说,"马者,甲兵之本,国之大用",将马匹放到了国之重器的位置上。唐王朝出自关陇,在隋末乱世中乘势而起,以骑兵为主力,最终扫平割据,一统天下。所谓"马上得天下",

不仅仅是说说而已。尤其是太宗皇帝，南征北战，冲锋陷阵，与战马结下了深厚的感情。其中，最著名的就是昭陵六骏了。六骏，是太宗骑过的六匹战马。当他为自己营建昭陵时，就曾下令让大画家阎立本把它们的形象描绘出来，令雕刻家刻在石板上。这样还不算完，唐太宗亲自为之作"赞"，书法家欧阳询抄写。可以说，唐太宗调用了王朝最顶流天团，只为了将六骏的雄姿淋漓尽致地展现出来。

太宗如此重视六骏，有两方面原因。一是由于这些战马是王朝大功臣。我们今天去看《六骏图》，仍然能清晰看到每一匹战马身上都带着箭镞。这是它们舍身护主、勇往无前的勋章。在太宗心里，六骏已不仅是坐骑，还是可托付死生的战友。当少年的秦王成为威震漠北的天可汗后，他要实现当初的承诺：和他的战马们永远并肩而战，哪怕长眠于地。这，是感情上的理由，彰显着唐太宗作为"人"的念旧之情。二是作为一代雄主，此举也有政治上的意图。刻《六骏图》于昭陵，也是一种宣示。六骏们风驰电掣的身影，正是自己破阵灭国、扫平四方的见证；响彻天下的长鸣，也是大唐王朝开疆扩土、志在四方的宣言。唯有刻于石上，才能让万国慑服、后人铭记。

太宗皇帝爱马、重马，并将马视为大唐威仪的象征。后来几代统治者，也延续了这一传统，非常重视对马的培养与保育。从太宗到高宗，朝廷在陇右一带设置了多个官方马场，由专门的"牧监"负责看管繁育。宰相张说曾专门写过一篇碑文，赞扬牧监的德政：

> 肇自贞观，成于麟德，四十年间，马至七十万六千匹。——《陇右监牧颂德碑》

从唐太宗贞观、到高宗麟德年，短短四十年间，官方马匹的数量，从唐初建立时的几千匹，增加到几十万匹。若加上地方军马、驿站马、闲厩马及政府各部门的马数，国马总量当不下百万匹。这个数量向前超越了秦、汉；向后远远多于两宋，为大唐军队能够驰骋西北疆域提供了物质保障。

除却数量惊人外，唐代马匹还有一点惊人之处，那就是品质高、形象好。不信大家去博物馆看看，无论是唐三彩、还是唐墓壁画，里边的唐马都是丰满高大、神俊非凡的。能有这样的英姿，和唐王朝精心选种、抚育也分不开。

汉代开始，中原王朝就已经引进西域马种，改良本土马匹。而到了唐代，这种改良更成规模化。《唐会要》中记载：

> 康国马，康居国也，是大宛马种，形容极大。武德中，康国献四千匹，今时官马，犹是其种。

除了康国马外，引进马种还有吐火罗（月窟）马、海西马、突厥马等。为了能保护这些马匹健康成长，繁育繁盛，唐王朝还设立了专门医学机构，提供技术支持。《唐六典》记载，太仆寺设有兽医600人，甚至还有兽医博士1人。唐人说的博士，和我们今天不一样。通俗地说，它不是一个学位，而是一种教职，由精通这门学问的人担任。每个门类的博士一般也就几个人，稀缺程度比我们今天的知名教授还高。此外，还有专门给皇帝管马的官员，尚乘局奉御，官从五品上，是国家中高级官员。这些职务的设立，从一个侧面也可以看出唐人对马的重视。这么多人力物力加持，才有了唐代壁画、雕塑中神采奕奕的唐马形象。

  马的作用不仅体现在军事上，也体现在经济和社会生活上。官民游玩、狩猎、骑射、礼仪中，都少不了马匹。我们可以想象一下唐代的场景。繁忙的官道上，驿马一站接一站，建立起连接各地的物流网络。京城大道上，马匹鱼贯而行，保证公务员们按时通勤。春日球场上，马匹载着的青年男女，在人们的喝彩声中展现球技。等到了重大节庆，马还能化身为萌宠吉祥物，身披锦绣随音乐起舞。由于马匹多，当时马价也降到了历史最低，"于斯之时，天下以一缣易一马"。缣是比绢高级、比素低一级的丝织品。初盛唐时也就大约几百钱，实在是不贵。下级官员甚至普通有钱人，都可以买上一匹。《太平广记》中记载了很多下层士人、普通商旅买卖马匹的故事。可以说，到了唐代，马已经影响到社会方方面面了，说一句马背上的唐朝也不为过。

  也因此，唐王朝便产生了独特的马文化。画家画马、诗人咏马。除了今天讲到的李贺外，李白、岑参等名家都写下过咏马的名篇。我们的诗圣杜甫,尤其爱咏马,不仅咏战马、胡马,还咏瘦马、病马、画中马。老杜写马名句"竹批双耳峻,风入四蹄轻"(《房兵曹胡马诗》),可以说传神写照。可见,文学中的马形象,也在唐代达到了一个近乎空前绝后的高度。在这种风气下,李贺写这组《马诗》,也就是水到渠成了。

了解了马在唐代社会的非凡作用,也就了解了《马诗》诞生的文化背景。接下来,我们细读一下这首五言绝句。

先来看诗歌的第一句:

大漠沙如雪,燕山月似钩。

燕山,这里指的是燕然山。西北一带的征战之地。连绵的燕然山上,一弯明月当空,一如雪亮的弯刀。大漠平沙万里,在弯月的映照下宛如霜雪。这是西北边陲的景色,荒凉而肃杀。而钩,是一种武器,因此暗示出战争的背景。茫茫大漠,杀气笼罩,行人、商旅到此,难免不感到悲怆畏惧。然而诗人却将这幅景象,写得高亢壮阔、浓墨重彩。因为对于即将出场的千里神驹而言,茫茫大漠并非荒凉绝域,而是自己驰骋纵横、所向披靡的战场。诗人选择了最典型的地点,为下文千里神驹的出现,做好了准备。

2. 伯乐不常有

上一节我们讲,诗人用十个字,描述出风起云涌的时局、任意驰骋的舞台。是不是接下来就该写,骏马一展身手,纵横疆场的英姿呢?

别急,诗人笔锋一转,没有正面描写马的形象,而是转而发起了感慨。

"何当金络脑,快走踏清秋。"络脑,马辔头,是昂贵而华丽的马具。什么时候才能披上金络脑,在秋高气爽的疆场上驰骋,建树功勋呢?

写到这里,诗人的用意很明显,光有了皓月在天的天时,有了飞沙如雪的环境,对于千里马而言,还是不够的。神驹还需要一样东西。

那就是金络脑。其所象征的,则是明主的赏识。

如果我们参考这组《马诗》的第一首,就更能理解李贺的用意。这首被前人誉为二十三首《马诗》的"开章引子",提纲挈领地展现了这组诗的主旨。

龙脊贴连钱,银蹄白踏烟。无人织锦襜,谁为铸金鞭?——《马诗》二十三首其一

这是说千里马神俊非凡,踏烟而行,行走如风。只可惜,却没有人为它编织锦襜、铸造金鞭。这就和咱们这首诗中的

"何当金络脑"异曲同工。金络脑，是华丽的马辔头，锦鞯是贵重的鞍具。真正的千里马，配得上身披锦鞍垫、头戴金络头。我们常说，好马配金鞍，也是同样的意思。只是李贺还有更深的立意。这里的马，是人才的象征。希望明主，能够重视人才。把千里马，当作千里马，给予匹配的待遇。唯有这样，人才才能一展所长，为国家效力。

有朋友说，这个李贺还是年轻，年轻则气盛，气盛则容易飘。还没立下功劳呢，就开始要待遇了？没有华丽的金辔头，千里马就不能快走了？真正的金子，哪怕在黑暗中也要发光。

这话说得没错，但也不完全对。

在李贺那个时代，人才能否一展拳脚，个人才华是一部分，明主赏识甚至是更重要的一部分。金络脑真正象征的，与其说是待遇，不如说是机遇。

没有明主赏识，没有机遇垂青，即便是千里马，也只能老死于盐车下。正如韩愈的《马说》所言："千里马常有，而伯乐不常有。故虽有名马，只辱于奴隶人之手，骈死于槽枥之间，不以千里称也。"就是这个道理。

就以之前提到的昭陵六骏为例。六骏里边，有一匹红色的骏马，名为什伐赤。它是西域龟兹国王进献给隋炀帝的"汗血宝马"。虽然是宝马，但是千里迢迢来到长安后，什伐赤感到水土不服了。思念故土，不吃不喝，日夜鸣叫。隋炀帝见此马倔强难驯，就不再理会。当李世民随父亲进入长安，在宫廷马厩中见到什伐赤时，这匹战马已是骨瘦如柴，赤红的毛色也黯淡无光。见到李世民那一刻，什伐赤仿佛有灵性一样，流下了眼泪。他知道，自己遇到了明主，一展抱负的机会来了。

之后什伐赤随着李世民南征北战，立下赫赫战功。最后在一次战役中，舍身护主，身中五箭而亡。

读完这个故事，我们除了感动于人与马战友般的友情外，还有一个启发。即便是千里马，也要等到它的知己。当它面对的是隋炀帝时，便只是一匹瘦骨嶙峋的病马。而当它与唐太宗相遇时，便绽放出了千里神驹的光彩。

马和明主的关系，历来就是人才与明君的象征。

千里马常有，伯乐不常有。人才代代会出现，让人才发光的机会却太为难得。

这样看，李贺说"何当金络脑"中的"何当"两字，便寓意深远。那是在问，哪里才有、何时才有机遇。

姚文燮云：边氛未靖，奇才未伸。壮士于此，不禁雄心跃跃。（《昌谷集注》）

当时边关还未安定，李贺一身奇才还未有用武之地。想到这些，壮士之心，不禁跃跃欲试。"何当金络脑，快走踏清秋"就是作者热望建功立业而又不被赏识所发出的嘶鸣。

那么，是什么原因才导致李贺"奇才未伸"呢？下一节，我们就来走进李贺短暂而浓烈的一生。

3. 天才少年的浓缩人生

根据《新唐书》记载,李贺自幼体形细瘦,通眉长爪,长相极有特点。他才思聪颖,七岁能诗,又擅长"疾书"。相传李贺七岁时,韩愈、皇甫湜造访,李贺援笔写就《高轩过》一诗,韩愈与皇甫湜大吃一惊,李贺从此名扬京洛。

唐代张固《幽闲鼓吹》载:

> 李贺以歌诗谒韩吏部,吏部时为国子博士分司,送客归极困,门人呈卷,解带旋读之。首篇《雁门太守行》曰:黑云压城城欲摧,甲光向日金鳞开。却援带命邀之。

李贺少年时,带着自己的诗作,到京城去干谒韩愈。当然,他那时身份还低,没排上面见的机会,只能找门人代呈。那一天,韩愈刚刚会客归来,换好衣服,又困又累,把李贺集子拿起来,随手翻开。然而第一篇、第一句就让韩愈吃了一惊。哪一句呢?"黑云压城城欲摧,甲光向日金鳞开。"(《雁门太守行》)这么写,韩愈可就不困了。立刻精神百倍,把脱下来的正装重新穿上,干什么?要亲自见一见这位写出了如此佳作的才子。

当然,这两则故事的可信度,学界也有争议。但确定无疑的是,韩愈非常欣赏李贺的才华,并且愿意在科场上帮这位小兄弟一把。所以当韩愈到河南一带组织府试时,便赶紧给李贺写信，让他来赴考。不出所料，李贺在府试中大展拳脚，通过考试，并获得到长安应进士举的资格。

既有自身才华，又有贵人提携，李贺可谓志在必得了。然而树大招风，志在必得的李贺，在考试之门还未开启之前，便遭到了打击。

> 洛凤送马入长关，阊扇未开逢獬犬。——李贺《仁和里杂叙皇甫湜》

獬犬，本义是恶犬，这里指争名夺利、嫉贤妒能的小人们。这些人挖空心思，给李贺找了一个罪名。什么罪名呢，说李贺不避讳父亲的名字。李贺的父亲，名晋肃，因此，贺"不举进士为是"。

要说清这一点，先来说说避讳制度。封建时代对于君主和尊长的名字谥号等，不能直接写出或说出，必须用其他字来代替，如汉高祖名邦，汉代人改"邦"为"国"；唐太宗名世民，唐代人改"世"为"代"，改"民"为"人"，等等。这叫作避讳。

如果仅仅是改几个字，也还不算什么。可避讳这个习俗，还会影响到人的生活。对于父祖的名字，不仅自己不能提，哪怕生活中听到，也必须立即表现出悲戚来。这个就很麻烦，君王、圣人的讳，大家都知道。可别人家的家讳，你怎么知道呢？因此去别人家，最好打听好对方祖上三代叫什么，否则一言不合，对方放声痛哭，让你下不来台。

《世说新语》中有这样一则记载：东晋有个人叫桓玄，设宴招待客人。客人不能吃冷食，便喊："给我拿"温酒"来，暖和的酒。"而桓玄一听，竟然呜呜咽咽哭了起来，吓得客人赶紧告辞。原来，桓玄的父亲是桓温，这个温字犯了父讳。

在那个时代，桓玄不算矫情。如果听到父祖名讳，没有反应的，那就不能算孝子贤孙。

那么李贺的问题在哪里呢？李贺父名"晋肃"，"晋"与"进"是同音字，就算犯了"嫌名"。这么荒谬的理由，却有很多人附和，对李贺造成了巨大的影响。

韩愈写了《讳辩》，引用《礼记》等经典，为之辩解，并愤怒地说：

> 父名晋，子不得举进士，若父名仁，子不得为人乎？

父亲名字里有晋字，儿子就不能考进士，如果父亲名字里有仁字，那儿子就不当人了？

掷地有声，说服力极强。可惜，仍没有起到作用。在小人攻击声中，李贺不得不愤然离开试院。

有人问了，韩愈说得这么有理有据，为什么当权者不听呢？这里边原因很复杂，其中一点就是，当时社会，为了博一个孝顺的名声，人们避讳的标准越来越卷，早就突破了《礼记》等经典的规定。

《后汉书》作者范晔，因父名"泰"，便推辞太子詹事这一官职。一位唐代给事中，他的父亲名字里有个高字，与糕点的糕同音，为此终生不敢吃糕点。再晚一点，五代时期，一位姓刘的官员，因为父亲名字为"岳"字，于是终生不游嵩岳、泰岳。这还不算，因岳又和音乐的乐同音，此人便终生不愿听到音乐。作为朝廷高级命官，总得参加大朝会，这种仪式必定奏乐，他只好屡屡借口请假。

可见，当时对李贺的攻击，也不是完全荒谬的，而是站在道德制高点上的精准打击。更可怕的是，这些人明面上攻击李贺，暗中却将矛头指向了韩愈。咱们看一下他们的说法："贺不举进士为是，劝之举者为非。"关键在于"劝之举者为非"，这就把韩愈也牵扯进去。

台前有小人，冲锋陷阵；幕后有高人，精心指点。在这种处心积虑之下，李贺的命运已经注定了。他离开长安，回到老家昌谷，抑郁了一段时间。直到元和六年（811），才返回长安，担任了一个小官：奉礼郎。

奉礼郎，从九品，真正是小到不能再小。日常工作就是参观各种宗教祭祀活动，常年与巫女祭司打交道。这与李贺好神鬼的性格，倒是合拍。

然而，做一个小小的奉礼郎，并不是李贺的理想。藩镇割据，朝政黑暗，他又怎能在神鬼的世界里逃避下去。作为李姓皇孙，家族荣誉与国家荣誉对他而言是合二为一的，这让他有了极高使命感。而病痛折磨，又给他强烈的急迫感。他清楚地知道，自己的时间不会太多。一腔热血，不世之才，不能虚耗在这里。

三年后，他决然辞去奉礼郎之职，重回昌谷。此后在友人荐举下，入昭义军节度使郗士美幕府。我们这组《马诗》，便作于这个时候。

4. 天上白玉楼

上一回说到，李贺是一个天才诗人。他的天才，不仅是祖师爷赏饭吃，简直是祖师爷追着喂饭吃。为什么这么说呢？他少年时代就已成名，十五岁时就成了一流作词大手。创作的乐府，就已经传唱于天下。

他对颜色、声音都有极其强烈的感悟力，远远超出普通人。

写音乐时，他说"昆山玉碎凤凰叫"（《李凭箜篌引》）。

写战争时，他说"塞上燕脂凝夜紫"（《雁门太守行》）。

甚至天上之景，他也能驰骋想象，笔墨传神："遥望齐州九点烟，一泓海水杯中泻。"（《梦天》）天下九州，在神仙眼中无非九点小小青烟。而仙人杯中倾泻之酒，化为浩渺沧海。诗人的视角是那么神奇，仿佛站在了太空上。这和千年之后宇航员们回望地球时的所见所感，是那么相似。

很难想象，那位柔弱少年，仅仅架着想象力的小舟，就能畅游于星辰大海。这就是李贺诗歌的魅力。即便在星河灿烂的唐诗中,也是那么独特,令人叹为观止。

诗人杜牧为他写序的时候,连续用好几个对比,来说明他诗歌造诣的独到。

> 瓦棺篆鼎,不足为其古也;时花美女,不足为其色也;荒国陊殿,梗莽丘垄,不足为其怨恨悲愁也;鲸呿鳌掷,牛鬼蛇神,不足为其虚荒诞幻也。——杜牧《李贺歌诗集序》

这是说,瓦棺篆鼎,比不上他的高古;时花美女,比不上他的色彩;荒殿残垣,枯木秋坟,比不上他的怨愁。巨鲸张口,神鳌腾跃,比不上他的虚无缥缈、荒诞瑰奇。

后人常常将他与李白相比。"太白仙才,长吉鬼才。"一仙、一鬼,都不是凡间的人物。然而和李白随意挥洒不同,李贺是一个特别刻苦的人。刻苦程度,和我们之前讲过的贾岛有一拼。

有这样一个故事。李贺常常骑一头驴,背着一只锦囊,一边走一边寻诗觅句。当有灵感时,便立即写下来,投入锦囊中。等到晚上回家的时候,李贺的母亲让侍女把锦囊拿过来打开,里边满满的都是纸条。李贺的母亲不仅不高兴,反而异常忧虑,忍不住感慨:"这孩子,是要把心呕出来才作罢。"

这就让人难以理解,为什么这样一个天才的诗人,还要这样去创作。呕心沥血,燃烧生命。

其实,说难理解也不难理解。自幼体弱多病的李贺,其实早就知道，自己的生命不会长久。活着的每一刻，都是那么的宝贵。

他要把有限的生命，放到创作中去。只有这样，他的生命才会超越苦难，打破二十七年的短促，在诗文中不朽。而最后，他也做到了。他以二十七岁的年纪，留下了数百篇诗作。被后人称为"诗家三李"，放到与李白、李商隐并提的高度上。直到今天，他的作品仍万口相传，他的名字仍被无数人铭记：如此，他的生命，便不再短促。

关于李贺的死，有这样一个传说。

李贺在病榻上，忽然见到一位红衣人，驾着赤色之龙，拿着一块木板，上面写着远古的文字，说是上天召唤长吉。李贺挣扎着下床，叩首祈求："我母亲老了，而且还生着病，我不愿意去。"红衣人笑着说："天帝刚刚建成一座白玉楼，马上召你去为楼写记。天上的生活还不错，你不会再受人间这些苦了！"李贺听完后，独自哭泣，不久后便气绝。在传说中，他离去的那一刻，窗中有烟气袅袅升腾而起，车驾声和奏乐声也隐约传来。

我很愿意相信，这个传说是真的。

天上白玉京，十二楼五城。

愿在那个世界里，没有小人谗毁，没有病痛折磨，这位天才少年终于能自由驰骋。在如钩的明月下，"快走踏清秋"。

龙池跃龙龙已飞 沈佺期《龙池篇》

龙池跃龙龙已飞,龙德先天天不违。
池开天汉分黄道,龙向天门入紫微。
邸第楼台多气色,君王凫雁有光辉。
为报寰中百川水,来朝此地莫东归。

——沈佺期《龙池篇》

  这是初唐时期著名诗人沈佺期的一首七言律诗。实事求是地说,这首诗无论艺术成就还是知名度,都与我们讲到的其他作品有一点差距。但为什么还要选这首诗呢?主要有两个原因。其一,这首诗与初盛唐时期的政治风云有紧密联系;其二,这首诗开创了一种律诗写法。后来崔颢《黄鹤楼》、李白《登金陵凤凰台》都受其影响。

  要说清这两点,我们来看一下这首诗的题目,《龙池篇》。

  龙池,顾名思义,是一片池塘。它位于长安城的东面,唐玄宗的潜邸兴庆宫内。那长安城中有那么多风景名胜,南面有曲江,北面有昆明池,为什么今天要讲这一方小小龙池呢。因为龙池与一个传奇人物有关——他就是唐玄宗李隆基。

1. 玉龙子的传说

李隆基可能是唐代皇帝里边最有争议的一位。往好里说，他是千古一帝的候选人。他诛灭韦后，中兴唐室，开创唐朝极盛之世。而往坏里说，他晚年骄奢淫逸，任用奸臣，又是制造安史之乱的罪人。历史评价他"有始无终"，只当了前半辈子好皇帝。关于玄宗波澜壮阔又毁誉参半的一生，读者们想必也听过很多了。但我今天的角度略微有一点不一样，我们就从这首《龙池篇》出发，把这方小小的池塘当作一面镜子，映照出玄宗从意气风发的少年天子到"窜身失国"的一代昏君的人生历程。

先说龙池的来历。据传说，龙池所在地方，原来有一口井，后来因为发生了某件灵异的事，井水溢出，汇聚成一方池塘。在唐代，这个地方属于隆庆坊，所以又叫隆庆池。后来避李隆基的讳，改称兴庆池。池面形成后，又分了北面高地上的水源——龙首渠来浇灌，水域就越来越广大了。到了唐高宗景龙年间，这里风景秀丽，有传说称池中常有云气，间或有黄龙在其中出没。所以这池水，也被叫作龙池。

龙池里边有了真龙，那是不得了的祥瑞，那么这龙，到底从哪里来的呢？这也有两个说法。第一种说法，井里冒出来的。《景龙文馆记》记录了一个颇为神奇的故事，也就是我们刚才说的"灵异事件"。

武则天时期，有一个叫王纯的人，他在隆庆坊挖地，几锄头下去，挖出了黄金百斤，一下子就发财了。朝廷听说了，当然就要抓他来问话。王纯就害怕了，把这些金子都扔到井里去。官员查找赃物，趴在井口往下看，就见一对赤龙，仰着头，张开大嘴，好像要咬人的样子。官员吓得扭头就走。王纯不死心，晚上想去把金子偷偷捞出来，不料又遇到这两条龙。王纯当时害怕极了，顾不上金子，逃之夭夭。到了晚上，井水渐渐喷涌，成了广百余顷的龙池。按这个说法，龙池里边的龙，应该是一双赤龙，形象颇有点可怕，且来历不明。怎么看都和唐传奇中鬼怪精灵没什么区别，放今天也就是个都市传说。

而第二种说法，就不一样了。不仅龙的形象变得可爱，来历也更加非凡——是武则天赐给李隆基的。

有一次，武则天在大殿里召见自己的孙子辈们。孩子们个个虎头虎脑，十分可爱，在殿前玩耍打闹。武则天命人取了一些西域诸国供奉过来的宝贝，比如玉环、金钏、玛瑙碟子、象牙碗等，大概就是玲珑剔透、特别招孩子们喜欢的东西。武则天对孩子们说，大家随便拿，谁抢到是谁的。孩子们一看奶奶发了话，那太好了，都冲过去拣喜欢的抢，个个收获满满。武则天就在一旁看着。要知道这是武后，毕竟不是平常人家老奶奶，搞这么一出也不是为了给孩子们当圣诞老人来了。她是想暗中观察，看哪个孩子拿什么，"以观其志"，推测他们未来有没有出息。

大家都在抢的时候，唯有小李隆基端端正正地坐在原处。武则天觉得这孩子不是常人，于是走下来，抚摸着他的背说："这孩子，未来当成为太平天子。"并让人取出一件真正的珍宝"玉龙子"，赐给小李隆基。玉龙子是什么宝贝呢？史料记载，"虽其广不数寸，而温润精巧，非人间所有"。就是说，它虽然不大，只有几寸宽，是一条小龙，但非常温润精巧，完全不像人间的器物。不是人间的，那是哪里的呢？来自于天，是天命的象征，是当年太宗皇帝在晋阳的宫殿——唐的龙兴之地——得到的。长孙皇后一看，这不是一般的宝贝，这是天命归之的征兆啊，于是悄悄藏在衣箱里边。等长孙皇后生下高宗李治后，又把这个玉龙子赐给高宗。之后就一直藏在大内里边。唐玄宗当皇帝以后，为了祈雨，把小龙投到了龙池里。从此小龙就在龙池里安家了。

这是第二种说法。这里的小龙，是条白龙，温润如玉，形象非常可爱。和之前那种说法里两条威风凛凛、凶猛矫健的赤龙完全不一样。

我们说，两种说法其实都来自于稗官野史，甚至有小说家的味道。按我们今天的科学观来讲，无论是赤龙还是白龙，都是传说，不可能真的在龙池里兴风作浪。但我们要想一想，当时为什么会有"龙"的传说——谁编出来的，谁让它按照自己想要的方式传播？龙池里的龙，和未来的真龙天子李隆基有什么样的关系？传说的出现，又给现实中的唐王朝带来了什么改变呢？想说清这个问题，我们先看诗歌的首句：

龙池跃龙龙已飞，龙德先天天不违。

这句诗字面上的意思就是，龙池里边的龙，已经从池水中跃起，一飞冲天了。龙的德行，足以匹配上天，因此连天都会庇护它。

然而这首诗的意思，还不止字面上那么简单，它创作的原因，并非某个人一时兴起，写几句来拍拍皇帝马屁，而是一场有组织、有规模的政治活动。《唐会要》记载，玄宗皇帝即位之初，右拾遗蔡孚献《龙池篇》，搜集了王公以下的各级亲贵官员们的作品，一共一百三十篇。当时有点文采的大臣们，会写几句诗的，几乎都参与了创作。所以我们才说，是有规模、有组织的。

为什么说这次赛诗不仅是文学比赛，还是一场政治活动呢？因为唐玄宗即位之初，迫切需要做一件事，来证明自己当皇帝的正统性、合法性。大臣们敬献《龙池篇》，就是基于这个政治目的。

有人要说不太对，李隆基是唐睿宗李旦的儿子，从父亲手里继承的王位，还需要证明合法性吗？当然需要。李隆基虽然是李旦的儿子，但并不是嫡长子。他是第三子，所以又称李三郎。既然是老三，又是庶子，登基之路注定充满了血雨腥风。为了坐上皇位，李隆基光政变就发动了三次。神龙政变里，他和自己的叔叔李显联合，把奶奶武则天拉下马来，让叔叔当了皇帝。叔叔死了之后，他又发动唐隆政变，诛杀婶婶韦皇后。再和姑姑结盟，把堂兄弟从皇座上拉下来，把亲爸爸李旦扶上皇位。抽空把嫡长子的哥哥李成器挤兑到"自愿"让贤，这才当上太子，而后荣登大宝。然而这还没完，还得再发动一次"先天政变"，把大权在握的姑姑也送走。这下总差不多了吧？还不行，亲爹还当着太上皇呢。听到这，读者们是不是觉得一团乱麻？是的，不仅你们，李隆基本人也觉得乱。等真正登上帝位，李隆基就想，必须把这团乱麻理顺了，找一条更加简单直接、正大光明的线路来。他想跳过之前那些纷繁芜杂的政变，精神上直接对接唐太宗李世民，并昭告天下，之前一切都是暂时的曲折，到他这里，就是拨乱反正，重续大唐正统。

李隆基这样想，在政治上是很必要的。但光想还不够，还得有一个老百姓能看得见、说得通的象征。这一点，以沈佺期为代表的文臣们替他想好了，那就是龙池中的"龙"。

我们刚才说过，龙池中的龙大有来头——是太宗皇帝得到的，传给高宗，又传给武则天，武则天传给玄宗，大家应该就看出来了。这条雪白可爱的小龙，是一个象征，是大唐帝业受命于天的象征，是直接由太宗皇帝传给玄宗的祥瑞。中间长孙皇后也好，高宗也好，武则天也好，都是暂时保管。

因此，歌颂龙池之龙，就是歌颂玄宗；这条龙从潜藏于渊到跃向苍天的故事，隐喻着玄宗"得天命"的整个过程，当然值得大书特书。所以官员们群体创作《龙池篇》就顺理成章了。光写了还不行，还得向民众宣讲。所以玄宗命人将搜集上来的一百三十篇《龙池篇》，交给负责管音乐的太常寺选拔，层层淘汰，最后剩了十首。其中最著名的，就是沈佺期的这一首。

2. 人间宅邸天上宫阙

这首诗好在哪里，能从这么多作品中胜出？有艺术和政治两方面原因。

艺术上，大家可以看到，头四句中龙作为核心意象反复出现，这种技法很接近后来的一篇名作《黄鹤楼》："昔人已乘黄鹤去，此地空余黄鹤楼。黄鹤一去不复返，白云千载空悠悠。"黄鹤不断穿插其中，让人觉得浑然天成，一唱三叹。传说诗仙李白一见这首诗，惊为天人，感慨"眼前有景道不得，崔颢题诗在上头"，因此搁笔罢作。这个说法到底真不真呢？有一部分是真实的。李白确实很喜欢《黄鹤楼》，之后曾经两度模拟。但他真正欣赏的，不是景物描写，而是这个一唱三叹的结构。李白后来创作的《登金陵凤凰台》《鹦鹉洲》，都是用了这种结构。"凤凰台上凤凰游，凤去台空江自流"，凤凰反复出现；"鹦鹉来过吴江水，江上洲传鹦鹉名"，鹦鹉反复出现。两首诗和《龙池篇》中龙的反复出现，一脉相承。所以，李白服气的这种结构，最早出处还不是崔颢《黄鹤楼》，而是我们今天讲的

《龙池篇》。

这是文学上的好，政治上就更不得了了。

这首诗的作者是沈佺期，当时著名的宫廷文人。他除了诗写得好以外，还有一个长处，擅长揣摩当权者的心意。史书记载他"常侍宫廷"，且与张易之兄弟、太平公主关系都不错。后人评价他，都称赞他的文采，而"薄其为人"，就说他政治上是个见风使舵的主，谁在台上拥护谁。那么等到了玄宗当了皇帝，组织《龙池篇》创作及宣讲大会的时候，沈佺期当然抓住机会，好好表现。

于是他施展了毕生的才华、学识，通过歌颂"龙池"，把唐玄宗"受命于天"这件事，说得明明白白、有理有据。他首先从儒家经典入手，把龙池景色和皇帝的德行结合起来。龙池跃龙龙已飞，短短七个字，就连用了两个《周易》的典故，《周易》乾卦九四"或跃在渊"，九五"飞龙在天"，这是说，李隆基先是韬光养晦，潜藏在龙池这一方深渊中，积蓄力量，有朝一日终于龙飞冲天，成为天子。第二句"龙德先天天不违"还是出自《周易》。孔子说："龙德而隐者也。"像龙一样有德有才而隐居的人，不因世俗而改变节操。信念坚定，从不动摇，因此才能得到天的眷顾。这段话来形容玄宗先隐去锋芒当王子、最后登上皇位的过程，可不是再贴切不过了吗？

接下来两句"池开天汉分黄道，龙向天门入紫微"，就更妙了。"黄道"又称"光道"，被认为是太阳轨迹；"紫微"就是紫微宿，是帝王的象征。这两句是说，池中的倒影映出了太阳运行的轨迹，池中的小龙在水中游走，当它穿过宫殿倒影时，就仿佛穿过天门，进入了紫微星宿中。人间帝王宅邸与天上宫阙因这一池清水融合了。日月星辰垂照水面，这是天象影响人间；龙池中的龙腾空而去，进入了紫微宿，这是人间影响了天象。天文秩序的变化，意味着人间新王秩序的开启。天命所归，天人合一。

总结一下，《龙池篇》的创作源于一场大规模的政治宣讲。沈佺期是其中翘楚，他配合玄宗，从符瑞的角度诠释龙池，将龙跃于天、龙入紫微的过程与玄宗得帝位的过程同步。这样一来，乱麻一样的"天命"传递过程也就厘清了，太宗到玄宗的正统路线，便显得顺理成章。

我们之前说了，神化龙池、将龙池之龙与李隆基联系的做法，在政治上是一招妙棋。但我们都知道，妙棋多半不是临时下出来的，而是在好几步之前就开始安排，所谓一盘大棋，深谋远虑。我们有理由推测，在玄宗"龙飞冲天"之前，关于"龙池王气"的传说就已经在长安城中流传了。如果这是真的的话，那么当时处于权力核心的其他人，就不可能坐视不见，一定会有所行动，来反制这个"龙池王气"。

有这样一则记载。唐中宗李显当皇帝那会，有个善于望气的术士，站在远处一看，不得了，这方叫作龙池的水洼，竟然冒出了"王气"，赶紧禀报李显。把李显吓了一跳。有人可能不理解了，京城里的池塘，有了王气，本来该是个吉祥之兆，那李显怕什么呢？因为这个出王气的地方不太对。龙池附近，是相王李旦的五个儿子住的地方，其中就包括了李隆基。李旦是李显的弟弟，那五位王子就是李显的侄儿。在李显的角度看来，这说明，自己的几位侄儿里边，会出未来的天子。这下怎么办呢？李显想到了一个办法：压胜。就是用某种办法，破掉此地的王气。

这种由现任帝王镇压未来王气的方法，古已有之。具体来说，又分强压和软压两种办法。说起武力压服，最内行的是秦始皇。当时也有一位术士说金陵有王气。秦始皇乃凿地脉，断连冈，派人挖断了南京的连绵山脉，挖出"秦淮河"以断绝金陵的王气，地理上压制还不算，还要改名字，改金陵为秣陵。秣陵，就是喂马的地方，这样一改，南方一带的王气也就被压下去了。

而另一种办法要文明一些。《册府元龟》里记载，大业十三年，也有一位望气者对隋炀帝说，龙门有天子气，连太原甚盛。就说太原一带有天子气，陛下得想想办法。隋炀帝于是在太原设置了行宫，经常去那边玩，以压服王气。

唐中宗李显遇到这个问题，倒没有改掉龙池的名字，也没有挖地放水。他用了另一种办法，带着大臣去龙池上游玩。因为自己是真龙天子，所以你这龙池里的小龙见到了真龙，还不乖乖地俯首称臣。

然而，压住了吗？显然没有。李显没过多久就暴毙了。有一种说法，是他老婆韦后和女儿安乐公主联手毒死的，也有学者认为，是生病死的。不管怎么死，皇冠落在了他十五岁的小儿子李重茂头上。可这位小皇帝龙椅还没坐热呢，就被李隆基联合太平公主揪着衣领提溜下了宝座。皇帝最终还是传到了李旦这一系手里边，可见李显的压胜法，没什么用处。

其实这一条压胜却无用的记载，也是模仿唐太宗的。《册府元龟》里边有一条记载，唐太宗住的地方就有紫云笼罩其上，没多久就变成了五彩之气，形状宛如飞龙。隋炀帝没能压住太宗，中宗当然也压不住李隆基。这两下一比，谁是天命所归，就显而易见了。

总结一下，龙池与龙池中"跃龙"的传说，不仅仅是长安城里的里巷杂谈，还是很严肃的帝国祥瑞，是玄宗直接接续太宗伟业、重振李唐声威的象征。那么当玄宗坐稳皇帝宝座后，龙池又在他的统治中起到什么作用呢？我们看回这首诗。

3. 龙得水与开天盛世

邸第楼台多气色，君王凫雁有光辉。

玄宗登基后，龙入紫微，一度离开了兴庆宫，搬去北边的大明宫了。龙池就作为皇帝的潜邸，保留了下来。当年的旧宅，仍然沐浴在王气之中，而池塘里的鸭子、鸳鸯、水鸟，都沾上了君王的光辉。一人得道鸡犬升天，就是这意思。当然，玄宗还是忘不了这个龙兴之地，经常回来看看，后来还干脆搬到这边办公了。《明皇杂录》记载，玄宗取洞庭鲫鱼，养在龙池里，回来游玩的时候，还和大臣们一起，钓几条做成"脍"也就是今天的生鱼片吃。太平时期，龙池有了新的作用，就是展示天下太平、君臣和睦。

这时有读者忍不住会问，那条"玉龙子"呢？最初也跟着玄宗搬走了，但后来又回到了龙池。这是怎么回事呢？《明皇杂录》记载，说开元时期，三辅大旱，于是就得祈雨。当时求遍了各神山大泽，都没有反应。唐玄宗突然想到了和自己命运紧紧相连的小龙。龙负责什么呢？行云行雨。是雨神，那何必舍近求远呢？于是玄宗下密令，将玉龙子投到龙池里边去。就这么一下子，马上乌云密布，风雨大作。旱情得到了缓解，小龙也重新归于龙池了。

这个故事对玄宗有什么意义呢？它说明，龙池的龙不仅是帝王霸业的象征，也是风调雨顺的象征。龙飞冲天，固然是好事，但帝王把龙气带走了，龙离开了龙池，雨水就不那么及时。怎么解决呢？只能由龙在人间的化身——天子玄宗，重新把玉龙子投入龙池，重归于天人和谐。在这里，我们看到玄宗利用"龙"对自己形象的又一次塑造。这个塑造，包含了两方面的深意：

第一，我作为天子，的确得了龙气，我可以调动龙的力量,来护佑子民。

第二,虽然我住在深宫里日理万机,但我的象征或者说我的化身仍然在人间,一旦入龙池就可以召唤风雨,保佑大唐风调雨顺。

这时候,龙池小龙,可以说是玄宗皇帝的一个影子,代表他关心农业生产、关心黎民百姓的一面。

当盛世降临、四方太平后,小龙也就没有那么重的责任了,正好优哉游哉,四处遨游。唐代笔记中记载,天宝中,龙池小龙从南沟里边游出来了,长安城中很多官员、百姓都亲眼看到了这一幕,大呼神奇。这个故事,也不仅仅是都市传说,依旧颇有深意。这里悠闲出游的小龙形象,和玄宗在开天时期努力塑造的太平天子、与民同乐的形象也是一致的。

玄宗经常出游,一路上浩浩荡荡,百姓都能看到。不仅如此,他还爱搞一些活动,《旧唐书》记载,开元元年,唐玄宗登临承天门,命左右往楼下撒金钱,文武百官争相捡,百姓也在一旁山呼万岁。

此刻的玄宗形象,不正是悠闲出游、接受万民欢呼的小龙化身吗?从少年到盛年,玄宗与小龙的成长,是高度同步的。龙池就像一面镜子,镜子这一面站着的是雄心万丈的天子;镜子那一面,是天光云影中振动鳞甲的小龙。他们有一个共同的契约,就是创造一个花团锦簇的盛世。

这个契约实现了没有呢?在很长一段时间里是实现了。我们回到这首诗最后两句"为报寰中百川水,来朝此地莫东归",这是一个有点夸张的比喻,普天之下的滔滔江河,都不再奔向东海,而是都涌向这一方龙池。这当然是在颂圣,歌颂皇帝的圣德,也可以看作是对皇帝的一种期望。期望有朝一日,国力鼎盛,万众归心。所有人的心,都朝向这方龙池,朝向曾潜藏其中的真龙天子。而如果将这方池塘扩展一下,看作是长安城的象征,那就更不夸张了。当时的长安城,九族争聚,全世界各地的人,不远万里来到这里,朝觐他们心目中的天子。正所谓"万国衣冠拜冕旒"。这从某种程度上,实现了"来朝此地莫东归"的期望。

4. 龙离水与安史之乱

如果龙池的故事在这里打住,似乎是神话般的完美结局。可惜,历史从不会按照所有人希望的那样发展。

开天盛世并没有能长久。安史之乱爆发,潼关失守。唐玄宗匆忙西狩,逃离了长安。这一幕无论对于唐代历史,还是对于玄宗本人而言,都是黯淡无光、极度可悲的。但今天,我不说长安沦陷后的惨状,也不说与杨贵妃生离死别的马嵬坡,而再度将目光投向龙池,看一看那一条陪伴着李隆基一步步登上帝位的小龙,到底怎么样了。

《明皇十七事》中记载,玄宗一路逃亡,进入蜀地,被嘉陵江拦住去路。就在玄宗乘舟渡江时，突然风波大作。就见一条巨大的白龙，出没于波涛中。侍卫们本就是惊弓之鸟，现在更是心悬到嗓子眼，怕遇到妖物，危害船只。然而这条白龙不仅没有作怪，反而绕着玄宗舟船游动，像是在为他护卫。玄宗看到这一幕，忍不住泪如雨下，对左右人等说："这就是我龙池中的那条小龙啊。"然后命人取酒祭奠它。白龙振动鳞甲，冲天而去，再也没有回来。

这条小龙，从长安到蜀地，一路默默护送玄宗。在江边显现出自己的龙身，和玄宗来一场最后的告别。嘉陵江的滚滚江水，此刻宛如龙池中那面水之镜，玄宗和小龙仍然站在水镜的两边。只是这时的龙，不再是数寸长的"玉龙子"，而是已能翻江倒海的巨龙；而当年那个心怀天下的少年天子，却被岁月磨尽了豪情，成为垂垂老者，一个辜负了天下厚望的流亡之君。龙仍是龙，但玄宗已不是那个玄宗。因此，这条龙必须和他告别了。它带走的，还有玄宗的少年意气，以及开天盛世的荣光。

到这里，我们不妨回过头，重新审视《龙池篇》开头"龙池跃龙龙已飞"的场景，这与小龙最后"振甲登天而去"何其相似，又是多么不同。《龙池篇》中，龙是玄宗的化身，飞入天门。而这时，龙飞入天，一去不回，是天命弃玄宗而去。其中发生了什么呢？为何走到这一步的呢？原因就是，君王的"德"已不在。当我们把虚幻缥缈的天命，理解为因为君王圣德而获得的民心,似乎一切便不再神秘,顺理成章。"龙德先天天不违",有德,所以天遂人愿,民心所向;无德,则天命不再,万民弃之。他骄奢淫逸,任用奸邪之时,也就是他失去天命、失去民心之时。

  沈佺期当初写下这首诗的时候,并不会想到有一天,这仿佛是无意中的预言,又仿佛是历史开的一个玩笑。它时刻提醒我们,靡不有初,鲜克有终,唯有不忘初心,方得始终。

九天阊阖开宫殿　王维《和贾舍人早朝大明宫之作》

绛帻鸡人报晓筹，尚衣方进翠云裘。
九天阊阖开宫殿，万国衣冠拜冕旒。
日色才临仙掌动，香烟欲傍衮龙浮。
朝罢须裁五色诏，佩声归到凤池头。

——王维《和贾舍人早朝大明宫之作》

这是一首写朝会的诗歌，被誉为正面描绘大唐气象的第一名篇。它创作于乾元元年春天。群臣汇聚于大明宫，商议国事。中书舍人——相当于现在的秘书长——贾至，写了一首七言律诗，来书写早朝的盛况。著名大诗人王维，看到后非常感慨，写了这样一首和作。不出意外，这首和作超越了原唱。王维用他华贵秀雅的笔调，描绘出大明宫中百官称贺、万国来朝的盛况，把盛唐的风华与气象定格在了诗歌中。

说到这里，我们忍不住想，王维等人咏叹的大明宫，到底是什么样子呢？后人又为何将这座宫殿视为盛唐气象的象征，不断回忆？就让我们借这首诗，走进这座传奇之宫。

1. 大明宫大在何处？

大明宫因何而建？

这里就要提到唐代初年最著名的一场政变——玄武门之变。李世民伏兵玄武门，诛杀太子李建成和齐王李元吉。作为君王，李世民此举夺取皇位，拉开了贞观之治序幕，于天下有功。但作为儿子，他杀死两位兄弟，逼迫父亲，于伦理有亏。尊父亲为太上皇后，李世民想尽各种方法，补偿心情抑郁的父亲。其中一项，便是为父亲修建一座新的宫殿，它必须宽敞、凉爽、设施齐全又远离政治中心，让父亲能安度晚年。太宗为这座宫殿取名为"永安"，意求父亲长永安泰。这是他身为儿子，又身为大唐天子，能做出的最恰当也最真诚的补偿了。然而太宗没有想到，这座偏居城市东北角的行宫，后来竟成为整个帝国的心脏，改写了唐王朝的历史。

开工仅四个月后，年届七旬的唐高祖李渊驾崩，大明宫建设随即中止。之后的十余年中，也没有任何续建的记录。这份表示孝心的礼物，随着李渊的去世，成为一座风雨飘摇的烂尾楼，差点就要淹没在历史之中了。

而这时，工程的接续者出现了。他就是唐高宗李治。

根据史书记载，李治一直体弱多病，又患上了"风痹"，也就是风湿症。这种病不致命，也算不上急症，却悄无声息地影响了帝国命运的走向。

风湿病，最忌讳湿热环境。而高宗李治居住和办公的地方，是太极宫。太极宫位于整个长安城的中轴线上，原本应该是最理想的皇宫所在。可不幸的是，它正好位于一块低矮的洼地。夏天又湿又热，让李治本不太好的健康状况雪上加霜。武后对太极宫也没有什么好印象。从入宫当先帝的才人，到出宫为尼，这里有太多不愉快的记忆。两人都有了搬迁的心思，便一起把多年前的地图拿出来研究，发现长安城北面高地上还有一座未完成的大明宫，砖瓦石材都还堆在那里。于是就这么决定了，大明宫的修建再次提上日程。龙朔二年（662），大唐举全国之力再兴土木营建大明宫。这时，距离上次建造，已经整整过去了二十八年。

皇帝急着搬家，唐王朝开足马力、大兴土木。资金周转不太灵的时候，整个长安城的官员都减免了一年的俸禄，来资助大明宫工程。在倾举国之力的局面下，仅用了十个半月的时间，就建成了这座当时世界上最大的宫殿。

那么大明宫到底有多大呢？它的宫殿数量超过千间，占地面积 3.2 平方千米。直观地说，是明清紫禁城的 4.5 倍，是凡尔赛宫的 3 倍，不仅是举世无双，也算得上空前绝后。

大明宫的"大"，不仅在于宫室之大，还在于它是整个唐代历史的见证者。它始于唐太宗，成于唐高宗，盛于唐玄宗。先后共有 17 位唐朝皇帝在此处理朝政，历时两百余年。唐王朝从发展到兴盛再到衰落的全过程，都在这座宫殿的见证之下。

此外，大明宫还是开天盛世的象征。西域、漠北、南越来的各国使节，在这里觐见君王；高仙芝、封常清等名将平定边疆后，在这里接受封赏；李白在这里作诗，公孙大娘在这里起舞——大明宫的大，正在于此。"如日之升，则曰大明"，这座宏大的宫殿就像一轮高悬于长安城上的明日，映照出整个大唐盛世的威严与光荣。透过它，可见唐帝国的万里疆域，可见开天盛世的无上繁荣。这是大明宫之所以为"大"，之所以为"明"。

除了大之外，大明宫还有一个特点，就是高。王维也将这一特点写在了诗歌里，所谓"九天阊阖开宫殿"。九天，就是九重之天，极言其高。

大明宫地势在北面龙首原，这是长安城的制高点。站在上面，可以居高临下，俯瞰整个长安城。当站在宫门外仰望整座辉煌的殿宇时，的确感觉它就像建造在九天之上。

那阊阖是什么呢？原意是天门，也就是天宫之门。这里是形容大明宫的宫门。这座宫殿一共有十一座宫门，最大的一座是南面的丹凤门，也就是整个大明宫的正门。它有五个门道，东西长达六十多米，南北进深二十米，是中国古代规格最高的"天下第一门"。用传说中天宫的大门"阊阖"来比喻它，可以说一点也不夸张。

九天阊阖后，王维用了"开宫殿"三个字，来形容早朝时宫门打开的场景。这个场景特别典型，在至高至大之外，还写出了大明宫守卫森严。因此,它的宫门,不是随便就开的,里边有不少讲究。

　　傍晚时,各宫门都会依次关闭。而管理宫门的门契,则掌握在皇家近卫队金吾卫手中。所谓门契,就是鱼符。做成鱼的形象,一分为二,一半由宫中留守的禁卫保存,一半由门官拿着。得两边对上了,宫门才能打开。当五更二点时,官街鼓从宫禁内开始敲响,回荡在整座长安城的上空,一队队甲胄森严的金吾卫,带着鱼符走来,一道道打开宫门。

　　鼓声从宫内传向宫外,就像凤凰长鸣百鸟应和一样,长安城内所有街鼓也会次第敲响,坊市大门打开,整个城市开始运转。

　　虽然这时还不到五点,但够得上资格上朝的官员们赶紧起来,不赶紧就来不及了。设想你是一位官员,听到官街鼓还不到五点,早朝一般是六到八点,时间紧张,来不及吃早饭了,带上仆人,打上灯笼匆匆出门。

　　在唐代,多数官员都住在城南,离大明宫不算近。白居易住的新昌坊,元稹、韩愈住的靖安坊,都将近二十里。假设你混得比他们好一点,住在安仁坊,和杜牧是邻居,通勤距离十几里地。即便有马,也要天不亮就得起来,遇到风雨天气,简直是一场灾难。长途奔波完毕,你终于抵达大明宫的正门——丹凤门。以为可以歇一口气了吧?并不。穿过长长的门道后,你能看到一座能容纳数万人的巨大广场。办公场所含元殿,就在广场的另一头。这时,无论官职大小,都不能骑马,只能步行过去。要走多久呢？光纵深就有六七百米，大概有一站公交车的距离。穿过广场，你会看到一条四米多宽的水渠，作用类似于今天的玉水河。上面有三道桥，过桥之后，才会抵达含元殿。

这是大明宫的正殿，每逢元旦、冬至等节令或者发生了重要的事，才会在此举行大朝会，能赶上一次并不容易。而要进入这座大殿，更不容易——物理意义上的不容易。含元殿光殿基就有五六层楼高，总高度竟惊人地有四五十米，合今天十六层楼。高高低低，层层叠叠，看上去简直不像人间的宫殿。然后，你会面临另一个难题——怎么爬上去。你面前有两道阶梯，从上往下垂，看上去像龙尾一样，被人们称为"龙尾道"。龙尾道有多长呢？好家伙，七十八米。武将或者年轻官员鼓把劲就可以爬上去，但年老体弱的人就不那么容易了。唐宣宗年间，皇帝在含元殿颁布尊号，百官称贺。著名书法家柳公权已经八十多岁，爬完七十八米的龙尾道到大殿前，累得有点恍惚了，把玄宗皇帝的封号"和武光孝"误听为"光武和孝"，结果被御史弹劾，罚了三个月工资。

我们可以看出，王维用九天形容大明宫地势之高，用阊阖比喻大明宫宫门，是很有道理的。这条上朝之路，无论从政治意义上，还是仅从物理意义上讲，都可以算得上一场"登天之旅"，绝非易事，当然值得大书特书。

说过了"九天阊阖开宫殿"，我们接下来看"万国衣冠拜冕旒"。

2. "万国来朝"所朝者谁?

含元殿里,站满了来参加朝会的官员。一部分是大唐本土的文臣武将,一部分则是外来的使节。这些使节身份各不相同,有归降唐朝的胡人武将,有异邦的王子甚至国王本人,也有选派来的留学生。

假设以王维的眼光看过去的话,能看到香烟袅绕的含元殿里,站着身穿各色服装、来自世界各地的人。有一队高鼻深目,身着胡服,带着一只巨大的箱子。他们来自遥远的吐火罗国,跨越葱岭,万里跋涉,就为了朝觐他们心目中的大唐天子。使节打开箱子,里边跳出一只七尺高的黑色大鸟。"足如驼,鼓翅而行,日三百里,能噉铁。"(杜佑《通典》)这种神奇的鸟到底是什么呢,就是今天的鸵鸟。这不是吐火罗国第一次敬献鸵鸟了,太宗昭陵外还有鸵鸟塑像,就是按照他们上次的贡物雕刻的。

皇帝圣心大悦,回赐了不少宝物,其中就有马奶葡萄酒。太宗皇帝率大军攻破高昌国后,将种子带回上林苑播种,并改造实践葡萄酒酿造方法,使得长安士人得以品尝到这种异域滋味。如今,马奶葡萄酒已经是长安城的"爆款",回赐给西域来的使节,正体现出了东西方的交流。

一同被赐酒的,还有王维的好友、日本人阿倍仲麻吕。他十九岁时,作为遣唐使到长安后,进入国子监学习,还给自己起了一个中文名,叫晁衡。阿倍仲麻吕来到长安后,就不愿意走了,安安心心地在唐朝读书。开元五年,一举考中了进士。他所在的时代,外国人可以参加科举,并且在唐朝做官。有了官职后,晁衡日子过得更滋润了,很快就和王维、李白、储光羲等大诗人成了好朋友,不时写写诗,喝喝酒,也不太想回国了。天宝十二年时候,晁衡已经五十五岁了,思念家乡,想回国探亲。唐玄宗任命他为"送使",即以皇帝特派大使的资格伴送日本遣唐使团回国。一个日本人,却以中国使节的身份回访日本,这是极其少见的。可以看出来,不仅晁衡把自己当成唐朝人,唐朝人也把他当自己人看了。

回国的那一天,长安朝野人士,纷纷送别。王维也在其中,还写了一首诗,表达不舍之情。然而,这一去不仅没顺利到日本,还闹出一个大乌龙。船只在琉球附近遇到风暴后失联。消息传到中土,人们都非常悲伤。李白还写了一首《哭晁卿衡》来悼念他。没想到,晁衡大难不死,随浪漂流安南(越南)一带,最后辗转回到了长安。在这过程中,他遭遇了船只失事、狂风暴雨、海盗作乱,同行的一百七十多人,几乎死尽了,唯有他和藤原清河还活着。支撑他的就一个信念——回到长安。在生命最低谷的时候,他心心念念的不是海外的故乡,而是这个给予了他荣耀的第二故乡。最后,他如愿以偿,在七十二岁时死于长安,并埋葬于长安。

长安的伟大,就在于它能让每个行走、居住其中的人,找到实现理想、实现自我价值的舞台。无论是王侯将相，还是贩夫走卒，都能在这座城市找到自己的容身之地，过着自己向往的生活。一座伟大的都城，不是要征服所有人，而恰恰是能庇护所有人。让每一个向往它的人，能够生活其中，获得尊严与幸福。这样才配得上九天阊阖的壮美，才值得不远万里的朝拜。或许，这就是"九天阊阖开宫殿，万国衣冠拜冕旒"的意义，是千载以来，我们不断怀念、回忆盛唐的原因。

3. 服章之美可谓之"华"

有人评说，这首诗虽好，可惜关于服饰的词太多了，一首八句的诗竟然有五六处之多。那我们来数一数，是哪五六处。

绛帻鸡人报晓筹。

绛，深红色；帻，头巾，绛帻，深红色的头巾。什么是鸡人呢？这是指宫中夜间报更之人。这就涉及古代宫廷的一个制度。皇宫里边不能养鸡，否则稍有动静，就会鸡犬不宁。但古代没有闹钟需要报晓，又该怎么办呢？古人有古人的智慧，到破晓的时候，一群卫士守候在皇宫南面的朱雀门外。做什么呢？打鸣，模仿公鸡报晓的声音。不仅声音像极了鸡鸣，造型也颇为神似。他们头上缠着红色头巾，模拟成鸡冠的样子。因此这群卫士也得了一个雅称——鸡人。这句诗就是说，等到曙色破晓的时候，头戴红头巾的鸡人们,开始依次、传递报晓的消息。

尚衣方进翠云裘。

尚衣,是一个官职,掌管天子的服冕。用今天的话说,近似于天子的造型师。翠云裘,用翠羽编织成的云纹之裘。读者们可能知道,《红楼梦》中,贾宝玉得了一件孔雀裘,是孔雀尾羽织成的。后来不小心被烧了个洞,晴雯带病熬夜为宝玉补好。为什么要带病补?因为孔雀裘非常珍贵,一般人根本不认识,也无从补起。只有晴雯可以。当然了,对于天子而言,无论孔雀还是翠羽的裘衣,都是寻常事物,有很多件供挑选。这句诗的意思是,在破晓时分,鸡人刚刚报晓,尚衣局的官员们奉上了为大唐天子精心挑选的翠云裘。可以说极尽华丽,显示出大国宫廷的堂皇气象。

绛帻、翠云裘、衣冠、冕旒、衮龙、加上最后的佩,的确有五六处,说重复也不是没有道理。但从另一个角度去看,衣冠是一个国家的象征,庄重的服饰,代表了人的体面,也代表了一个国家的体面。在巍峨的大明宫前,每个人都必须盛装朝服,仪态一丝不苟。这样,才匹配得上这座宫殿,也匹配得上盛唐的威严。

有这样一个故事,武后时期,四品官员张衡从大明宫退朝回家,走在路上,看到路边有卖蒸饼的,顿时眼睛都亮了。因为当时上朝时间特别早,天还没亮,这位老兄就出门参加早朝了。没来得及吃早饭，朝会有几个小时，下朝的时候，张衡实在是撑不住，就在路边买了一个蒸饼，边走边吃。没想到被监督官员的御史看到了，认为"有失官体"，就弹劾了他。原本是四品官的张衡，因此失去了升入三品的机会。

为什么弹劾？肚子饿了吃一个蒸饼有什么不对？并不是吃蒸饼不对，而是他不该穿着朝服吃蒸饼，尤其不该在大明宫前的大道上边吃边走。其实并不难理解，今天我们也讲究在什么场合穿什么衣服，做什么事。这不仅是做给别人看的表面文章，也是一个人对自我的审视，对他人的敬意。从人类有了文明那一天开始，服饰的作用就不止于保暖蔽体，更是一种"礼"，它象征一个人的身份，也在规正人的行为。戴着玉佩，就不能撒腿狂奔；穿着正装，就不能边走边吃蒸饼。

所以，大明宫前的朝会，也是一场服饰与礼仪的展示。万国使节、四方诸侯都在一旁看着，必须慎重对待。王维诗中对衣冠服饰的咏叹，并非重复，而反映出他对"礼"的重视。孔颖达在《春秋左传正义》说："中国有礼仪之大，故称夏；有服章之美，谓之华。" 我们常说华夏，庄重威严的礼仪被称为夏；美好绚烂的服饰，是为华。可以看出，华和夏是分不开的。服饰衣冠本是中华文明的一部分，是人物风流、国力强盛的象征。一个人人都衣着得体，举止从容的时代，必定是国家富强、文明鼎盛的时代。华服盛装汇聚到一起，就是一个时代、一个国家的文质彬彬。

4. "盛唐气象"何以称盛?

刚才我们提到,这首诗被誉为最代表性地体现了盛唐气象,然而我要和大家分享一个可能会出人意料的"冷"知识:它的实际创作时代,并非开天盛世,而是安史之乱以后。

唐肃宗乾元元年,两京已光复,李唐王朝终于转危为安。曾经沦入胡人之手的大明宫,也渐渐恢复了生机。回到长安的君臣们齐心协力,为这座宫殿洗去劫灰,修补疮痍,准备新的朝会。而这时,大明宫的主人已不再是风流天子李隆基,而是唐肃宗。王维、贾至等人重新登上长长的龙尾道,打量新君时,必定感慨万千。

回顾一下王维的境遇,或许会对这首诗有更深的感受。长安沦陷时,玄宗带着亲贵从北门仓促逃走,王维来不及随驾,被困在了长安。而王维当时名声很大,很早就被安禄山列上"必须归顺"的名单,因此,很快便被强行押送到洛阳,囚禁起来,还强行授予他伪官。等到安史之乱平定后,王维就遭到了清算。好在王维曾写过《凝碧诗》,表达自己是迫不得已。加上弟弟王缙求情,唐肃宗才特赦了王维,并授予太子中允的官职。到了写大明宫早朝这一年,整个大唐王朝都可谓劫后余生。而王维本人,更是刚刚经历了自己人生中的至暗时刻,时时刻刻被内疚折磨。

于是问题就来了,在这样一个百废待兴的时间点,不去关心民生疾苦，而去写万国来朝、九天宫阙，是不是有点粉饰太平？有学者专门为这件事辩解，引经据典，证明这一年的确有回纥、黑衣大食、吐火罗、康国等国家遣使朝贡。这个辩解，并没有真正理解这组诗，也没有理解王维。因为这首诗书写的本身就不是眼前之景，而是回忆；不是劫后余生、缝缝补补的肃宗的朝廷，而恰恰是对玄宗时期、鼎盛长安的追忆。

于是我们忍不住会想，如果这组诗正是玄宗时写的，会更贴切、更真诚吗？我想也许不会。当极盛之时，写极盛之事，虽然是实录，却似乎少了一些深沉的情感。人就是这样，当拥有一切的时候，并不会格外地珍惜。当"渔阳鼙鼓动地来"，曾经如金城汤池一般的都城陷落，曾经鲜花着锦的盛世崩坏，曾经自由富庶的生活被剥夺，人们才会真正意识到开天盛世的可贵。具体到这首诗歌，如果是写实，这首诗的色调就太艳丽了。"鸡人""翠云裘""阊阖""仙掌"一个接一个，目不暇给，鲜艳夺目，却总觉得少了一点情感。而当我们知道，这些浓烈的物象，都是诗人经历了人生的苦难、经历了长安的覆亡、经历了比生死还要沉重的痛苦，在这一切之后，他再一次站在熟悉的大明宫前，回忆想象中的开天盛世，于是，他笔下那些虚浮的翠云、香烟、日色才真正落了地，具有了触动人心的分量。

如果我们把目光从大明宫朝堂内稍微挪开，移向宫门外。在大诗人们回忆开天盛世的同时，一位名为贾昌的中年人，正在门外仰望着大明宫。他和贾至虽然都姓贾，但遭遇完全不同。贾至是著名诗人，贾昌大字不识，连自己的名字都不会写，但和贾至、王维一样，他也将自己的生命历程，和这座伟大的宫殿联系在了一起。

贾昌自幼在大明宫宫墙根下长大。这是因为他的父亲在平韦氏之乱时，拿着挑帐幕用的长竿冲进大明宫，诛杀韦氏，立下大功，得到了全家迁居大明宫东云龙门的赏赐。贾昌从一出生起，就注定要和这座伟大宫殿命运与共。幼年时，他在宫门外玩木鸡，被出巡的玄宗看中，因驯鸡的才能得宠，常常出入宫禁。他亲眼见证了唐王朝盛极而衰的全过程。安史之乱结束，肃宗携着满朝文武返京时，他也返回了长安。但这时，贾昌已衣衫褴褛，两鬓斑驳，还瘸了一条腿，不复当年的样子。他不得、也不忍回到那座曾经辉煌的大明宫，只得在宫门外久久徘徊，最终转头离去，再没有踏足过这座记录了他家族荣耀及自己青春的宫殿。这一年他四十四岁。

直到半个多世纪后，贾昌已是九十八岁高龄。在一座幽静的寺庙里，他接待了来访的传奇作家陈鸿祖，平静地向他讲述了自己在长安城、在大明宫中见过的繁华。那时，江淮绮縠、巴蜀锦绣源源不断地运入宫廷，将后宫装点得美轮美奂。同时，长安百姓家中也储满粟米，东西市里供应着便服和棉布……这便是一个小人物眼中的大明宫与长安。

贾昌因驯鸡而得宠，是文人眼中的小人弄臣。而他在生命末尾时讲述的大明宫,却与王维那么相似。他们亲眼见证了辉煌盛世,也经历了兵火浩劫。在繁华落尽、荣光消散后,重新面对这座宫殿,面对自己的青春回忆与国家盛世余光,或用锦绣文字,或用苍老的低语,将九天阊阖中次第洞开的宫殿、万国来朝的盛世图景重建了起来。

所以说,其实在长安城,一共有两座大明宫。一座是现实中的。一千多年前,当年的工匠们一砖一瓦、一手一脚搭建起了震惊世界的恢宏宫殿。而另一座,则是在人们的记忆里的。之后漫长的岁月里,一代代人又用自己的追忆与想象,一次次将它重新书写,重新构建。大明宫并非仅仅建立在龙首原上,更建立在人心之上。它是盛世的象征,是一代人青春与生命的见证,也是后来人对政治清明、天下太平的渴望。现实中的大明宫,无论有多么宏大,多么固若金汤,最终有灰飞烟灭的一天。唐末动乱中,大明宫几次遭到焚毁,宫室殿宇,湮灭殆尽。然而在人心中的大明宫,却依旧挺立不倒。这,就是历史想对我们说的话:人心中的宫殿才是永恒的。只要我们的民族还在砥砺前行、缔造盛世;只要我们每个人,心中还向往美好幸福的生活,那这座宫殿,也会跨越历史的劫难,历久弥新,永远绽放着日月般的光芒。

塞下长歌雪满弓　　卢纶《塞下曲》其三

月黑雁飞高，单于夜遁逃。

欲将轻骑逐，大雪满弓刀。

——卢纶《塞下曲》其三

这首诗的题目是《塞下曲》。在唐诗中，这个题目的出镜率可不低。在卢纶之前，王昌龄、高适、李白等大诗人都有同题的作品。为什么诗人们写诗都选同样的题目呢？因为《塞下曲》并不是卢纶原创，而是从汉代开始就已流传的乐府旧题。汉代专门设立了乐府机构，从民间采集诗歌配乐演唱。早期的乐府诗，和音乐有着很密切的关系。通俗一点来讲，《塞下曲》其实是歌曲的名，可以配上不同的歌词。卢纶也好，李白也好，王昌龄也好，都可以填上新词。那么《塞下曲》听起来是什么风格呢？这个曲子属《横吹曲辞》，原本就是军乐，由北方少数民族在马上演奏，风格雄浑豪迈。与曲调相配，诗歌的内容多写边塞征战。卢纶的《塞下曲》也不例外。他的《塞下曲》原是一组诗，共有六首。我们选的是其中的第三首。而这一首之前的其二诗句，也非常有名，那就是"林暗草惊风，将军夜引弓"。

有意思的是，这一组诗并不是随便排列的，而有着前后的顺序。发令出征、夜巡射虎、雪夜追敌、庆功宴饮，仿佛是一部连续剧，选取了最精彩的几幕，展现出大军从出征到获胜庆功的全过程，赞颂了唐军军容整齐、守备森严，将士能征善战、英勇无畏。

许学夷《诗源辩体》盛赞这首诗："气魄音调，中唐所无。"

的确如此，这首诗是卢纶的代表作，也是那个时代的强音。我们跟着这一首慷慨雄浑的军歌，回到千年前的夜晚，看一场雪夜鏖战、追亡逐北的好戏。

1. 谁是《塞下曲》的主角？

之前我们打了个比方，把这一组诗比作唐代的军旅连续剧。在带大家追剧之前，要解答一个问题。《塞下曲》的主角是谁？当然是带领将士们英勇退敌、取得胜利的大将。可唐代的名将灿若星河，卢纶写的是哪一个呢？

要搞明白这一点，我们还要回到诗歌的题目。这首诗收录在《唐诗三百首》中的时候，就叫《塞下曲》。但其实它还有一个名字《和张仆射塞下曲》。这个标题有一些信息量。首先，这首诗是一篇和作。就是说，张仆射先写了《塞下曲》，然后卢纶唱和。张仆射的原唱没有流传下来，但张仆射这个人是可以考证的。多数学者认为，他是中唐时期的名将张建封。

张建封,字立本,在贞元十二年加"检校右仆射"衔,因此被卢纶尊称为张仆射。

在卢纶那个时代,张建封可是个了不起的人物。此人少年时慷慨负气,以功名为己任。他二十几岁的时候,曾做过一件大事。当时土匪作乱,聚集了数千人之多。朝廷要派兵剿灭,而这个张建封孤身深入营寨,凭借三寸不烂之舌,将这些匪徒劝降,可谓有勇有谋。后来淮西一带叛臣作乱,也是他临危受命,抵御叛军进攻,保全了两淮一带。之后张建封当了节度使,镇守徐州十余年,纪律严明,将徐州治理成当时的著名雄镇。

读者朋友们也许会想象,张建封应该是一个威风凛凛的武将吧?的确如此,不过这位铁汉还有柔情的一面。根据史书记载,他温厚大度,善于包容别人的过失。最重要的是还心系百姓,曾谏言让皇帝取消"宫市"制度。宫市制度是什么呢?宦官为宫里边采购东西,到集市上强买强卖,给的价格有时还不如市场价的十分之一。白居易《卖炭翁》里说"半匹红绡一丈绫,系向牛头充炭直",就是在批判宫市制度。这个制度施行已久,影响很坏,却少有人敢当面向皇帝谏言。张建封借回京述职之机,就向皇帝提意见,必须废除。可惜德宗皇帝虽然当时做出一副虚心听取的样子,但并未采纳。

张建封还有一个优点,那就是礼贤下士。《旧唐书》记载"无贤不肖,游其门者,皆礼遇之,天下名士向风延颈,其往如归"。著名文学家韩愈微寒的时候,也曾投靠张建封。在此之前，他还曾把朋友孟郊推荐到张建封那里去。可见张建封的确颇得人心。

有人会觉得奇怪，这张建封明明是武将，为啥老和文人混在一起啊？原因是张建封也很擅长写诗，曾有诗集流传。当时诗人夸奖他，说他"歌诗特优"，颇有建安时期诗人的风骨。文武双全，难怪能与韩愈等大诗人谈笑风生。

可见，在我们后人眼中，这位张建封可能并没有郭子仪、哥舒翰这些将领那么名声显赫，但实际上却是一位难得的、文武兼备的名将，堪称中兴之名臣、国家之砥柱。因此，卢纶诗中多有赞扬之意，也就不足为奇了。

那么，卢纶是在什么机遇下，给张仆射写下"和"诗的呢？

很可能是在贞元十三—十四年的时候。这时候，张建封到长安觐见，受到唐德宗的高度礼遇。有一次，唐德宗宴请百官，曾破例让张建封与宰相同坐而食，可见恩遇之深。张建封也给足了皇帝面子，一直在长安待到第二年春天，才回到自己的方镇。这个时候，我们的诗人卢纶也在长安。他通过自己舅舅的关系，受到德宗皇帝的召见。最可能的情况是，在三个月中，德宗皇帝亲自攒了个酒局，亲信大臣、文学侍从们都在。而德宗皇帝也是个雅好文学的主，他的局也不是一般的局，通常都是要写诗的。席上免不了要挥毫泼墨一番。张建封由于常在军中，因此就用了《塞下曲》这样的乐府题目，写诗表现军旅生活。而卢纶也根据自己在军中的见闻，和作了六首。

读到这里,读者朋友们或许会觉得破案了。原来《塞下曲》是唱和、赞美这位张仆射的。"欲将轻骑逐,大雪满弓刀"说的是张建封带兵追逐敌人;前一首中"林暗草惊风,将军夜引弓"也是借李广故事形容张仆射的勇武。那么,回到一开头的比喻,这部唐代军旅剧的男主角,定是这位张仆射无疑了。这样说到底对还是不对呢?也对,也不对。说对,是因为这组诗既然在唱和张建封,肯定要照顾到原作者,诗中英明神武的将领,也势必会有张仆射的影子。但另一方面,《塞下曲》是乐府诗。它选用之前已有的乐府题目的同时,就要继承前代音乐、题材、艺术的特点。因此,这里边写到将帅,就不一定能落实到某一个时代、某一个人身上。正所谓艺术源于生活、高于生活。正如小说、戏剧里会把几个原型的事迹叠加到一个角色身上一样,卢纶《塞下曲》中不仅写到了唐代人物,也援引了汉代故事;不仅有中原战事,也有北地边关的烽火。可以说,《塞下曲》的主角不是某一个人,而是历代守边将士们的集体投影。这首从汉一直唱到唐的军中乐曲,正是诗人们对英雄代代相传的礼赞。

2. 大雪夜,雁为何高飞?

知道了些背景,大家再来看《塞下曲》,可能会有不一样的感受。接下来,我们一起逐句品读一下这首小诗。

> 月黑雁飞高，单于夜遁逃。

这两句写的是战场上的景象。在一个月黑无光的冬夜，两军对垒，战场一片漆黑，只有杀气在夜色中弥漫。突然，一声大雁的鸣叫，打破了夜色沉寂，一群休憩的大雁被细微的响动惊起。这就是"月夜雁飞高"的景象。

关于这句诗，历代都认为生动、传神地写出了战场上的景象。可是，也有人从科学严谨的角度，觉得这句诗有那么一点问题。比如我国著名数学家华罗庚，就写过一首五言绝句，来探讨"月黑雁飞高"的合理性。他是这么写的：

> 北方大雪时，群雁早南归。月黑天高处，怎得见雁飞。

华罗庚先生的质疑主要集中在两点，第一是季节不对。大雁是候鸟，入冬后从北方飞往南方，因此当北方大雪飘零的时候，大雁已经去南方过冬了。所以大雁和后边"大雪满弓刀"的场景，是矛盾的。

这首小诗一面世，立即引起了很大反响。当时各领域的学者都参与了讨论，有从地理方面论证的，有从大雁习性方面讨论的，咱们还从古诗词的角度来看看。其实，古诗词里边，很多时候也写到了大雁遭遇风雪的景象，比如贺朝《从军行》中的"来雁遥传沙塞寒……天山漠漠长飞雪"，李白《千里思》中的"迢迢五原关，朔雪乱边花……鸿雁向西北，因书报天涯",这两首诗中的大雁有一个特点,就是处于北地边塞一带。塞北地区冬天来得早,气候变化大,所谓"胡天八月即飞雪",那么雁群在开始南归的时候就遇到风雪,一点也不奇怪。即便不在边塞,大雁也未必能躲开"冬天里的第一场雪",高适"北风吹雁雪纷纷",苏轼说"应似飞鸿踏雪泥"都是说这种情况。这样看来,卢纶没有乱写,大雁和雪一起出现是有可能的。

华罗庚先生还有一个质疑点,就说在月黑无光的时候,怎么能看见雁飞高呢?这一点,比较容易解释。月黑是眼睛看到的景象,而雁飞高,其实是耳朵听到的声音。大雁是一种非常警觉的鸟类,当它们结队远征的时候,会留下一两只雁,作为"卫兵"。这几只大雁,不眠不睡,守卫着整个雁群,一有风吹草动,就啼叫报警,整个雁群也被惊起,振翅飞走了。这种雁还专门得了个名字,叫作"雁奴",这种工作也被诗人称为"打更"。元代诗人萨都剌有一句诗"雁奴打更沙溆傍",说的就是这个。

哪怕是月黑无光的夜晚,也能依靠听觉发现"雁飞高"。这样看来,卢纶写得没毛病,其实,这件事无所谓对错,就是怎么读诗、解诗的问题。文学归根到底,是一种艺术,而不是科学。因此,咱们一群人在那里争论,雁到底能不能遇到雪,飞到哪个地方能遇到雪,本来就有点着相了。因为在诗歌的世界里,除了写实外,还有想象、有夸张、有比兴;即便不是"眼中景",也可以是"心中景""意中景"。华罗庚老师作为理科大拿，能把严谨的科学精神，用在读诗、解诗上，本身就是一件值得敬佩的事。无论解得确切不确切，都为我们提供了一个新的角度。其实，古代也有一个类似的、科学家解诗的故事。杜甫有一句写柏树的诗："霜皮溜雨四十围，黛色参天二千尺。"（杜甫《古柏行》）是说这棵柏树，特别的高大，有四十个人合抱那么粗；高更是达到了惊人的三千尺。大家都觉得写得挺好，可《梦溪笔谈》的作者沈括不同意：这不对。哪里不对？比例不对。四十围，直径是七尺。一棵七尺粗的树，高居然达到了两千尺，这样算下来，这棵树"无乃太细长乎"？难道不是比例失调了吗？ 沈括是古代的理科大拿，读诗比华罗庚老师还认真，恨不得把老杜看到的柏树，拿尺子量一遍。有人开了个玩笑，说这样下去，李白的"三千丈"的白发、陆游"三万里"黄河，也需要拿尺子量一量了。玩笑归玩笑，其实用科学的视角去读古诗，没什么不可以。文学与科学，感性与理性，虽有不同，却也有很多相通之处。彼此参照，互相启发，便能发现许多被忽略的趣味。

3. 雪夜追逐战

说过了"月黑雁飞高"的合理性，接下来要讲一讲，诗人为什么要在这里安排"宿雁惊飞"的景象呢？他是为了给我们透露什么样的信息呢？且看下一句："单于夜遁逃。"

单于是北方少数民族的领袖，这里泛指敌军统帅。看到这里，大家豁然开朗，大雁惊飞的原因找到了。原来是敌军趁着夜色掩护，想要突围逃走。好在我军主帅洞察秋毫，仅仅凭借大雁惊飞的迹象，已判断出敌人动向，立刻做出应对——派出轻骑兵追击。

第三句，写的就是这样的场面："欲将轻骑逐"，这里其实也有一个讲究，为什么要强调轻骑兵？还真有一些历史依据。

在魏晋南北朝的时候，作战的主力除了步兵外，就是重装骑兵。也就是人和马都披甲的那种，我们在古诗文里看到的"甲骑""铁马"都指的是这类重装骑兵。这种骑兵的优势，是杀伤力和防御力都特别高，堪称是古代的"钢铁洪流"。一旦冲入对方的步兵方阵，立刻就有碾压般的优势，可以说摧枯拉朽。因此，在魏晋南北朝时期，各国都将之视为大杀器、胜负手。

可等到了唐代，形势发生了变化。唐代初年，北面的威胁主要是突厥等游牧民族。突厥人作战有一个特点，就是"快"。突厥骑兵中的多数都是轻骑兵，手持弓箭，身披轻甲甚至无甲，骑在战马上来去如风。优点就是机动性特别强，长于骚扰偷袭而非正面对敌。因此，和唐军作战的策略，也接近于游击战，打得过就打，打不过就跑。初唐时期发生过好几次这样的事，出兵征突厥，等大军到的时候，敌人已经逃走了。面对这样的敌人，显然速度要比杀伤力重要得多，而重装骑兵最缺乏的就是速度优势。

一开始，唐军可吃了不少这种亏。《旧唐书·苏定方传》就提到，面对突厥骑兵的游击战时，唐军匆匆忙忙披甲应对，可甲还没披完呢，人家已经退走了。于是唐军就不断地披甲备马，疲劳不堪："终日跨马被甲结阵，由是马多瘦死，士卒疲劳，无有战志。"后来唐军也改良了自己的战法，用起了更加灵活的轻骑兵。

当然，重装骑兵也没有退出历史舞台。比如《新唐书》中就记载，郭子仪带着两千"甲骑"——重骑兵，慑服了回纥大军。重装骑兵适合阵地冲锋，是碾压对方的战争机器；而轻骑则更加灵活，适于刺探、骚扰、追逐；是更轻便实用的利器。从这个角度来看，卢纶"轻骑逐"三个字，用得非常准确。当敌人逃跑的时候，为了能够快速追击，当然要用轻骑。而"欲将"继续在"单于夜遁逃"后，节奏紧迫，声调铿锵，写出了将帅决策的果断，也写出了我军乘胜追击时的武勇：一支轻骑兵列队欲出，等待着主帅号令，随时将化为离弦之箭，直插敌军核心。

全诗最精彩的，是接下来的这句："大雪满弓刀。"勇士们列队准备出发，过程是迅速的、短暂的。然而不过片刻，大雪竟已落满弓刀。我们可以想象，在漆黑的夜色中，在洁白的雪地上，骑兵们整装待发，茫茫雪花飘落而下。我们若还将这组

《塞下曲》比作唐代军旅剧的话，那么这一集的结尾，就定格在一个画面上。夜晚的雪花纷扬飘落，落在战士们的长弓宝刀上，如朵朵白梅无声绽放。就这么一个镜头，似乎就足够了。弓刀上已满是落雪，更不用说战士们身上、须眉上、马背上，都是霜雪。这样雄壮而瑰丽的一幕，注定只有一瞬间。当将军一声号令传来，一切飞雪凝霜，都化为热血，尽情挥洒在这片他们用生命去捍卫的土地上。

对于这首诗，明代人有这样一个评价：

> 中唐音律柔弱，此独高健，得意之作。此见边威之壮，守备之整……独此绝雄健，堪入盛唐乐府。——李攀龙《唐诗训解》

这就是说，在卢纶生活的大历时期，诗歌风格本是纤细孱弱的。但这一首却截然不同。它用短短四句，写出了边地军威之壮，守备之严整，可以说"雄健"到了极致。它是如此的特殊，似乎都不该生于中唐时代，而应出自某位盛唐诗人之手。

这个评价可以说很有见地。这首诗，虽然作于中唐，但音节响亮，气势雄阔，颇具盛唐风调。还不仅如此，这首诗最像盛唐的不止是声调与气魄，还有结尾的独特手法。

诗歌末句，将画面定格于弓刀上的落雪——在箭将发未发的瞬间，一切戛然而止。诗人并没有告诉你，追击的过程是怎样的，也没有正面描写短兵相接的景象，之后的事，便是留白,这留白是如此巧妙,需要我们用诗心与想象力去填补。这种言有尽意无穷的写法,是盛唐人特有的浪漫。

4. "社达"卢纶

听完了之前对这首诗的解读,有的读者也许会好奇,这个卢纶到底是什么样的人?为什么恰好是他,突破了大历诗歌的局限,写出直追盛唐的作品?接下来,我们就通过这首诗,走近卢纶这个人。

如果说,要找到一个词,概括卢纶的一生,我最愿意用"两极"这个词。怎么说呢?第一,他生和长的时代,恰好是唐王朝的两极。

卢纶大致生于开元中后期,那时可是唐王朝鼎盛之世,是人人向往的时代。连宋代大文学家王安石都曾经说过:"愿为五陵轻薄儿,生在贞观开元时。"这么看的话,卢纶可以说生逢其时。可当他成年准备实现个人理想时,又恰好遭逢了安史之乱。他这一生,可以说站在了盛世与乱世的两极上,这是他不同于很多诗人的地方。

第二,便是他的身世。论门第,他出生于范阳卢氏,是一流的高门;可具体到他这一支,却又是一副凄凉光景。卢纶在诗中自称"禀命孤且贱,少为病所婴",从诗意推断,应该是父亲早逝,本人又多病,导致过得颇为坎坷。同族的达官贵人们，对他少有过问，以至于他少年时代的多数时间，是在舅舅家度过的。可以说是年纪轻轻时，就见识够了世态炎凉。外人看来，他是名门公子；关起门来，是寄人篱下的"孤贱"之人。这也是两个极端。我们常说人情"冷暖"，可卢纶这个情况，用冷暖已经不足以形容了，是人情的"冰与火之歌"。不过这样"冰与火"的锤炼，也给卢纶带来了一些好处——他很擅长处理人和人之间的关系。毕竟在那样的大家庭里，想要过得下去，没有点社交能力是不行的。

天宝末年，卢纶到长安参加科举考试。可惜并不顺利，名落孙山。落第后，他去终南山隐居，一方面为自己积累名望，一方面也是读书补习，准备再战科场。结果是"十上不可待，三年竟无成"，又考了几次，始终是没有考上。这时已是兵乱四起，卢纶为了避乱，被迫浪迹异乡、流徙不定，目睹了民生疾苦。

就这样一直蹉跎，到了大历初年，卢纶已经差不多而立之年，却还在考试，妥妥的科场钉子户。不过，东边不亮西边亮，虽然摸不到考试的法门，但他自幼擅长交际的优势已经显露出来。在长安摸爬滚打这几年，他在诗坛打出了名气，被称为大历十才子的领军人物。不仅如此，还受到了前后好几任宰相的赏识，其中就有大诗人王维的亲弟弟王缙。

有了这些有权有名的朋友们，卢纶的行情当然也就水涨船高了。他的诗终于被推荐到皇帝面前，因此走上了仕途。前后当过秘书省校书郎、监察御史。不过成也萧何败也萧何,也因为这些显贵朋友们,卢纶受到牵连,被免去了官职。好在他的人脉仍然十分强大,文官走不通,还有武将。河中元帅浑瑊派人请他做幕府的判官,卢纶欣然前往。

幕府这个称谓,最早见于《史记》。原意是说,古代将帅出征,需要有自己的一套办公班子和办公场所,可军事行动往往有临时属性,"军还则罢,治无常处",不是常设机构。于是一切从简,拉下幕帘就当公府了,因而称作幕府。幕府里边会集中一批文官,负责为武将出谋划策、起草文书。到了唐代,幕府制度越来越健全,有判官、管记、参谋等文官。我们的卢纶,到浑瑊幕府担任的就是判官。

说到判官书记这类职务,大家都会觉得似曾相识。它们经常出现在唐代大诗人的履历里边。比如我们前几节提到的,陈子昂、苏味道、岑参、高适……有一个算一个,几乎都曾担任过相应的官职:陈子昂当过参谋、苏味道做过管记、岑参做过判官、高适担任过掌书记。这些职位并不算显贵,可对唐代诗人而言,却有着特殊的意义。入幕从军的独特经历,能让诗人们走出书斋,暂时忘记长安的纸醉金迷、江南的山水软侬,去看一看风起大漠、月出天山,听一听城头吹角、马上胡笳。

对于诗人而言,这可是一笔非常宝贵的财富,甚至可以成就一个人的一生。比如高适,科举失利后进入哥舒翰幕府,当了一个小小的掌书记,十年后,就已成为封疆大吏,创作上也进入了顶尖诗人行列。卢纶入幕从军,虽然没有像高适那样建功立业,也一样收获了丰厚的回报。中唐诗坛,从此多了一位唱响盛唐之音的边塞诗人。从军之前,卢纶是大历十才子的冠冕,用中唐人萧瑟、衰飒的笔调,吟咏着荣光不在的时代。但入幕后,军中鼙鼓之声,沙场旌旗之盛,都化为一种力量,沉积在卢纶心中。他少年时代目睹的家国盛衰、亲身体会过的人情冷暖,在这种力量的捶打下,不断熔铸、淬炼。就仿佛诗中定格的那一幕,大雪满弓刀,一切就绪,只等待一个让箭离弦而出的机会。

直到那一天,德宗皇帝的筵席上,卢纶见到一代名将,听到对方苍凉壮阔的吟哦。于是,他心中积淀已久的情感喷薄而出,如有神助般写下了《塞下曲》组诗。在那个平庸的时代,敲响了一声铿锵而悠长的盛唐余音。

历史
×
声名

卷土重来未可知   杜牧《题乌江亭》

> 胜败兵家事不期,包羞忍耻是男儿。
> 江东子弟多才俊,卷土重来未可知。
>
> ——杜牧《题乌江亭》

乌江亭,在今安徽和县东北的乌江浦,相传为西楚霸王项羽自刎之处。杜牧路过乌江亭,想到了西楚霸王项羽的败亡,感慨万千,写下了这一首《题乌江亭》。

开头一句"胜败兵家事不期,包羞忍耻是男儿",是说胜负乃兵家常事,难以预料。因此,在面对失败时,不要灰心丧气。忍一时之辱,无损男儿本色。而第二句则是对历史提出了一种假设,"江东子弟多才俊,卷土重来未可知"。如果项羽能够忍辱渡江,回到江东,带领江东子弟们重整旗鼓,或许还能有卷土重来的机会。

这首诗是唐人咏史绝句中的名篇。它的妙处在于,用诗的语言,探究一种新的历史可能性。而与史学家严谨推理不同,这种探究带着主观情感和浪漫色彩,因而会留下很多想象的空间,引起读者探讨的兴趣。

《题乌江亭》写出后,果然在诗坛引起了热议。讨论得最多的几点是：项羽如果渡过乌江，真的能卷土重来吗？杜牧写这首诗，是讽刺项羽放不下身段，还是真诚地为他惋惜呢？接下来，我们就随着这首小诗，穿过历史风云，寻找答案。

1. 悲剧英雄的天花板

项羽自刎乌江的悲剧，到底是天意，还是他用兵不当造成的呢？项羽自己给过一个答案。他说"此天亡我也，非战之罪"（《史记·项羽本纪》）。前人常常用这句话，来佐证项羽刚愎自用，不知反悔。如果他说的这个天，就是运气甚至虚无缥缈的神佛仙圣，那么大家批得不冤。但如果他所说的这个天，是指天下大势、历史的潮流，似乎就没有什么不对了。

而后人的答案，其实也多提到"势"的问题。王安石就曾写诗指出，项羽大势已去，即便他真的忍辱负重、渡江而去，江东子弟已不可能随他再战天下。南宋人胡仔说得更直白：

> 项氏以八千人渡江，败亡之余，无一还者，其失人心为甚，谁肯复附之？其不能卷土重来，决矣。——胡仔《苕溪渔隐丛话》

王安石也好、胡仔也好，他们讨论这件事的时候，多保留着一份学者的冷静，从军事得失、人心向背等方面，指出项羽失败是历史的必然，非人力所能挽回。

而杜牧是诗人，而且是一个有才子气的诗人。他在看待这件事时，并不全为了说道理，更多是一种感慨——为末路的英雄而感慨。

项羽是不是英雄呢？当然是的。虽然很多人批判他刚愎自用，不能任用人才。最终兵败垓下，纯属一手好牌打得稀烂。

这都没有错。但即便有这些缺点，项羽仍算是一个英雄。不是普通的英雄，是类似于今天影视剧里的超级英雄。

这个超级，不是说他有超自然的力量，而是他的"人设"，属于一个典型的超级英雄的人设。出身贵族，天生神力，杀伐果决，能凭借一己之力，逆转整个战局。

为了说明这一点，我举一个巨鹿之战的例子。

当时，诸侯联军与秦军在巨鹿对垒。秦军声势浩大，诸侯军营垒有十余座之多，却都不敢出击，只作壁上观。项羽带领军队渡河，命令全军破釜沉舟，烧掉房屋帐篷，只带三日粮，以示不胜则死的决心。而后，以迅雷不及掩耳之势直奔巨鹿，九战、大破之，围困巨鹿的秦军瓦解。

诸侯军见楚军以一当十，喊杀动天，都惊恐不已。打败秦军后，项羽召见诸侯军将领。这些将领们进入辕门时，"无不膝行而前，莫敢仰视"。项羽从此始成为诸侯军的上将军，统帅各路诸侯。

这一战被后人誉为"项羽最得意之战"（茅坤《史记抄》）。任何人读到这场"封神之战"时，都会忍不住心潮澎湃。而今天，我不想回顾英雄的高光时刻，而是与大家一起，重温英雄落幕的那一刻。从垓下到乌江，项羽边走边战，最后坦然奔赴死地，一去不回，只留给世人一个浓墨重彩的背影。

这一幕，我愿称之为中式悲剧美学的天花板。哪怕少走了一步，都会打破这场悲剧的完美性。从这个角度上来说，项羽也不能渡乌江。为了说清这一点，我们来复盘一下垓下之围后的一幕幕。

先是霸王别姬。

夜晚，项羽被四面楚歌声惊醒，于是起身，在帐中饮酒悲歌：

力拔山兮气盖世，时不利兮骓不逝。

项王唱了数阕后，美人虞姬凄然应和：

大王意气尽，贱妾何聊生。

听到这里，项羽强忍许久的泪水终于落下。而追随项羽的将士们都随之哭泣，不忍看上一眼。

而后，项羽便收起儿女情长，翻身上马。带着自己的亲信八百骑，乘着夜色，冲破包围，疾驰而去。汉军派数千人追击，到大泽中时，项羽身边已只剩下二十八骑。

看着重重包围自己的汉兵，项羽知道难以脱身，于是对剩下的二十八骑说："我从起兵到现在，已经八年了。经历了大小七十余战,所向披靡,霸有天下。今天被困于此,是天亡我也,非战之罪。"而后,他向属下们作出了一个承诺。

> 愿为诸君快战,必三胜之,为诸君溃围,斩将,刈旗。——《史记·项羽本纪》

临死之前,要为诸君攻破重围、斩杀敌将、砍倒旗帜!而后他便冲杀入敌军包围,斩杀两位大将,数十百骑兵。

之后,项羽的残部会合,清点伤亡,只损失了两骑。以一当百,绝非虚言。

项羽抖了抖身上的尘土,傲然问所有人:"何如?"

骑兵们都下马跪拜,说:"如大王言。"

溃围、斩将、刈旗,项羽在绝境中,完成了自己的诺言。而这场绝美的悲剧,也即将到达顶峰。这一刻,不仅项羽做好了准备,追随他的所有人都有了必死的觉悟。

在这之后,便是乌江亭了。

项羽到乌江时,乌江亭长已将船靠在岸边等待,说:"江东虽然小,但是土地方圆千里,民众数十万,也足以在那里称王。希望大王赶快渡江。"

项羽却笑着说:"天欲亡我,渡江后又能怎样呢?何况我和江东八千子弟,渡江西征,如今没有一个人回来。即便江东的父老可怜我,让我称王,我又有什么脸面去见他们呢?"

从这里,我们能看出项羽并非不知天下大势。正因为,他了解"势",知道征战多年,四方疲敝,已不容他再来一次了。所以,他选择以"王"的姿态赴死,而非东躲西藏的穷寇。这便是英雄的骄傲。

再然后,英雄悲歌声中,掺入了一抹温柔。

项羽翻身下马,对亭长说:"这匹乌骓马,跟随我五年了。它所向无敌,日行千里。我不忍看它死,就把它送给您了。"而后,下马步行,手持短兵器迎战。

在最后的战斗中,项王以一当千,杀死敌军数百人,直到身受数十处创伤,才自刎而死。为这曲荡气回肠的史诗,写下壮烈的终章。

所以说,项羽最后选择"不渡江",并非一时意气,而是一种必然。如果肯渡江,那他就不是项王了。

历史大势与他共同作出了抉择。

让这首史诗终结在乌江亭畔;让他以一位王者、一位英雄的模样谢幕。这,也是最完美的结局。

2. 少年狂

咱们说到了项羽"英雄"的一面:少年战神,纵横天下。杀伐决断的同时,又深情恋旧。小说都不敢这么写,他直接活成这样。

可若仅仅如此,项羽也还只是一个神化了的英雄。完美,遥远，而难以让人共情。可项羽恰好不是那么完美的英雄，他有着很多缺点，让我们的敬仰之外多了一点惋惜。

我们常常"恨铁不成钢"，恨不得穿越时空，去规正他走过的弯路。毕竟，圣人完人，是不需要我们指导的，但项羽不同，他的缺点似乎和优点一样多。

比如刚愎自用，不能任用人才。又比如妇人之仁，在鸿门宴上放过了刘邦。这些，大家都已熟知，在此也就不再赘述。我要讲的，是项羽另一个缺点。那就是有点幼稚、有点张狂、还有点自视甚高。我愿借苏轼的一句词，来给它命名，那就是"老夫聊发少年狂"中的"少年狂"。

我给大家举个例子。一次战斗中，项羽看到双方的士兵都很疲惫，于是找到刘邦，对他喊话。说天下纷乱数年，都是因为你我的缘故。与其这样相持下去，不如我们两个人站出来，一战定胜负。以免天下苍生再受兵火之苦。刘邦什么反应呢？当然不同意。谁不知道项羽有万夫不当之勇，谁没事和他单挑啊。于是刘邦回答："我宁愿斗智，不愿斗力。"

项羽看刘邦不接招，于是派出武士来向刘邦军营挑战。"你觉得自己不能打，和我单挑吃亏，那我们各派能打的勇士决斗总可以了吧？"刘邦有"远程武器"，派出一位百步穿杨的神射手，向着对面就是一箭。项羽派出的几位大将都被神射手射杀。项羽一看，"好家伙，我和你君子决斗，你却不讲武德啊"。于是大怒，披甲策马，提了一把长戟就冲向汉军。神射手赶紧搭弓欲射,项羽"瞋目叱之"。就这一睁眼、一呵斥,神射手吓得转身就跑,根本不敢看项羽一眼。

这个故事,与其说体现了项羽的武勇,不如说更多体现了他"少年狂"的一面。

堂堂西楚霸王,放着十万大军不用,要和对方单挑,演义小说都不敢这么写。这就是项羽易冲动、不成熟的一面,作为主君,不该轻易把自己的生命,放在危险之中。而他的对手刘邦就老到多了,任你怎么喊,就是不出来。这也不奇怪,那时的刘邦,已经年过五十,摸爬滚打多年。而项羽才是一位二十几岁的少年。俗话说,人不轻狂枉少年,做点冲动的事,也不为怪。何况他最后还兵不血刃,震慑全场。

看到这,我们或许明白,为什么项羽是失败者,却远比刘邦拥有更多粉丝了。毕竟,谁不爱武力值爆表又少年气拉满的盖世英雄呢?

我们的诗人杜牧,便是其中的一位。

他写这首《题乌江亭》时,不是用政治家的眼光,来分析利弊得失;而是用满怀悲悯的诗人之心,看待悲剧英雄的落幕。

这样来看,很多问题便迎刃而解。"包羞忍耻是男儿"是在批判项羽不肯忍辱、讽刺他不够男儿吗?并不是。杜牧只是借此表达对悲剧结局的"意难平"而已。项王,你为什么不肯渡江呢?哪怕打破了英雄的人设,也至少能活下去啊。我想,或许这才是杜牧的心声。他真诚地为项羽这位"悲剧英雄"惋惜。

惜之深,则责之切。

至于"卷土重来未可知",更是如此。

我们可以看一个细节,乌江亭亭长对项羽说的是:"江东虽小,地方千里,众数十万人,亦足王也。"(《史记·项羽本纪》)

亭长的话,只是说"亦足王",足够称王,割据一方。但杜牧就更进一步了,认为不只要割地称王,还能够卷土重来,再与汉军争夺天下。

这难道是因为杜牧被"英雄情结"冲昏了头脑,真的以为项羽能东山再起吗?并非如此。杜牧写下"卷土重来未可知"时,有意用了一种不那么确定的语气"未可知"。这说明,从理性角度,他何尝不知道项羽的失败是历史的必然呢?只是作为诗人,他愿意用自己的笔,去勾勒出历史的另一种走向。他真诚地希望,那位叱咤风云的少年王者能忍一时之辱,乘着他的乌骓马渡江而去。

有朝一日,带着八千骁骑与十万旌旗,卷土重来。

3. 杜牧与项羽的共情点

人们常说,英雄惜英雄。杜牧之所以同情项羽,为他的失败惋惜，这和前者的个性经历分不开。如果我们多了解一下杜牧的为人，便会发现，这位晚生了一千年的诗人，竟和项羽有不少相似之处。

哪些相似之处呢？至少有四点。

第一，就是出身名门。项羽是楚国贵族，"世世为楚将"，这一点自不待言。杜牧的家世也相当显赫。当时人有一句谚语"城南韦杜，去天尺五"，意思是长安城南的韦家、杜家，离皇家也只有咫尺之遥。这就是他的门第。此外，他的祖父杜佑是三朝宰相，他是妥妥的豪门公子。因此，他更欣赏世家子弟项羽而不是出身草莽的刘邦，也就不足为奇了。

第二，两人都是光环笼罩的天选之子。

项羽自不必说，七十余战无一败，所当者破，所击者服。是百代不遇的军事天才。而杜牧，则是文学上的天才。前人说他"门第既高，神颖复隽"（胡震亨《唐音癸签》），二十三岁就写出了《阿房宫赋》，名满天下。

天才之间，自然会惺惺相惜。

第三，两人都是兵法高手。

项羽少年时，读书读不进去，学剑也学不进去。他的父亲很生气，项羽解释说，读书只不过记住古人的名字，学剑不过是"一人敌"，都不值得学。什么值得学呢？兵法。于是父亲就教他兵法。当然了，项羽学的时候，也是不求甚解。不过，这不能说明项羽不通兵法，从他指挥的几场战役来看，他是一个真正的实战大师。

说完项羽,再说杜牧。杜牧在读书之余,"慨然最喜论兵"(晁公武《郡斋读书志》),曾为《孙子兵法》作过注解,并在注解文字的同时加入了很多古战役的实例,非常详细。后人编纂《十一家注孙子》的时候,把他排在第二名,仅在曹操之后,可以说是相当能打。

此外,杜牧好几篇论军事的文章,都被收入了《资治通鉴》,颇受后人推崇。有一次,他献计平虏,被宰相李德裕采用,在实战中大获成功。可见杜牧的"最喜论兵",不仅仅是喜而已,是的确有点东西。就算称不上军事家,也至少是个内行。他看巨鹿之战、彭城之战中项羽的"神操作",自然比我等外行更能领悟其中的妙处。

第四,便是"少年狂"。

不错,两个人的缺点都很相似。我们刚才说过了项羽的狂,接下来再看看杜牧的狂。

他曾写诗给自己侄子:

> 我家公相家,剑佩尝丁当。旧第开朱门,长安城中央。第中无一物,万卷书满堂。——《冬至日寄小侄阿宜诗》

我家是公相之家,曾经响彻剑佩之声。要问我家在哪里呢,就在长安城中央。

这几句诗,简直是在拉仇恨,可这样还不算完,还要继续：打开门一看，俗物都没有，只有万卷书。前面好歹还只说了家里的富和贵，这一句直接把档次拉升到书香世家，一般有钱人望尘莫及。更"可气"的是后面还有：

家集二百编，上下驰皇王。

其他世家书虽然多，都是外人写的，可我们家不一样，是杜家自己人写的。光"家集"就有二百编之多。这里说的是祖父杜佑编的大部头史书《通典》。这样一来，读书人也比下去了。夸自己家厉害，还能夸得一波三折。最后仿佛在对京城里其他豪门说："你们什么档次，和我家一样称世家？"你说杜牧这小子，是不是狂。

还有更过分的。

二十六岁那年，杜牧以第五名的成绩高中进士。同一年，他在长安参加了"贤良方正"科考试，顺利通过。我们之前讲过，唐人考中进士，只是获得当官的资格，要想快点当官，一个办法就是参加皇帝亲自主持的制科考试。贤良方正科，就是这样的考试。杜牧一年之间，两考皆过，这是罕见的。加之门第又高，人才又好，杜牧马上成了当时顶流明星，整个长安城都知道了他的大名。

在春风得意之时，杜牧带着两个朋友，到长安城南的文公寺游览。

按照惯例，朋友们向寺庙中的禅师介绍：这就是一年之内连中两科的大才子，杜公子、杜少。

杜牧就在一旁，笑而不语。对这种场面，他是司空见惯，就等禅师一脸惊讶，来一句"久仰久仰"。可这一次，杜牧失算了。这位禅师一脸茫然，杜公子……杜公子是谁啊？合着人家压根不知道他。

杜牧挨了当头一棒，愣了一会，然后便感到了深深的失落，于是写了一首诗：

> 北阙南山是故乡，两枝仙桂一时芳。休公都不知名姓，始觉禅门气味长。——《赠终南兰若僧》

这首诗有两个版本，我们取的是较常见的一版。大意是：我是城南杜家的公子，一年之中连中两科，这么大动静，禅师居然不认识我。哎，我现在终于明白，还是禅门山高水深了。

杜牧的反应很有意思。如果禅师说不认识他的时候，他发怒了，这就不是轻狂少年，而是长安恶少。可杜牧的反应，并没有责怪对方无知，而是陷入了迷茫与反思。为什么我都这么厉害了，他还不认识我呢？是我有什么地方不对吗？如此，这份"少年狂"，便让人恨不起来，反而有了一点可爱的意味。这和那位放下千军万马、要独身对决的项王，是不是有点异代而同调呢？

我们能与古人建立起跨时空的共鸣，是因为在他们身上看到了自己的影子。写下《题乌江亭》时的杜牧，想必也有着同样的感悟。

4. 翻案文章，开宋诗

就诗歌发展史而言，杜牧这首诗也有重要意义。它体现出诗歌发展到晚唐时，由唐入宋、承上启下的趋势。

所谓承上，是指杜牧继承了唐代咏史诗重视抒情言志的传统。

杜牧诗歌，虽然比之前诗人更重议论了，但我们仍能从议论中看到诗人的情感，能看到他在历史人物身上的自我投射。他的议论，是诗人的议论，而不是学者的议论。他不想把诗写成论文，条分缕析、面面俱到。他的最终目的，还是借古人的酒杯浇自己心中块垒。

如果我们将杜牧诗和真正的宋诗放在一起时，或许更能看出区别。

比如王安石，觉得杜牧的《题乌江亭》立论不严谨，于是又写了一首《乌江亭》：

> 百战疲劳壮士哀，中原一败势难回。江东子弟今虽在，肯为君王卷土来。

楚汉相争多年，战士们已是疲惫不堪，而项羽被刘邦打败，已经失去了人心。即便江东仍有豪杰人物在，又有谁愿意再随着项羽征战呢？

有没有道理呢？太有道理了。不仅言之成理，还鞭辟入里、合情合理。只是，因为说道理的心太迫切，反而让诗歌少了一点情感、少了一点属于诗的浪漫。

这就是诗人与政治家的区别，也是唐人与宋人之别。

说过了杜牧对前代诗歌的继承，咏史兼抒怀。那什么是启下呢？

是指杜牧标新立异、探究历史新走向的做法，已经开启了宋人的门径。具体而言，可以归于两大门径：一是善于翻新，二是敢露锋芒。

杜牧擅长对历史史实发表不同的看法，出新出奇。《苕溪渔隐丛话》指出"牧之于题咏好异于人"，并举出了三个"反说其事"的例子。其一就是《题乌江亭》："江东子弟多才俊，卷土重来未可知。"

其二是名作《赤壁》："东风不与周郎便，铜雀春深锁二乔。"如果不是借东风之助，赤壁之战的结局恐怕是东吴亡国，大小乔都要被深锁铜雀台了。

其三是《题商山四皓庙一绝》："南军不袒左边袖，四老安刘是灭刘。"

"商山四皓"，是秦朝末年四位德高望重的隐士。汉高祖刘邦立国后多次请他们出山为官，他们坚决推辞。后来却被张良设计说动，出山为吕后的傻儿子站台，导致刘邦没能废掉太子。这也间接导致吕后专权。吕后死后，诸吕造反，太尉周勃召集军队，命令：

> "为吕氏右袒，为刘氏左袒。"军中皆左袒为刘氏。——《史记·吕太后本纪》

这是说，让所有人选边站。站吕氏一族的，右袒——脱掉右边的袖子。站刘氏一族的，左袒——脱掉左边的袖子。结果士兵们都左袒，表示支持刘氏，这才扭转时局。杜牧这两句诗的意思是说，若不是紧急关头，将士们选择站在刘氏一边，刘氏就危险了。这四个老头，看似安定刘氏天下，其实却埋下了灭族之祸的祸根。

这几首诗都出人意料之外，也在情理之中。这正是杜牧的长处，不仅出新，且能把握尺度言之成理，因此被后人视为典范。

而除了出新外，杜牧还有一点开辟之处，就是敢露锋芒。

初盛唐咏史诗，以抒发历史感慨为主；中唐以后，议论的比重便逐渐增加。这些议论有时也有讽刺，但多数时候，这种讽刺是不露白的。与其直接说出来，诗人更愿留白，让读者自己去体会。

这种写法，被称为"不露圭角"，即收敛锋芒，含而不露。非常符合诗歌"温柔敦厚"的传统，因此也受到大多数诗论家推崇。而诗歌中还有另一种"露圭角"的，敢于打破这种含蓄，锋芒毕露。《题乌江亭》就是其中代表。

> 露圭角者，杜牧之《题乌江亭》诗……是也。然已开宋人门径矣。——吴乔《围炉诗话》

最后一句话"开宋人门径"很关键：这种"露圭角"、现锋芒的写法，已经为宋诗的写作开辟了门径。

唐诗主情，宋诗主理。唐人即便议论说理，也要不破温柔敦厚之旨、不损含蓄浑成之美，所以要不露。而宋人"以议论为诗"（严羽《沧浪诗话》），则力求透彻，所以要露。这本身就代表了两种不同的美学风貌，也体现了由唐到宋的诗学转关。

我们的诗人杜牧，正身处于这种转关之中。就历史而言，他生活于晚唐，一个强盛的时代即将落幕。而就艺术而言，新的风格正在崛起。他站在文学与历史的双重节点上，回首过去，面对未来。

光焰万丈长　　韩愈《调张籍》

李杜文章在，光焰万丈长。
不知群儿愚，那用故谤伤。
蚍蜉撼大树，可笑不自量。
伊我生其后，举颈遥相望。
夜梦多见之，昼思反微茫。
徒观斧凿痕，不瞩治水航。
想当施手时，巨刃磨天扬。
垠崖划崩豁，乾坤摆雷硠。
唯此两夫子，家居率荒凉。
帝欲长吟哦，故遣起且僵。
剪翎送笼中，使看百鸟翔。
平生千万篇，金薤垂琳琅。
仙官敕六丁，雷电下取将。
流落人间者，太山一毫芒。
我愿生两翅，捕逐出八荒。
精诚忽交通，百怪入我肠。
刺手拔鲸牙，举瓢酌天浆。
腾身跨汗漫，不著织女襄。

顾语地上友，经营无太忙。

乞君飞霞佩，与我高颉颃。

——韩愈《调张籍》

之前我们分享了不少优秀的诗歌作品，有的是写景的，有的是叙事的。而今天这首特别不一样。它是一首议论之作。它议论的，既不是政治，也不是历史，而是一桩文坛公案。那么，韩愈写这首诗，是要表达什么样的文学理念？诗中提到的李杜优劣之争，又是谁引发的？韩愈如何看待李杜，又如何在李杜艺术高峰之外另辟蹊径，成为百代文宗的？

今天我们就随着这首诗，逐一为大家解答。

1. 谁在谤伤李杜？

李杜文章在，光焰万丈长。不知群儿愚，那用故谤伤。蚍蜉撼大树，可笑不自量！

这首诗一开头，就引出了文学史上一个著名的争论。

李杜优劣论。

李白是一位在世时就有巨大影响力的诗人，一入长安，便被称为"谪仙人"，可以说名满天下。而杜甫的诗坛地位，却有一个逐步被确立的过程。可以说，在很长一段时间，都落后于李白。而改变这一状态的，是一篇墓志铭。元和八年，杜甫的孙子杜嗣业，将杜甫灵柩从湖南迁回故土洛阳。这距离杜甫去世已过了四十多年。归途中，杜嗣业拜谒元稹，请其为祖父撰写墓志。

元稹欣然提笔，写下了这篇著名的《唐故工部员外郎杜君墓系铭并序》，其中用很大的篇幅，赞扬了杜甫诗歌成就：

> 盖所谓上薄风骚，下该沈宋，言夺苏李，气吞曹刘，掩颜谢之孤高，杂徐庾之流丽，尽得古今之体势，而兼人人之所独专矣……诗人以来，未有如子美者。

这是说，杜甫的诗歌艺术，向上接近了《诗经》与《离骚》，向下则盖过了汉至六朝一系列大家，各体各势，杜甫都信手拈来；诗人们的独门绝技，杜甫都兼而有之。

平心而论，这样评价杜甫也不算过分。何况墓志这个文体，属于委托创作，说墓主好话是行业规则。关键是元稹写到这里还不算完，还搞起了拉踩，把李白也卷了进来。元稹评价说，要说在乐府诗成就等个别方面，李白差不多可以和杜甫比肩。但若论及格律精严、排比铺陈这些，那实属落后了几条街还不止。

这一番暴论，就大可不必了。就行业惯例来看，怎么恭维墓主都可以，却没必要拉踩旁人，更何况拉踩的是李白。那么，元稹说这番话，是一时口快失言，还是故意"引战"呢？

经学者考证，还真可能是故意的。这一番话，包含着元稹与白居易的诗学观点，那就是"歌诗合为事而作"。不能光有艺术上的造诣，还要美刺比兴，补察时政。这个观点经过了长期的酝酿探讨，不仅理论上成体系，还有大量创作实践支撑，只差一个恰当的机会发表出来。正在这时，杜甫孙子找上门来，请写墓志，元稹一看，机会这不就来了吗？与其写一些四平八稳的套话，不如放入一些争议点，能引起文坛注意。

那么达到效果了吗？按宋人的说法是达到了。这篇墓志一经公布，就引起了诗坛激烈的反响。元白的好朋友张籍，将相关争论转达给了韩愈。韩愈于是写了这首诗，作为反驳。

如果大家认为，韩愈仅仅是在为李白打抱不平，那也不全面。韩愈针对的，其实还有一种"李杜交讥"的倾向，就是李白和杜甫都不太行。这个主张是谁提出的呢？白居易。

白居易在写给元稹的书信里边，说了这么一番话：

> 李之作，才矣！奇矣！人不迨矣！索其风雅比兴，十无一焉。——《与元九书》

这是说，李白的作品才华横溢，旁人拍马难追。但用风雅比兴的标准，十篇里没有一篇。杜甫的作品从格律严谨、结构工整上，又超过了李白。然而他符合风雅比兴的篇章，也不过"三吏三别"、《北征》这一些，不到三四十首。那些不如杜甫的人，就更不用说了。

前人认为这篇文章，说出了元白的真实想法，那就是不仅贬李，也是贬杜。李白不太行，杜甫也不过如此，因此"是李、杜交讥也"。

因此，元白的真正目的，并不是要全面地去评价李杜，而是以点评李杜、比较李杜为由头，来宣扬诗歌应该要美刺比兴、补察时政。因此，在白居易眼中，从"诗""骚"到如今，诗道整体上是崩坏的，需要有人来振臂一呼，重振诗坛了。这个人是谁呢？就是他与元稹等人。

这个主张，强调诗歌的现实功能，有它的进步性。但在韩愈看来，就是另一回事。合着你们是借李杜的名头，来宣传自己的诗学主张啊。宣传也罢了，还把李白、杜甫当工具人，那肯定不能忍，要认真批驳一番。于是写下了这首《调张籍》。

以上就是这首诗的创作背景。最后再说一下这首诗的标题。

题目是《调张籍》。调，是调侃、调笑的意思。也就是说，我接下来的话，是咱好朋友之间半开玩笑。说得尖锐一点，你也别往心里去。铺垫做好了，韩愈再不藏着掖着，一上来就火力全开：

> 不知群儿愚，那用故谤伤。蚍蜉撼大树，可笑不自量！

语气那是相当激烈。

有朋友会说，韩愈这是不是有点莽啊？毕竟元白也是有名的诗人，大家同朝为官，还有共同的好朋友张籍，就一点面子都不给的吗？于是，一些诗论家就替韩愈找补，说诗里说的"愚儿"不是骂元稹的，是骂一些跟风攻击李杜的小人。其实，了解韩愈性格的人就知道，他战斗力很强，上至天子下至亲朋，怼起来都不留情面。何况，在唐人看来，诗歌评价是义理之争，本就不归情面来管。怼完了，该是朋友还是朋友。

此外，韩愈对李杜的推崇，也和他的才力、性格有关。叶燮《原诗》说"其力大，其思雄，崛起特为鼻祖"。因为有这样的才思，便有更高的眼界，能接受迥然不同的美学风格。清人汪森就说，元稹等人偏激，恰好是由于他们才薄。才薄就意味着审美眼界的局限，因而既无法理解太白之飘逸，又无法理解少陵之沉郁。韩愈并推李、杜，是因为他才高气雄，能兼取李杜之长。

而这，或许便是他能成为"百代文宗"的原因。

2. 奇与壮——李杜的诗歌境界

我们讲了韩愈对谤伤李杜者的批判。那么，韩愈自己对李杜又是什么看法呢？

> 退之于李杜，但极口推尊，而未尝优劣，此乃公论也。——张戒《岁寒堂诗话》

这就是说，在韩愈看来，李杜都是伟大的文学家，如日月当空、双峰并峙,后人不必厚此薄彼。而这,也是后人的公论。

不过,韩愈写这首诗,还不仅仅是为了驳,更多的是为了立。元稹抛出"李杜优劣"的话题,是为了宣扬自己的诗学主张。韩愈写这首诗回应,也是一样的目的。他也在这首诗中,提出了系统的诗学观念。所以这场李杜优劣论的战争,事实上是中唐两大诗派——韩孟诗派与元白诗派——的一次交锋。

所谓韩孟诗派,是指以韩愈、孟郊为首的诗歌流派。他们创作有几个特点:艺术风格上,偏向雄奇险怪;创作理论上,主张不平则鸣;创作方式上,讲究苦心推敲。而这首诗之后第二三四部分,恰好对应了这三点。所以说,咱们今天讲这首《调张籍》,不仅仅是一首诗,还是一篇逻辑严谨的诗学宣言。

说到这里,我们回到这首诗。看看这第二部分,是如何体现韩愈主张的"雄奇"之风的。

> 伊我生其后,举颈遥相望。夜梦多见之,昼思反微茫。徒观斧凿痕,不睹治水航。想当施手时,巨刃磨天扬。垠崖划崩豁,乾坤摆雷硠。

诗人先表达了自己对李杜的敬仰。"我"生于李杜之后,不能亲眼看到他们的风采,只能引颈相望。晚上"我"常常梦见他俩,等醒来的时候,又感觉模糊不清。"我"只恨自己,只能看到他们的作品,却不能目睹这些伟大作品的诞生过程。

而后,诗人便开始放飞想象力了。他以大禹劈山治水为比喻,重现了自己心目中的李杜提起如椽巨笔纵横挥洒的场景。

那就像摩天巨斧劈开山崖,峭壁崩摧,洪水倾泻出来;雷霆滚动,在乾坤天地间不断回响。

对于这几句,前人的评价是:"雄奇岸伟,亦有光焰万丈之观。"而这,正体现了韩愈"尚奇"的特点。他在《县斋有怀》诗中说"少小尚奇伟",而他的诗歌风格,则被司空图评价为:"若掀雷抉电,撑挂于天地之间,物状奇变,不得不鼓舞而徇其呼吸也。"(《题柳州集后》)这是说,韩愈的诗歌,如雷鸣电闪,贯穿天地,万物都不得不遵循它的呼吸而律动。

读者朋友可能会觉得,有没有一点夸张?并没有。在韩愈之前,诗坛最主流的有两种风格。一是大历诗风,简单而言,气骨衰朽,诗境琐碎。二就是元白的风格,易于学习,却也有浅俗的弊病。这种情况下,韩愈诗歌也仿佛一声惊雷,震惊了中唐诗坛。诗人们"不得不鼓舞而徇其呼吸",靡然从风。到了元和以后,诗人们"为文笔则学奇诡于韩愈"(李肇《唐国史补》),可见其影响力。所以说,"奇"的风格,就是韩愈为中唐诗坛开辟的新的道路。

而韩愈之所以选择这条道路,也与李白杜甫有很大的关系。

韩愈这一生,最倾慕的就是李白和杜甫二位。而在李杜出现之前,在诗歌历史上,并没有这样峰登绝顶的诗人。因此李杜站在山上，放眼望去，前面虽有巍峨山峦，还是将风景尽收眼底。故能驰骋才华，各自别开生面。而当两人的诗歌写出后，却化为了遮天蔽日的高峰，让后来人叹为观止。每一个出生于李杜之后的人，都既是幸运的，又是不幸的。幸运的是，有楷模可以效法；不幸的是，超越高峰成为几乎不可能完成的使命。当韩愈出现时，发现只有杜甫曾涉及但还未充分开发的"奇险"一脉，还有可以深入的空间。于是"故一眼觑定，欲从此辟山开道，自成一家"（赵翼《瓯北诗话》）。

从平易到奇绝，从衰朽到壮阔，这就是韩愈带给中唐诗坛的"一大变"。从此后，"元和之风尚怪"，李贺、孟郊、卢仝、刘叉等诗人都加入进来，形成了一个声势赫赫的诗歌流派。

所以，韩愈对李杜的态度，其实能给我们今天很多启示。提醒我们如何看待前人，如何超越前人。如李杜这样的绝顶高峰，我们到底要把他们当作遮蔽后来人的必须推倒的障碍，还是当作引领自己穿越迷雾的灯塔？或许，韩愈已经给了我们答案。

3. 不平则鸣——文学的登峰之路

我们来看"唯此两夫子"到"太山一毫芒"这段。韩愈除了表达诗人对李杜的同情与敬仰外，更重要的就是表达了"不平则鸣"的文学主张。而这，正是韩愈在"奇"的风格之外，对诗坛最重要的贡献。

"不平则鸣"的说法，出自韩愈《送孟东野序》："大凡物不得其平则鸣。"而文学正是"不平则鸣"的产物。伟大诗人在受到命运的不公后，"不得已而后言"，将忧思怨怒融入文字，才产生了震撼人心的力量。

这首《调张籍》里，韩愈借李杜的遭遇，阐述了"不平则鸣"的道理。

李杜两位诗人，一生悲凉。恐怕是上苍希望文学永存，所以将他们派遣到人间，又故意使他们遭受苦难。他们被剪去飞翔羽翼，送入牢笼之中，还不得不观看凡鸟得意翱翔。就在这样的痛苦下，两人写下了千万诗篇，熠熠生辉。而上苍又派遣神明，将这些作品取归天上。最终留在人间的，只不过是泰山的毫末之微而已。

不仅李杜如此，在韩愈看来，天下一切伟大的诗人、伟大的哲学家、伟大的思想家都是如此。他们之所以创造出"琳琅篇章"，靠的不仅是天分，还有后天的磨砺。这些人的伟大之处，就在于将生命中的不平，拢于笔端，化为文字。

这是一个很了不起的文学主张。说它了不起，一是因为它上承司马迁"发愤著书"说，下启宋人"穷而后工"说，在文学理论上有着突出的地位。而更重要的是，它不仅是一个理念，也是一声高呼，一面旗帜。它的提出慰藉并鼓舞了无数命途坎坷的有才之士，让他们勇敢面对逆境，将生命中的不平，转化为九皋鹤鸣之声，响彻四野。

这种主张的形成，和韩愈坎坷的人生履历分不开。

韩愈早孤，不到三岁时父亲去世了，由哥嫂养大。可惜才过了几年，哥哥也去世了，韩愈便跟着寡嫂生活。似乎知道家境不好，韩愈特别用功，内驱力很强，不需要别人鼓励，也能自己奋斗起来。

然而，之后的科举考试，也可谓一波三折。他从十九岁赴考开始，一共考了四次，才进士及第。之后吏部博学鸿词科的考试，又考了四次，直到三十三岁的时候才最终通过。

韩愈一生几起几落，入过幕府，当过县令，而他任职最多的地方，就是国子监。他多次参与科举考试的组织工作，知道看似公正的科举制度，此时已经是弊病百出。权贵子弟们各显神通，提前通榜，几乎垄断了好名次。很多出身寒门却怀有才华的士人，却屡试不第，以至于蹉跎终身。以韩愈的大才，尚且如此，其他人就更不敢想。因此，当韩愈最终挣扎上岸，有了"提携后进"的能力时，他没有丝毫迟疑。

自渡后，便渡人。

韩愈不仅在物质上帮助这些人，也用自己"不平则鸣"的理念，给予他们精神的激励。孟郊落第后，他写信宽慰说，是上天要成就孟郊，所以才穷饿其身，思愁其心肠。一切坎坷，都是上天有意为之，目的是让他能"自鸣其不幸"，创作出不朽诗篇。而这个描述，和他在《调张籍》中的说法出奇一致。

> 帝欲长吟哦，故遣起且僵。翦翎送笼中，使看百鸟翔。

韩愈借为李杜正名的机会，再次表达了"不平则鸣"的理念。他描绘的，是李杜走过的道路，也是古往今来一切伟大文学家曾走过的道路。他宽慰的，不只是孟郊，更是四海九州一切有才之士孤独的灵魂。我们仿佛能听到韩愈对天下寒士们说："你们背负着使命而来，一路经历的坎坷，是考验，也是磨砺。当你们翻越崇山峻岭，攀登上文学殿堂时，就会发现，原来自己并不孤独。司马相如、扬雄、陈子昂、李白、杜甫……已经在这里相候。而你在困境中长鸣的"千万篇"，也将与前代那些光焰万丈的篇章一样，传世不朽。"

4. 捕逐八荒

之前讲过的两段，分别体现了韩愈诗歌"奇"的特点、"不平则鸣"的文学理念，下一段则可以看作韩愈的创作观。也就是说，他认为诗人到底该怎么作诗。

我们来看诗歌下一段：

> 我愿生两翅，捕逐出八荒。精诚忽交通，百怪入我肠。刺手拔鲸牙，举瓢酌天浆。腾身跨汗漫，不著织女襄。

这是说，我恨不得生出双翼，在四海八荒中，追逐李杜的境界。直到某一刻，终于与前辈诗人精诚相通，感受到了他们千奇百怪的诗歌境界。那是什么样的境界呢？如同化身巨人，反手拔出海中长鲸的利齿；又如高举大瓢，畅饮天宫中的仙酒。而后腾身而起，遨游于汗漫宇宙，不受任何拘束。即便是织女织成的天衣，也不能落于我身。

这里再度描绘了李杜诗歌世界的神奇，同时也写到了寻找这种世界的不易。需要生出两羽，搜索八荒。诗歌的巅峰有多么巍峨，那么攀登巅峰的过程就有多么艰难。需要有极大的勇气和百折不挠的意志力，才能到达。而韩愈，就是这样一位既勇敢又执拗的人。

苏轼曾这样评价韩愈：

> 文起八代之衰，而道济天下之溺；忠犯人主之怒，而勇夺三军之帅。——苏轼《潮州韩文公庙碑》

这是说，韩愈之文，笼盖前代；韩愈之道，兼济苍生；韩愈的人格，耿直刚勇。这几点已经为世人所熟知，我在此也不再赘述。而我要强调的是，韩愈人格中，不仅有耿直刚勇的一面，还有"执拗"的一面。所谓拗，也就是认准了道理，就要坚持下去，到了黄河也不死心，撞了南墙也不回头。

宋代的王安石，被称作"拗相公"，韩愈拗起来，比王安石那是有过之而无不及。他数次犯人主之怒，付出惨重代价，仍直道而行，九死不悔。这一点在"天街小雨润如酥"中已经讲过了,不再赘述。

韩愈在艺术的世界里上下求索,追逐诗之大道。"我愿生两翅,捕逐出八荒。"世间的风霜刀剑也好,生离死别也罢,都无法让他停下脚步。"亦余心之所善兮,虽九死其犹未悔。"这就是韩愈的"执拗"。

最后,回到这首诗的结尾部分,这几句话是对张籍说的:

> 顾语地上友,经营无太忙。乞君飞霞佩,与我高颉颃。

希望你放下经营文字,和我一起向名家学习,在诗歌的广阔天地中飞翔。而这几句话,也是我想对读者朋友们说的。希望和大家一起,暂时放下俗事,通过一首首诗歌,走近这些伟大的诗人,走进那个绚烂的时代。愿诗的浪漫与史的壮阔,成为韩愈笔下的两只翅膀,带领大家"捕逐八荒""畅游汗漫",找到领悟大道的门径,获取支撑人生的力量。

汉家大将西出师 岑参《走马川行奉送封大夫出师西征》

> 君不见走马川行雪海边，平沙莽莽黄入天。
> 轮台九月风夜吼，一川碎石大如斗，随风满地石乱走。
> 匈奴草黄马正肥，金山西见烟尘飞，汉家大将西出师。
> 将军金甲夜不脱，半夜军行戈相拨，风头如刀面如割。
> 马毛带雪汗气蒸，五花连钱旋作冰，幕中草檄砚水凝。
> 虏骑闻之应胆慑，料知短兵不敢接，车师西门伫献捷。
> ——岑参《走马川行奉送封大夫出师西征》

这首诗的题目是《走马川行奉送封大夫出师西征》，还有一个名字是《走马川行奉送出师西征》，简称《走马川行》。二者有什么不一样呢？细心的读者已经看出来了。前者多了一个"封大夫"。所谓封大夫，就是一代名将封常清。他当时的官职是安西四镇节度使、御史大夫，所以被称为封大夫。当时，岑参正好在封常清的幕府中当判官。上司出征，属下当然要来送行，并且写诗相赠。岑参的这首诗，就是这时候写的。

岑参的诗歌艺术，若用一个字概括的话，那一定是"奇"

字。而这首《走马川行》,又是岑参边塞诗的代表作,可以说是奇之又奇了。清代人方东树曾用"奇才奇气,风发泉涌"来形容这首诗,甚至有人说,半夜读此诗会让人"毛发悚立"。

说到这里,读者朋友们也一定会好奇,这首诗到底奇在何处?我看至少有三个奇处:奇景、奇人、奇事。接下来,我们就通过这首《走马川行》,去看一眼边陲的奇观,了解一位传奇的将领,同时体会一场壮丽而浪漫的远征。

1. 奇观与奇事

先看诗中的奇观。诗歌开头说:

> 君不见走马川行雪海边,平沙莽莽黄入天。

走马川,即车尔成河,又名左末河,在今新疆境内。这一句交代了西征的路线,而"平沙莽莽黄入天"则描写了绝域的景色。狂风怒卷,尘沙飞扬,连天空也化为一片黄色混沌。这是白天行军所见,已经是奇之又奇了。然而接下来写夜景三句,更令人心惊:

> 轮台九月风夜吼,一川碎石大如斗,随风满地石乱走。

九月狂风如猛兽般怒吼呼啸,戈壁巨石被撕碎,随着风满地滚动。石大如斗,却仍还是碎石,可见风之大。这样的情景，怎不让人啧啧称奇呢？

清代翁方纲评价说："嘉州之奇峭，入唐以来所未有。又加以边塞之作，奇气益出。"（《石洲诗话·卷一》）初盛唐时期，不少文人都有过入幕边塞的经历，也写过不少优秀的边塞作品，那么为什么唯独岑参能出奇制胜，超越诸家，成为边塞诗第一作手呢？

原因并不难找。岑参的长处，就是兼具奇绝与壮美两种色彩。同时代的边塞诗人，书写边关时也会写到奇景，但情感上，大部分都会包含一丝苍凉。但岑参不一样，他那些代表作，不仅写出了边塞的"奇"，而且将自己浪漫乐观的意气融入其中。因此，他的边塞诗中充满了浪漫感与生命力，让人热血沸腾。这样的特点，不是一蹴而就，而是岑参在人生历程中不断淬炼而成的。

岑参一共有过两次入幕经历。第一次入高仙芝幕府，职务较低，参与军事行动也并不多。天宝九年的时候，高仙芝率军讨伐石国。岑参却因为是二线人员，留在军营。这场史诗之战，他是完美错过，心情别提多郁闷了。次年，送大军再出师时，岑参写了诗给一位同事"望君仰青冥，短翮难可翔"（《武威送刘单判官赴安西行营便呈高开府》），表示羡慕。"我"翅膀不够硬朗，没法高飞，只能目送你直入青云了。那位翱翔青云的同事，是一位判官，级别比岑参高，可以随高仙芝出征。岑参则只能旁观，看着别人建功立业。怀着这种遗憾，岑参很快结束了幕府生涯，回到长安。

这是岑参第一次出塞。时间不长，写下的好诗也不多，但也不能说全无收获。什么收获呢？岑参遇到了生命中的贵人——这首诗的主角，封大夫封常清。那时候封常清也是高仙芝的属下，和岑参正好是同僚，关系处得不错。等到封常清当上节度使，立即想到了这位老同事，于是把岑参从长安再度叫到边塞。这才有岑参的第二次入幕。

这一次，岑参得到了之前羡慕的职位：判官，得以随军来到更加前线的地方，看到真正的奇景、奇境。与此同时，他的情绪也比第一次入幕更加昂扬了。因为他是有待而来。这个待，是期待的待。期待什么呢？一方面，是马上封侯的梦想；另一方面，是与好友一起保家卫国、建功立业的未来。这时候，岑参眼中的大漠边关，不再是荒凉绝域，而是实现理想、实现价值的舞台。有这样的心气，有"胡天八月即飞雪"的极端天气，也有了"千树万树梨花开"的既视感；而那"随风满地石乱走"的戈壁，只不过是大军马到功成的背景板。

总之，奇绝的景象与昂扬的意气，构成了岑参边塞诗的基调。而这，也是盛唐边塞诗的底色。

初步了解了"奇景"，我们再来看诗中写到的"奇事"，大军西征：

匈奴草黄马正肥，金山西见烟尘飞，汉家大将西出师。

先说明了出征的原因。入秋之后,匈奴趁着草肥马壮,入侵大唐边境,因此唐王朝才派兵讨伐。这场战争,是反侵略的,是正义之战。因此,"汉家大将"也就是封常清的出征,便是师出有名,保家卫国。

之后便写到了大军出征时的景象。

> 将军金甲夜不脱,半夜军行戈相拨,风头如刀面如割。
> 马毛带雪汗气蒸,五花连钱旋作冰,幕中草檄砚水凝。

军情紧急,连夜行军,边疆寒风,吹面如刀割一般。马毛上落下霜雪,又因为出汗,化为茫茫雾气,而又一瞬间,便重新凝结成冰雪。这样的细节,如果不是久在边陲,连想象都无从想起。

除了写出行军之状,这几句里边,还为我们勾勒出了这次出征的主将,也就是封常清的形象:"将军金甲夜不脱。"作为将领,衣不解甲,顶风冒雪而行,与士卒同甘苦——这是说他治军有道。"幕中草檄砚水凝",是想象封常清在幕帐中冒寒起草檄文,砚台上的墨水都凝结成冰——这是说他不畏艰苦且文武双全。

那么,读者们可能会好奇,岑参诗中一再颂扬的封大夫,到底是一个什么样的人呢?戎马倥偬的同时,还能舞文弄墨,起草檄文?接下来,我们参考史料,看一看这首诗中的另一奇——"奇人"。

他就是盛唐时期的传奇将领封常清。

2. 奇人封常清

封常清，唐蒲州人。少年时代经历比较坎坷。很小父亲就去世了，随外祖父流落在安西一带。外祖父很喜欢读书，经常坐在城门楼上教封常清读书。外祖父死后，封常清无所依靠，清贫度日。三十多岁时从军，也一直不受重视。直到有一天，他见到一个人——大唐名将高仙芝。高仙芝的身世和封常清可以说截然不同。他出身将门，二十几岁就当上了将军。不仅如此，《旧唐书》还说他"美姿容，善骑射"，长得好，武功高，性格勇敢果断，标准的霸道总裁人设。事实也如此，高仙芝行为做事也很有豪侠气派，带着三十余位服饰鲜明的少年，驰骋边关。封常清一见之下，神为之往，心为之折，发誓一定要以这个人为榜样。于是他二话不说，追星追到人家门上，毛遂自荐，要当他的侍从。

高仙芝看了他一眼，然后直摇头。为什么？原来高仙芝不仅自己好看，还是个颜控。他麾下的少年，个个一表人才。而封常清呢，又瘦又小，一只脚还是跛的。要把他招进自己的豪侠少年团里，可是会拉低整个团队的颜值水平。于是，高仙芝直截了当地拒绝了他。封常清不肯放弃，打起了蘑菇战术，接连十几天，赖在高仙芝门下不走。最后高仙芝没办法了，让他进来当了个仆从。

封常清很珍惜机会，随着高仙芝南征北战，逐步立下显赫的战功，职位也飞速升迁。天宝十一年，持节充安西四镇节度使。两年后，进京朝见，改摄御史大夫。岑参称他为封大夫，也是这个原因。

清点封常清的功业，东征西战、安定边疆，的确堪称一代名将。岑参的赞美，不是夸张，而是写实。

从另一个角度来看，封常清也堪称岑参的人生偶像。甚至可以说，封常清曾是岑参"理想自我"的投影。为什么这么说呢，有三个原因。

其一，岑参与封常清有相似的童年经历，都是父亲早亡，年少孤贫，看尽了人情冷暖。

其二，封常清也是文职起家，当高仙芝属下时，就很擅长写文章。当年因为战报写得特别好，一举成名。这一点和岑参也是颇有共同语言。

其三，两人都曾经是高仙芝的属下，封常清能够从小文员做起，做到判官，最终做到节度使。岑参当然希望，自己未来也有这样的运气。

因此，岑参不止一次在诗中表达了对封常清的羡慕："如公未四十，富贵能及时。直上排青云，傍看疾若飞。前年斩楼兰，去岁平月支。"（《北庭西郊候封大夫受降回军献上》）两人身世接近，爱好相同，境遇相似，岑参也期待着自己能重现封常清的人生轨迹,青云直上,建功立业。

可以说,封常清身上寄托了岑参的理想。因此这次西征,岑参投入了极大的热情。即便未能随军作战,也仿佛亲到了前线,将行军的过程描写得绘声绘色。在诗歌最后,岑参还满怀信心预测了战役的结果:

虏骑闻之应胆慑,料知短兵不敢接,车师西门伫献捷。

岑参料定,敌人不敢与唐军交战,一定会望风而降。他要做的,就是在车师西门等着大军得胜归来。

此战结果到底有没有如岑参所愿呢?《走马川行》并没有交代。好在这首诗还有个续集《北庭西郊候封大夫受降回军献上》,记录了封常清班师凯旋的景象:

甲兵未得战,降虏来如归。橐驼何连连,穹帐亦累累。

果然,如岑参预料,敌人慑于唐军威严,不战而降。还献上大量的人员、物资,从此,边疆得到了安定。

此刻的岑参什么心情呢?就两个字,高兴。替封常清高兴,也替自己高兴。这一次,总算跟对人了,可以大展拳脚。他写诗说,自己脱下儒生长袍,换上短衣戎装,学习马术骑射。最近大为长进,骑射水平,已经不亚于幽州并州的豪侠少年了。看得出岑参不甘于文职,而是做好了准备——准备披坚执锐,与知己并肩作战。

这就是《走马川行》的内容。最后要提一下，诗中提到的奇丽而热血的远征，并不见于史册。如果不是岑参将之记录下来，可能就湮灭在历史的长河中了。我们常说，杜甫以诗存史、以诗纪实，岑参的诗作也有着同样的作用。

还不止于此，有学者指出，《走马川行》《轮台歌》这类诗歌，不仅能为后世保存史料，补史书之阙；而且在当时就有捷报的作用，甚至效果更好。捷报毕竟是公文，只在朝廷官员里传播，影响力有限。诗歌，尤其是岑参这样的大诗人的作品可不一样，影响力极广。杜确《岑嘉州集序》说岑参"每一篇绝笔，则人人传写，虽闾里士庶，戎夷蛮貊，莫不讽诵吟习焉"。可以想象，《走马川行》这类作品，一写出来，从达官显贵到贩夫走卒，无不传看。这起到了稳定人心、鼓舞士气的作用，也为边疆安定作出了贡献。

从某个角度而言，封常清与岑参这一文一武，的确像镜中影像，相辅相成。封常清的传奇功业中，有岑参的记录之力；岑参的诗歌伟业里，有封常清的启发之功。两人的关系，正如诗的浪漫与史的壮阔，彼此选择，彼此成就。

3. 奇冤与奇恨

上面说到，文人遇到了知己，武将赶上了盛世，风云际会，必定有一个美好的未来。可惜，这时已是天宝十三年，距离安史之乱只有一年的时间了。

西征得胜后的第二年,封常清到京城面圣。岑参则暂时留守安西。走之前,封常清将原来由自己兼任的"伊西北庭度支副使"交给了岑参。就和当初高仙芝入京朝觐,将一部分职务交给他一样。我们不敢说,岑参能依着封常清的旧例,一路升到封疆大吏,但至少也算未来可期。

可惜,一切都因那场战乱而改变了。

渔阳鼙鼓动地来,安禄山数十万大军,逼近长安。

盛世幻梦破碎,唐玄宗又惊又怒,召见文武百官,问谁可以领兵征讨?封常清此时站了出来,主动请缨,去洛阳募集军队,与叛军决战。唐玄宗很高兴,命封常清火速出发。不久后,又将封常清和岑参的老上司高仙芝也调了过来,作为增援。这也是玄宗当时能拿出手的"顶配组合"了。玄宗寄予厚望,亲自为高仙芝设宴送行。然而,这一次,传奇落幕、英雄穷途,两位名将都没能再度回到长安。

根据史书记载,封常清出发当日就赶到了洛阳,不久就招募到六万人。可惜这些人只是临时从军的市民和仆役,平时没有受过军事训练,战斗力很差。封常清虽然奋力血战,还是没能守住洛阳。战败后,封常清退守到陕郡(河南三门峡),正好遇到在此地驻兵的高仙芝。两人再次相逢,来不及感慨,赶紧讨论军情。封常清对高仙芝说,敌军来势汹汹,无法硬抗。而潼关没有守备士兵,如果叛军攻破潼关,长安就危险了。应该放弃陕郡，先保潼关。

那么这个决定对不对呢？应该是对的。在冷兵器时代，婴城固守和出城野战，难度差了几个数量级。封常清与高仙芝在敌军气盛的情况下，选择稳一稳，先守住再求机会，是最优解。

于是两人一起退入潼关，训练士兵、修理装备，士气逐渐振作。叛军攻了一阵，发现攻不破，便暂时退去，局面稳定下来。

这是最优解，可架不住有人不理解。谁啊？唐玄宗。他心想，这两人之前在西域，纵横驰骋，开疆扩土，打得胡人望风而降，这次怎么就退了呢？里边恐怕有问题！我们都知道，大将领兵在外，君主起了猜忌之心，才真有大问题。见玄宗犹豫，一个太监说话了。谁啊？监军边令诚。所谓监军，是皇帝派在大将身边监督军务的。所以他说话很管用。他说两人弃城而逃，损失武器粮草，有罪，应该重罚。玄宗这下找到理由了，一道圣旨，将两人一同斩杀。

根据史书记载，封常清先被杀，尸体就陈放在一张粗席上。高仙芝回到营地，见一百多名刀斧手已经在等着他了。他久经疆场，知道是怎么回事。然而此时他既不求情，也不分辩，掉头而去。边令诚以为他要逃，赶紧命刀斧手准备。然而他此去不是冲着大门，而是来到已死去的封常清身边——他要在生命最后时刻，再看一次他的朋友。

就在这里，监军宣读了圣旨，以及两人的罪名。什么罪名呢？克扣军饷、侵吞赏赐。高仙芝听完，正色说："要说我退兵之罪，我承认，死也不辞，但是说我截扣军饷和恩赐的东西，这是诬陷。"然后看着监军，一字字说："上有天，下有地，将士们都在，你难道真的不知道吗！"

监军一时无言以对。高仙芝又回过头，对站在门外的士兵说："你们是我从长安和洛阳招募来的健儿，虽然朝廷允诺的赏赐微薄、装备不全，但我还是能和你们一起消灭这些反贼。如果我真的是畏战退兵，你们可以向陛下实话实说；如果我不是，你们就为我喊一声冤枉。"三军将士一起高呼："冤枉。"

在惊天动地的鸣冤声中，高仙芝又看了看死去的封常清，叹息着说："封二，我提拔你成为判官，后来又接替我为节度使，想不到今天我会和你一起死在这里，这大概就是命中注定吧。"

而后，高仙芝也被斩了。两人虽非同年同月生，真的做到了同月同日死，令人无限感慨。

回顾高仙芝、封常清与岑参的关系，颇有可以深思之处。高仙芝是封常清的偶像、知己，而封常清后来又成了岑参的偶像，可以说，三人各自踏着前人的脚印，走向理想。三人的命运，也似乎有某种羁绊。

封常清获罪之初，岑参已经预感到悲剧将至，写下《送四镇薛侍御东归》，其中一句："将军初得罪，门客复何依。"果然，封常清不久被杀，岑参也失去了依靠。他的心情是悲痛而绝望的。悲痛的是，玄宗昏庸，大战前自毁长城，为后来潼关失守、长安沦陷埋下了隐患。绝望的是，朝廷一日之内斩杀两位名将，意味着那个重视人才、让有才之士施展才能的盛世，已经一去不返了。

因此，留在西域的岑参虽然未被牵连，但他建功立业、平定边疆的理想，似乎也随着封常清一起死去了。

不久后，他便回到了长安，彻底结束了边塞之旅。

4. 大唐的诗人，理想的行者

我们说，唐代诗人几乎个个都是旅行家。网上流传着很多诗人足迹图，每一张都遍及四海，让当代宅男宅女们汗颜。他们可以说真正将诗篇写在了中华大好河山上。而其中最让人印象深刻的，就是岑参了。刚过而立之年，他便随着两位名将，踏遍了西北边陲，成为整个唐代著名诗人群体中向西走得最远的一位。

他的足迹，深入荒漠，甚至到达了《西游记》中的火焰山，写下了这样的诗句："火云满山凝未开，飞鸟千里不敢来。"（《火山云歌送别》）山体燃烧，烈火凝云，是因为地下煤矿自燃而产生的奇观。这一山火焰，从唐朝烧到清朝才逐渐熄灭。如此罕见的奇观，因岑参的记录得到了诗意化的展现。可以说，岑参不只是一位杰出的诗人，还是一位追逐远方的行者。

那么，岑参为什么要离开繁华的长安，身披风沙，一路西行？难道真的只是为了开阔眼界，锤炼诗艺？当然不是，岑参远赴西域的原因，首要的便是建功立业。

相比于其他盛唐诗人而言，岑参的家世可以说颇为悲惨。他本是名门之后，四代中出过三位宰相。然而他那位做过宰相的伯祖父，因为反对立武氏为皇嗣被杀。另一位宰相，岑参的堂伯父岑羲，又因为拥护太平公主被杀。岑参可以说身世显赫，却又戴着罪臣之后的帽子。这让岑参自幼就立下了建功立业的志向："功名须及早，岁月莫虚掷。"（《送郭乂杂言》）他希望借着盛世风云，一飞冲天，赓续家族的荣光。

岑参本人也的确有这样的才能。史书记载，他五岁读书，九岁就能写文章。而立之年，以第二名的名次登进士第。然而，他的仕途却不太如意，等待几年后，仅仅被授予了"右内率府兵曹参军"的职务。这是一个从八品下的小官。琐碎的公务中，岑参感到人生虚度，壮志消磨，"丈夫三十未富贵，安能终日守笔砚"，随即做出了一生中最有意义的壮举——弃官从戎，远赴西域。

而后，他迎来了人生中的高光时刻。他找到了适合自己的舞台，也找到了可以并肩驰骋的挚友。同时，他的创作也进入丰收期。他最著名的篇章《白雪歌》《轮台歌》《走马川行》，都是在这一阶段集中写成的。对于他而言，飞雪狂沙的边陲，不是令人畏惧的绝域，而是理想照耀的自由之域。

可惜这一切都因为封常清被杀戛然而止。失去依靠后,岑参也失去了留在边关的意义。或许是出于对玄宗的失望,他来到凤翔投奔刚刚即位的唐肃宗。通过好友杜甫等人的举荐,当了一个叫作右补阙的小官。右补阙,其实和杜甫当的左拾遗差不多,是一个谏官,主要负责给皇帝提意见。岑参对这个职务满不满意呢?看看他写给杜甫的诗,就明白了:"圣朝无阙事,自觉谏书稀。"话说得很委婉,意思是,现在天子圣明,没有什么缺漏,也就无所谓补阙了,所以我谏书也上得少了。

其实,战火未歇,朝局混乱,哪能真的无阙事呢?是因为岑参人微言轻,说了也不受重视,渐渐也写得少了。不久后,岑参出为虢州刺史。在这里,他曾写下过一首《题虢州西楼》:"错料一生事,蹉跎今白头。纵横皆失计,妻子也堪羞。"说自己一生错付,蹉跎白头,甚至让家人蒙羞。可见他当时的痛苦。

不久后,他又改任嘉州刺史。嘉州,在今天的四川乐山,也是山水雄奇之地。然而,他那支书写奇景的"妙笔"却仿佛封存了。他暮年诗作中,褪去了雄奇的色彩,充满了思乡叹老的悲鸣。两年后的一个寒冬,这位曾远征绝域的勇士,悄然病逝在异乡旅社里。

有人说,岑参晚年的痛苦,来自于境遇困顿。其实,作为一方地方官,境遇并不算太差。真正让他痛苦的,不是生活琐事,而恰好是理想之火熄灭后的余灰。残余的热度,仍在灼烧着他。饮冰十年，血仍未冷，他身在嘉州，可耳畔回响的仍然是大漠的号角，一声声，让他的心不得宁帖。

在盛唐诗人中，岑参是独特的一个。他生于中原，却心属远方。他是追梦的骑士，是逐日的行者。当星辰瀚海的征程停止时，他与生俱来的、诗意与理想的羽翼，也被迫收敛了光芒。

最后，想和大家分享一件小事。

20 世纪 70 年代，阿斯塔那古墓群中出土了一张账单。这张账单，被作为废纸，裱贴在一具纸做的棺木上。内容是：岑判官等人的七匹马在驿站用了马料若干。史学家断定，这就是当年岑参住宿后的消费记录。

从这一页废纸上，我们仿佛看到了青年时代的岑参，正跟随封常清，来往安西北庭两地。他们的行程是那么紧迫。有时一日之内，来往几个驿站，旅途竟长达 125 千米。他们为了个人的理想，也为了国家安定，在碎石飞沙中策马奔驰。那是岑参人生中最富诗意的时刻，也是最自由的时刻。

图书在版编目（CIP）数据

人生得意在长安：诗说大唐 / 辛晓娟著 . —北京：北京大学出版社，2024.5

ISBN 978-7-301-35090-4

Ⅰ.①人… Ⅱ.①辛… Ⅲ.①长安（历史地名）–地方史–唐代 Ⅳ.① K294.11

中国国家版本馆 CIP 数据核字（2024）第 106537 号

书　　名	人生得意在长安：诗说大唐 RENSHENG DEYI ZAI CHANGAN：SHISHUO DATANG
著作责任者	辛晓娟　著
责任编辑	赵　聪　魏冬峰　陈佳荣
标准书号	ISBN 978-7-301-35090-4
出版发行	北京大学出版社
地　　址	北京市海淀区成府路 205 号　100871
网　　址	http://www.pup.cn　　新浪微博：@ 北京大学出版社
电子邮箱	zpup@pup.cn
电　　话	邮购部 010-62752015　发行部 010-62750672 编辑部 010-62753154
印　刷　者	北京九天鸿程印刷有限责任公司
经　销　者	新华书店
	880 毫米×1230 毫米　32 开本　11.25 印张　231 千字 2024 年 5 月第 1 版　2024 年 5 月第 1 次印刷
定　　价	68.00 元

未经许可，不得以任何方式复制或抄袭本书之部分或全部内容。
版权所有，侵权必究
举报电话：010-62752024　电子邮箱：fd@pup.cn
图书如有印装质量问题，请与出版部联系，电话：010-62756370